PALINSESTI CULTURALI
GLI APPORTI DELLE IMMIGRAZIONI ALLA LETTERATURA DEL CANADA

Atti del Convegno Internazionale di Studi (Udine, 20-22 maggio 1998), Università degli Studi di Udine, Dipartimento di Lingue e Letterature Germaniche e Romanze con la collaborazione del Comitato per lo Sviluppo degli Studi Umanistici e Linguistici e di Daniela Renosto, agente culturelle du Québec a Roma.

Comitato organizzatore
Valerio Bruni, Bernard Gallina, Anna Pia De Luca, Jean-Paul Dufiet, Alessandra Ferraro.

Il convegno è stato realizzato con il contributo di:
Associazione Italiana di Studi Canadesi, Fondazione CRUP, Consorzio Universitario del Friuli, Regione Autonoma Friuli-Venezia Giulia, Provincia di Udine, Comune di Udine, Ente Friuli nel Mondo, Ministère des Relations Internationales du Gouvernement du Québec, Ambasciata del Canada in Italia, Banca di Credito Cooperativo Alto Friuli, Arredamenti Fanzutto, Automatic Wire Machines Srl, Digas Srl, Tipografia Doretti.

*La presente pubblicazione è stata realizzata con il contributo
del Consorzio Universitario del Friuli, del Comune e della Provincia di Udine
e del Centro di Cultura Canadese presso l'Università di Udine.*

Copertina: F.H. Varley, *Stormy Weather, Georgian Bay*
(1921), National Gallery of Canada.
Reproduced courtesy Estate of Kathleen G. McKay.

Progetto grafico di Elena Gattari.

Udine, 1999

ISBN 88-86756-72-0

Università degli Studi di Udine
Dipartimento di Lingue e Letterature Germaniche e Romanze

PALINSESTI CULTURALI
GLI APPORTI DELLE IMMIGRAZIONI ALLA LETTERATURA DEL CANADA

a cura di
Anna Pia De Luca
Jean-Paul Dufiet
Alessandra Ferraro

FORUM

Indice

Presentazione

In Canada come in numerosi altri contesti culturali contemporanei, le letterature in lingua inglese e in lingua francese si nutrono di apporti di scrittori dalle radici multiple. Nel convegno "Palinsesti culturali" – organizzato dal Dipartimento di Lingue e Letterature Germaniche e Romanze – che ha avuto luogo ad Udine il 20, 21 e 22 maggio 1998, si è indagato il ruolo che tali origini, diverse per epoca, continente e lingua, hanno giocato e giocano all'interno della cultura canadese. A partire da un punto di vista esterno, quello dell'immigrazione, si sono evidenziate le peculiarità, le analogie e le differenze di due civiltà – l'anglofona e la francofona – che condividono lo stesso spazio geografico e che hanno conosciuto entrambe diverse ondate di immigrazione.

Nell'ambito di questa problematica il legame che unisce il Paese nordamericano all'Italia e in particolare al Friuli è stato privilegiato: il nostro territorio ha infatti visto partire un consistente numero di emigrati che attualmente sono integrati alla cultura del Paese d'accoglienza, diventando scrittori, docenti universitari e artisti; alcuni di loro presentano con più affettività riflessioni sulla loro esperienza.

La scelta di riprodurre gli interventi raggruppati nelle sezioni in cui è stato organizzato il convegno evidenzia l'ossatura del nostro progetto iniziale.

Le culture delle immigrazioni. *Il Canada si presenta oggi come un immenso laboratorio dove si osserva il fenomeno del contatto tra culture diverse: gli interventi si sono focalizzati sulla letteratura – principale campo di indagine del convegno –, sul teatro, sulla storia e sugli aspetti linguistici dei testi.*

L'idea del palinsesto suggeriva di considerare l'incontro di culture secondo la prospettiva della riscrittura, dell'interazione, del dialogo, del métissage tra immaginari, lingue ed esperienze diverse; esso è stato interpretato in più modi: ora come sovrapposizione di scritture e letture a livello formale, ora come ridefinizione di luoghi, storie, personaggi, paesaggi interiori, miti e mitologie.

La letteratura immigrante alimenta naturalmente un rapporto dialettico con la cultura d'accoglienza in una molteplicità di rapporti sfumati e complessi. Il fatto di rivendicare la molteplicità per creare uno spazio proprio a tale scrittura, impone che la si consideri come il frutto di una pluralità di non-canadesi diversi gli uni dagli altri che si inseriscono nel testo nazionale in modo differente. Nel corso dei lavori, partendo sempre dall'idea che l'identità è instabile e collegata con l'alterità, si sono definiti alcuni tipi di rapporto esistente tra la tradizione letteraria nazionale e le altre scritture.

È interessante notare come la posizione delle autrici invitate – Bianca Zagolin, Marisa De Franceschi e Caterina Edwards –, che operano in ambiti culturali diversi, sia analoga tanto nel denunciare il rischio di una ghettizzazione della scrittura etnica, quanto nel rivendicare l'appartenenza delle loro opere alla letteratura universale.

Nelle linee critiche delineatesi, invece, si oscilla tra il privilegiare l'analisi della scrittura immigrante come un fenomeno autonomo all'interno della letteratura d'accoglienza e la scelta di esaminare tali opere in una dialettica stretta con le letterature del Canada.

Letterature anglofona e francofona del Canada. *Al di là di molti tratti unificatori, rintracciabili nei vari contributi in modo trasversale, tra la visione francofona e quella anglofona esiste una differenza importante che Pierre L'Hérault ha evidenziato nel suo intervento: «la vision canadienne [...] met l'accent sur l'idée de "juxtaposition" suggérée par la figure emblématique de la mosaïque, alors que 'la perspective québécoise' met l'accent sur l'idée d'"interaction" suggérée par la figure du métissage» (atti del convegno, p. 51).*

La letteratura quebecchese, per la forte presenza al suo interno della problematica identitaria, è particolarmente sensibile alla sua letteratura venuta da lontano. La letteratura immigrante si manifesta con un'intensità particolare nel contesto di una questione identitaria sempre presente che porta alcuni autori – al di là della loro origine – a cercare spazi diversi. In pochi anni si è passati quindi dal chiedersi "come essere e come scrivere in quebecchese?" all'interrogativo, posto in forme molteplici, "come non essere quebecchesi?". Il quebecchese così non si definisce più in virtù del suo sguardo, ma attraverso la mediazione del diverso, dell'alterità.

Lo sguardo dello straniero lontano ha lo stesso potere destabilizzante nei confronti della letteratura anglofona, dove però, per ragioni storiche e culturali, il carattere unitario, monologico è molto più forte che nella cultura del Québec. Lingue diverse, esperienze diverse, immaginari diversi destrutturano questo canone – che Joseph Pivato descrive come "one language, one culture, one people, one citizenship and one geography" (atti del convegno, p. 37) –, creando un corpo letterario che agisce ed interferisce a vari livelli ed in diverse lingue.

Notiamo peraltro che in numerose analisi di opere di scrittori e artisti dalle origini diverse che operano nel contesto canadese spesso le due ottiche si compenetrano e interrogativi analoghi si pongono giungendo a considerare la figura dell'immigrante quale metafora dello scrittore occidentale contemporaneo, sradicato ed emarginato fin dalla fine del secolo scorso.

The Immigrant Writer's Dilemma
Duality of Experience

MARISA DE FRANCESCHI

It is a strange feeling I am experiencing, being here, in Udine, speaking about my writing. I was born just a few kilometres from this city in the little town of Muris di Ragogna which lies in the shadow of San Daniele. My mother's often repeated recollection of my birth was a harrowing and frightening tale. This great event took place in her bedroom, on her bed, the same one I am occupying during my stay. She was "assisted" by a midwife, not a doctor. I took my time coming and she never fails to repeat that she was not given as much as an aspirin throughout the ordeal. When I finally made my dramatic entrance into the world of Muris, I was so pathetically thin, my legs looked like dangling pieces of cooked spaghetti, my head like an egg-plant. A teenaged cousin who saw me at birth, screamed and cried: "a è disgrasia-de". "È disgraziata". And so began my fame. My mother had given birth to an ab-normal child.

My mother says I looked pathetic because she had had so little to eat through-out the nine months. (Un pòc di radrìç e tant azet) She apparently vomited during the entire pregnancy, but, she adds, even if she had been able to eat, not much was available.

It amazed the inhabitants of my town that, in time, I showed signs of not being "disgrasiade" at all. Although I did indeed have to forever deal with the legacy of skinny legs and other signs of what they termed deformities for the rest of my life, I turned out pretty normal.

These little stories did wonders for my self esteem. And to this day, I have rela-tives in Friùl who continue to use such endearing terms as "la gobate" or "gianbes di sedino."

Such stories, of course, are fuel for a writer's fire.

When Anna Pia De Luca invited me to this conference, she said I could talk about my experiences as a writer. I am going to take her literally. This will not be an academic paper but rather a personal one. I'll even add a disclaimer. "The opin-ions expressed here are the author's and no one else's."

The title of the conference intrigued me. First it baffled me because I did not know the meaning of "palinsesti". After fifty years abroad, the Italian language has become more and more remote to me. When I looked the word up, I thought it the perfect choice. I liked the image of the new culture being superimposed on the old. I also think of this mingling of cultures in terms of the one you are born with slowly fading away the way fabric fades in the sun. Perhaps some will object to this image because it implies the new culture is the sun. We could say the old culture becomes yellow and brittle with age, like old paper. It slowly disintegrates and, yes, eventually disappears with the generations. Then again, "disappears" may be too strong a word; perhaps "mutates" is better. Our old culture mutates.

During this period of mutation, as I will call it, the immigrant may feel as if she's been sliced down the middle thus revealing the fragile inner being. While this makes us vulnerable, paradoxically, it also gives us the advantage of seeing with two sets of eyes, hearing with two sets of ears. We may sometimes have to sit on the fence or straddle the ocean, not always comfortable positions to be in, but certainly positions that offer us a perspective the "native" may not have. Whereas the native deals with his or her identity as a whole person, we are "schizophrenics" in a sense. Our paths fork continuously and we are always being asked to chose between one or the other. Some – the older generation – may prefer to stay with the known; others – the young – may reject the old completely and rebel. For me, however, this dichotomy, this split personality if you will, is a positive thing as I will attempt to show. In fact, I think we are at a distinct advantage because of it.

The negative aspects of our split personalities, therefore, are fairly counterbalanced by the positive. We have insights into two cultures and are free to chose from a far more extensive menu than the non immigrant.

I should point out that many of the Italian-Canadian writers I know do not want to be pigeonholed into a category regardless of what that category is: Italian/Canadian/ Woman/Feminist/ etc. They want to be known as "writers" plain and simple. I feel the same way. However, I can't deny that the culture and language of my birth have affected my writing. As I say in my introduction to the women's anthology I recently edited for Guernica Publications entitled *Pillars of Lace*:

> I had for years balked at being labeled an Italian-Canadian writer, a woman writer at that. Like so many of my fellow writers, I had always considered myself a writer, plain and simple, one who bore the tell-tale sign of the profession: a large bump on the first joint, third finger, right hand (in my case). That was

the only distinguishing feature I looked for. But after looking critically at my own work and at the work of these writers, I discovered we cannot escape our heritage, our roots. Intentionally or not, they seem to infiltrate our writing and so be it. They add the delicate spice and flavour to our work which makes it stand apart.

I first began publishing in English publications. It never occurred to me to go looking for "ethnic" presses the way it never occurred to me to actively seek out Italian males. But fate played its hand. My father read about Guernica Editions in a small locally produced Italian Language newspaper, which I never read, and Guernica was looking for manuscripts. I had a novel on hand and so I sent it. It became *Surface Tension*. As for Italian males, I ended up marrying one. Wonders never cease.

As I was writing *Surface Tension*, my primary focus was sexual abuse and how it can affect a woman's entire life. This was my pivotal point. For the purpose of this conference, I looked at the novel from a different perspective.

Surface Tension is the story of Margaret Croff, middle-aged and living the comfortable life in America, or so it seems on the surface. She is married to Steve, a successful accountant, and has a grown son, David, who is about to leave for Italy to further his career. David's imminent departure acts as a time-release capsule. The coming event slowly unleashes Margaret's memories of her own departure and stay in Italy when she was about David's age and of all the accumulated baggage of personal experiences that led to her need to leave America and return to Italy. Like two parallel lines forced to converge, the book takes us through the young Margaret's life, while also revealing her present tortuous and painful journey towards truth.

I decided to scan the novel and pull out sections dealing with an immigrant's duality of experience and the question of the two cultures. Here's a sample of what I found:

> In those days we ran back and forth to Italy every time there was a crisis in the old country. It was a one-sided affair since it was always someone from here going there; it was never the other way around. These crises came in many forms. Most were related to someone's illness or death: a grandparent, a brother, a sister, a niece or a nephew. It was such a regular occurrence that for a long time I used to think of Italy as one gigantic chronic care hospital of sorts where people were forever suffering dreadful diseases and lingering on death's door.
> Once in a while, the crisis would simply be related to the more pleasant cycle of life: a marriage, a birth, which meant someone needed new accommodations, or property had to be divided, sold or exchanged. But mostly it was the grave sick-

ness and death that dragged us back to the old country.

For a long time, it seemed to me that whatever it was we were doing over here wasn't real living; the real stuff was happening over there and whatever was going on here was like a game, like playing house. The people in the old country must have thought so too because they certainly didn't seem to understand that things happened here as well (De Franceschi M. 1994, 103-104).

The next section demonstrates how Margaret, the protagonist in *Surface Tension*, can "see" both cultures. In this excerpt, she is a young woman, and she has gone back to Italy hoping to eventually stay with her Italian lover, Daniel.

Italy is full of smells. It does not smell of bacon and beer and cardboard in grocery stores, but rather of the pungent aroma of espresso, gorgonzola, parmigiano, prosciutto, pizza and a myriad of other tantalizing scents. I walk along the streets of Milan and whiffs of provocative scents meander out from each tiny cubicle: cafes and bakeries, places that sell only cheese, or only fruits and vegetables. How does one resist such temptation?

I think of our supermarkets back home, neat and orderly and antiseptic, where merchants spend money on advertising. They haven't figured it out yet; instead of piped music they should be using piped smells.

Sweat and perspiration envelope the handsome bodies that prance along the streets and strut to congregate in a square. On busses and streetcars I am assaulted by the hairy armpits of women who stretch their hands to grab the overhead poles as nonchalantly as butterflies alighting on a flower. They are totally devoid of shame. I am embarrassed for them, until I realize, from the stares of onlookers, that it is I who am different. My closely shaved armpits, whose natural odours have been camouflaged by anti-perspirants and perfumed powders, are an oddity and, in time, I will begin to feel the weight of their stares.

***

In my first attempt to blend in, I shed my nylon hose, another point of contention it seems. Women here sport bare legs in the summer heat. Once I peel the constraining nylon from my limbs, I see the sense of it. How much more natural and unrestraining.

The hairy armpits disappear and the public urinals vanish, not because they are no longer there, they are, but I do not see them anymore. I grow impervious to a host of cultural differences (*ibidem*, 229).

I see the two cultures as complementing one another. Not a detriment at all. In fact, today, in real life, I am witness to dramatic changes that have made all things Italian "in". When I was growing up, Canadians had little respect for those who drank wine, ate garlic, made pungent sausages, salami and prosciutto.

Today, thirty or forty years later, I've seen my culture become almost a cult. Very much in vogue. As Filippo Salvatore, a friend and professor at Concordia

University in Montreal noted in a recent discussion, "pizza" was recently proclaimed the national dish of Canada. "Polenta" is discussed by Martha Stewart, doyenne of American domesticity, garlic bread or roasted garlic are "de rigueur" in any restaurant of class. "Biscotti" are sold everywhere and touted as nutritious because they can be made without fat. (They don't know the reason for this; there was little butter or other fat in our day for such frivolities as sweets and desserts).

In *Surface Tension*, Margaret Croff's husband, Steve (a Canadian), portrays the new world's notion of the old as the following passage will demonstrate:

> We are in my hometown: a sleepy village in the foothills of the Alps. Stone houses act as walls tunnelling us through this maze of timeworn roads. It is also a hilly town. Narrow roads wind up to a summit, then fall down and around a piazza. The lack of symmetry bothers Steve.
> "What did you expect?" I say. I am annoyed. "Did you think they would bulldoze the area flat to lay streets in a proper grid?"
> He doesn't answer (*ibidem*, 272).

Shortly after their arrival in this town, the son, David, who is only a child at the time, is almost run over by a young fellow on a motorcycle.

> Steve puts David down. "You and your bright ideas", he starts. "He could have been killed. This place is dangerous. People here don't follow any rules. They just go wherever they want. There aren't any speed limits. No laws. The kid was probably half drunk. They don't have any restrictions on drinking. Anybody can go into a bar and drink. What the hell kind of a country is this? Lawless" (*ibidem*, 274).

Later, Margaret drags Steve to Milan and this is his first reaction to the near-empty city.

> Milan is a veritable graveyard in August. Shops are closed, their metal doors rolled down and locked, covering the windows. Iron bars over these doors and windows for further protection. No one who is anyone stays in Milan in August. The streets are deserted.
> "Is there a curfew?" Steve asks."Not many people stay in the city during the summer. They all go to the sea or the mountains".
> "How can a city survive like that? It isn't very cost efficient" (*ibidem*, 279).

I did not consciously set out to exfoliate our two cultures, to have certain characters in the novel almost serve as symbols: Steve – Canada, Daniel – Italy, Margaret – both. One must wonder about the working of the subconscious mind and how it maps out its own territory.

In contrast to Steve's view, here is another example of the young Margaret's naive, wide-eyed first encounter with Italy, where Daniel, her lover, is her guide. We also notice the beginnings of her disillusionment with Latin ways. This section finds Margaret and Daniel in Pompeii.

On first seeing Pompeii I am reminded of ghost towns in American westerns where tumbleweed rolls haphazardly among dilapidated buildings. Except, of course, these are ancient ruins and not flimsy wooden shacks. I am surprised by the narrowness of the streets and how diminutive the city looks with so much of it destroyed. Surveying it from our vantage point, it looks like a giant labyrinth, a complicated maze. The emptiness is eerie; the silence deafening. As I gaze upon the sun-parched city, exposed in this manner and at the mercy of the elements, it seems so terribly vulnerable. Those few tourists who are here choose to whisper reverently rather than speak in normal tones.

A handful of vendors have set up shop near the entrance to the ruins. Brightly coloured awnings shade trinkets and souvenirs, questionable jewelry and travel booklets. A couple of vendors swarm around us as we approach the entrance. They swagger away to sit back upon their chairs under the awnings when they realize Daniel is Italian. Perhaps he feels a sense of remorse at the way this has dismissed them because he asks if I would like a souvenir.

"I wouldn't mind a book", I admit.

He walks over to the nearest tent and picks up an illustrated guide to Pompeii. The vendor gets up quickly now and excitedly. "Tre mille", he says.

Daniel flips through the book. "Due", he says pointing to the price on the inside back cover. The man insists prices have gone up since the book was printed. Daniel pulls out two thousand lire and places the money on the table, retrieving the book. He shakes his head as he hands it to me. "It's in their blood", he says.

I am embarrassed for both of them. I would have given the vendor what he had asked. But another thought wedges into my mind: these once proud and prosperous people have been reduced to this. Daniel must sense my ambivalence. "Poverty makes thieves", he says (*ibidem*, 260).

It's obvious to me that regardless of how faded my culture is, it still *is*. After all, I put these words into my characters' mouths. I suppose I was subconsciously straddling the ocean when I wrote *Surface Tension*. But I would hope that my focus on an individual or a particular problem will be seen in the larger universal context, that it will ripple in all directions and encompass a greater theme – the abuse in the novel, for instance, hopefully will be read as the abuse of those with power and strength over the weak and vulnerable: the tension resulting from the juxtaposition of the two cultures as a natural element in the cultural "mutation" process.

The themes of Italian Canadian women writers are the same as those put under the microscope by Canadian women writers: Margaret Laurence, Margaret Atwood, Carol Shields, Alice Munro. As far as I'm concerned, we're fighting the same battles, just on different turfs.

In my recent work editing *Pillars of Lace* I came across the same universal themes time and time again. As I say in the introduction to the anthology, these women writers of Italian origin do not restrict themselves to the concerns of ethnicity, womanhood, politics, morality, or any other theme but rather take on the world and the issues relevant to all of us: relationships, oppression, liberty and freedom, sexuality, love, and the entire gamut of themes that make up a delicate fabric bound together by the threads of their talents.

The seeds that generate our work may come from our immigrant background, our personal experiences and relationships, our physical surroundings and our own personal physical bodies. Regardless of where the seeds come from, the end result is the same: we seek universal truths relevant to any gender and any race and culture.

There are indeed some Italian Canadian authors who try to stay clear of their heritage and I must admit there are things about Italy and Italians that annoy me, embarrass me. But there are just as many I am proud of. I envy their sense of pride in whatever it is they do, their intensity, their "savoir faire". But because I'm an immigrant and have eyes both in front and behind, I can also see that when these attributes are taken to their extreme, pride can become vanity, intensity can become bullying, and "savoir faire" can become pomposity.

Conversely, there are many things about America I do not like. From the excerpts read, one can note criticism of our (Canadian) more orderly, disciplined, planned and carefully calculated society where everyone patiently takes a number and waits a turn. No anarchism here! The results of such orderliness, the suggestion is, may be the loss of spontaneity and feistiness.

But then there are many things I do like about America. There is a more relaxed manner on the other side of the ocean: but that can become slovenly. Ordinary working class citizens do not hoist themselves up on a pedestal: but then this often means they lack a sense of pride in what they do and thus become disinterested and do the job poorly. They care much less about external appearances: but that can lead to distasteful views of flabby buttocks in public places like malls and downtown streets!

In the end, I believe it's a question of balance and equilibrium, the ability to take what is best from both worlds and use our new found freedom to reject or distance ourselves from the traits we find offensive, counterproductive and detrimental to the common good. We immigrants can compromise because we have something with which to compromise. We have a past which is near us and accessible, a past we have actually participated in; it isn't simply something we've read in history books or learned about from second hand sources.

The way the story of my birth – much as I would like to sweep it under the rug – continually haunts me, so too are writers haunted by what's beneath the surface. Or, as Margaret Croff says as she muses on the nature of "time" and how it effects memory, the past and the present:

> The passage of time: I used to think it concealed past transgressions with layer upon layer of life's silt. How often have I heard people say, "Time heals all wounds." or something to that effect? But I am not too sure anymore. It may instead cause the rotting of memories and then they return to haunt you with their putrid stench; or perhaps it petrifies them and they become more and more precious with time, like diamonds, because, in all honesty, some memories are too precious to forget. Of that I am sure (*ibidem*, 83).

Bibliography

"The Providers" a short story, *Canadian Author & Bookman,* 1980.

Stories About Real People, a series of readers, Mardan Publishing, 1982.

"Royal Blood" a short story, *Canadian Author & Bookman,* 1984.

"The Providers" and "Royal Blood" were included in the anthology *Pure Fiction,* Fitzhenry & Whiteside, 1986.

"Peonies Trying to Survive" a short story, *Ricordi: Things Remembered,* Toronto, Guernica, 1989.

Surface Tension, a novel, Toronto, Guernica, 1994.

"Things Remembered" a short story, *Investigating Women,* Toronto, Simon & Pierre, 1995.

Book Reviews for *Canadian Author & Bookman, The Mystery Review, The Windsor Star* and numerous newspaper and magazine articles for a variety of Canadian Publications.

Pillars of Lace, an anthology of Italian-Canadian Women Writers, Toronto, Guernica, 1998.

"The T-Shirt Man" a short story, *The Toronto Review of Contemporary Writing Abroad,* 16, 3, Toronto, 1998.

Le métissage culturel et littéraire
Une réflexion personnelle

Bianca Zagolin

Ma position, sans être unique, se démarque d'une revendication à tout prix de l'identité culturelle, plus précisément de l'italianité; dans la foulée d'une politique canadienne multiculturelle, cette position mène plutôt à la ghettoïsation qu'au métissage.

Le véritable métissage n'est pas une position politique ni une idéologie puisqu'il se réalise sur le plan individuel, le seul qui compte pour moi en tant qu'auteur, l'art étant un geste éminemment privé qui se méfie des politiques nationales, des idéologies, quelque sincères et bien intentionnées qu'elles soient.

Métissage individuel: qu'est-ce à dire? Il se tisse inconsciemment, de façon totalement organique, par l'ouverture spontanée au nouveau pays, par une disponibilité dépourvue de toute attitude de comparaison constante, laquelle est une position intellectuelle et essentiellement opposée à l'affectivité. Cette dernière absorbe, digère, se nourrit et croît dans une nouvelle dimension. Mais derrière la découverte, à l'arrière-plan des apports nouveaux du pays d'accueil, subsiste un moi profond, celui des racines, incontesté et authentique, toujours présent dans l'acte d'absorption culturelle. Et c'est justement son authenticité jamais remise en question qui fait que ce moi profond, celui des origines, ne cherche pas à s'affirmer comme tel en un milieu "étranger" dont la culture est perçue comme une menace ou à proclamer très haut sa différence dans le but de la préserver, ou de peur de la perdre. Il *est* tout simplement, sa différence indéniable, et il apporte à chaque nouvelle expérience une émotion particulière, quelque chose qui vibre et retentit au coeur de chaque instant, et cette émotion – je dis bien émotion plutôt que vision – constitue l'unicité de ce moi profond et elle devient, pour l'écrivain, une source inépuisable d'inspiration, d'expériences incomparables, de beauté.

Le métissage littéraire ne peut donc être un choix délibéré de sujet, de thèmes. Il découle d'une réalité vécue, d'une intégration profonde culturelle et linguistique, de celles qui effacent les démarcations. Au départ, c'est la langue qui joue ce rôle *intégrateur*, dans la vie comme dans le roman. Dans *Une Femme à la fenêtre*, à l'intérieur de la métaphore qu'est la littérature, la langue devient pour le personnage principal *magie incantatoire*. Véhicule essentiel de la culture dans la vie, elle est dans l'oeuvre *symbole du pays même*, puisqu'elle permet de le découvrir, de le saisir, d'en prendre possession véritablement.

Si dans l'expérience autobiographique, tout comme dans sa transposition métaphorique, la langue apparaît comme l'instrument de découverte et d'acculturation, elle joue un autre rôle important, d'autant plus fondamental qu'il demeure souterrain, presque secret. Je me réfère au fait que la langue, de par sa structure, ses locutions et ses infinies modulations esthétiques, est *l'onde porteuse des mythologies* d'un peuple, des archétypes qui informent sa vie artistique et lui assurent sa permanence par le rituel de l'éternel retour. Toute intégration réussie, au-delà de l'insertion fonctionnelle dans un nouveau quotidien, doit passer par l'assimilation profonde, obscure, des *images collectives* d'un pays. C'est ainsi que dans mon roman, qui se voulait au départ la chronique d'un double déracinement, l'un migratoire, l'autre existentiel, dans une oeuvre donc, somme toute, intimiste, je me suis insérée spontanément dans une thématique essentiellement québécoise. Et si, par l'exercice de son métier, l'écrivain assume ses inspirations, les travaille, les maîtrise, les développe, les oriente au gré des structures et des effets recherchés, il est indéniable qu'elles émanent de poussées inconscientes. C'est presqu'à mon insu, après coup, que j'ai pour ainsi dire découvert la *québécité* de mon roman, de ses thèmes et de ses figures récurrentes: l'exil, les rêves de liberté et de conquête; le rythme des saisons, inéluctable rappel du destin; la hantise des espaces vides se déroulant à l'infini et leur corollaire d'inconsolable solitude - la passion est toujours une aventure risquée, définie dans son essence même par le motif du départ qu'incarnent les inoubliables amoureux de la tradition, Lorenzo Surprenant dans *Maria Chapdelaine* et son double, Willie, dans *Le temps d'une vie*, irresponsables et charmants, le tragique François Paradis, le Survenant, énigmatique vagabond, personnage d'une étonnante modernité en plein pays ancestral, lequel, au moment même où s'achève la littérature du terroir, reste gravé dans l'imagination comme l'insaisissable rêve de tout un peuple. Dans mon roman, Sébastien, l'enfant des bois, en est l'héritier; lui aussi fera une brève apparition pour disparaître aussitôt sur une route inconnue. Ces insatisfaits qui succombent à l'appel de l'aventure, les marginaux d'une autre époque, s'opposent aux héros de la fidélité, dépositaires du passé collectif, et cette opposition constitue un autre des thèmes récurrents de notre littérature: elle trouve un écho dans le déchirement même d'Aurore. Autres figures importantes: la froidure qui ensorcelle et fige comme une Reine des neiges au souffle cruel; les silhouettes sombres se découpant sur l'immense blancheur; la dépossession historique d'un peuple conquis, exaltante parce que libératrice, mais qui restera toujours blessure inguérissable et nostalgie de la patrie perdue. Dans *Une Femme à la fenêtre*, ce sera la séduction ambiguë du pays lointain des origines, qu'Aurore regrette et rejette à la fois. Enfin, au coeur de cette authentique mythologie québécoise s'impose une vaste image – celle de *l'hiver*. Toute mythologie a son dragon légendaire auquel le héros doit se mesurer. Dans la littérature du Québec, *l'hiver est le pays*, ou le "pays, c'est l'hiver", comme le dit la célèbre chanson: paysage, cadre des luttes pour la survie, véritable obsession au fil des jours, l'hiver devient thématique, source de parole et hantise esthétique. L'hiver sera, pour Aurore aussi, horreur et enchantement à la fois, mais surtout l'invisible ennemi qui la guette tout au long du parcours: la froidure est le signe précurseur de la mort et, au-delà de la mort, image d'éternité.

Pourquoi cette imprégnation par ce qu'on pourrait appeler le pays québécois "traditionnel", souvent méconnu par une certaine "relève", alors qu'il continue d'exister à travers les nouvelles tendances? Parce que justement mon métissage s'est fait d'abord, et je ne dis pas exclusivement, mais d'abord par l'entremise du Québec qui, au seuil de l'explosion culturelle et sociale extraordinaire que fut la Révolution tranquille des années 60, n'avait rien oublié de ses vieilles racines, de son histoire française, des mythes de sa survivance en terre d'Amérique, de ses traditions et légendes, et surtout de son acharnement face à l'histoire. Le Québec que j'ai connu avait le visage résolument tourné vers l'avenir, un avenir qu'il a depuis conquis et dont il s'est fait maître, mais il n'avait pas encore tout oublié. Les récits et climats de ce Québec *sont* mon enfance à moi, mon jardin secret, mes contes de fée, le berceau de ce métissage qui me définit en tant que Québécoise italienne, et, en dépit des valeurs qui informent ma vie aujourd'hui, ils demeurent, avec mes enfances italiennes, le foyer de mes nostalgies. Ce sont eux qui ont fixé les traits du "pays incertain" qui m'habite désormais. Faut-il s'étonner qu'à mon insu presque, j'aie intégré, dans les décors physiques et psychologiques de mon roman, les teintes et les espaces du paysage littéraire québécois d'antan alliés à l'Italie mythique de ma mémoire?

Mais, sur le plan de la conscience politique et féministe, Aurore s'apparente aux révoltés des années 60 et 70 et ressemble davantage aux anti-héros de notre

nouveau roman à nous. Il est intéressant de noter à ce sujet que, dans une thématique renouvelée, le paysage décrit plus haut subsiste: dans les oeuvres de la révolte, chez des auteurs comme Anne Hébert et Marie-Claire Blais, la neige est souil-
lée de sang, les modèles du système ancestral bafoués, le froid meurtrier est démas-
qué, le pays dénoncé. Et pourtant, ils ne cessent d'engendrer la poésie: la parole
trahie s'inverse et devient "fureur sacrée". *Neige noire, Contes d'un pays incertain*:
voilà des titres qui suggèrent à merveille le nouvel espace littéraire. Les valeurs de
la survivance, celles qui avaient jusque-là fourni une définition claire de l'identité
nationale, se sont effritées, ne laissant qu'un paysage aux contours flous; les critè-
res purement esthétiques prendront alors le pas sur la narration elle-même. Ainsi,
les figures récurrentes du pays, nées d'une dure réalité, seront à jamais sublimées.
La tradition et la révolte, c'est-à-dire le pays et sa propre négation, s'allient dans l'i-
mage mythifiée du Québec. C'est de cette image que j'ai hérité, c'est elle qui a engendré *Une Femme à la fenêtre*. Comme je l'affirmais plus haut, Aurore est née des
oeuvres de la dissonance; elle se reconnaît dans leurs personnages tourmentés dont
les cris firent s'ébranler, puis s'écrouler, les murs de l'oppression affective et institutionnelle. Au prix même de se détruire. La violence et la mort ne sont plus su-
bies dans la résignation: elles représentent une préoccupation existentielle, un
choix, une issue, du moins dans la fiction. Elles ont une portée purificatrice: dans
les mots du professeur Frank Caucci, de l'Université de l'Indiana, "le sacrifice des
héroïnes servirait donc à assurer une autre forme de vie et un autre idéal". Le personnage d'Aurore reste donc partagé entre deux mondes – l'ancestral et l'inconnu
– mais aussi entre deux traditions littéraires.

Ce type d'acculturation, que j'ai qualifiée de profonde, obscure, organique, engendre, selon moi, le véritable métissage de l'écriture; ce dernier donnera naissance, non seulement à des "histoires d'émigration", à savoir, des récits qui tiennent
beaucoup de la chronique et visent à relater l'expérience elle-même, une expérience personnelle aux ramifications collectives, mais avant tout à des oeuvres d'authe-
tique création, inspirées par une vision individuelle et nourries par les motifs des
nouvelles mythologies. Toujours selon Frank Caucci: "Par sa référence [implicite]
au roman de Hémon et à la thématique de l'exil qui laisse des jalons tout au long
de l'histoire du Québec, le roman de Zagolin s'insère naturellement dans la tradition de cette littérature tout en y apportant un regard de l'extérieur. Ce faisant, la
canonicité éventuelle de *Une Femme à la fenêtre* aura de novateur la réappropria-
tion de la thématique de l'exil par le biais de la littérature migrante".

Du coup, le métissage culturel qu'engendre l'immigration ouvre la porte à une thématique planétaire existentielle, très actuelle, celle de la dépossession et de l'errance, du départ et de l'identité perdue, sans cesse recherchée; celle du rendez-vous manqué avec le destin, seul dieu des déracinés, mirage au bout de chaque route parcourue; et enfin, celle de la folie, l'ultime exil de l'être. Cette thématique s'impose avec force au Québec car elle y trouve un terrain fertile, labouré par les survivants de la colonisation et d'une Conquête perpétuellement remise en cause. Mais de plus, elle rejoint l'universel par les voies de la contemporanéité: la réalité de notre monde en dislocation. L'inventeur de mythes qu'est l'écrivain y campe les personnages de notre temps: les émigrants, les exilés, les réfugiés et les apatrides, les sans-abri, les sans-chemin, les sans-but, les sans-racines, tous les tristes héros de la marginalité, représentants ordinaires de cette humanité de fin de siècle sans arrimages de valeurs ou d'ethnies sûres, ballottée par les fluctuations de ce qu'on appelle la globalisation, mais qui n'est en fait que la perte définitive de sa place assurée sur son petit coin de terre. Et ces héros déchus n'ont d'exceptionnel que leur souffrance. Au-delà des sujets et images propres à chaque culture, y a-t-il un plus beau thème que celui de l'exil comme métaphore continue du voyage de l'être humain? Et la quête d'identité, avec son arrière-goût de nostalgie, cette quête toujours inachevée qui est à la fois mémoire et soif permanente d'insaisissables ailleurs, y a-t-il plus troublante image du paradis perdu qui de tout temps hante l'humanité? À la source de l'écriture, y a-t-il jamais autre chose que cette nostalgie des ailleurs? Dans une entrevue qu'il accordait à la revue québécoise l'"Actualité", Andreï Makine résume cette vérité avec une lumineuse simplicité: "Pour un écrivain, quel est le premier devoir, sinon de fuir le présent pour un ailleurs poétique?". Le métissage est sans doute le champ d'amertume où germent les plus belles tragédies de notre époque.

Mais quelle est la contribution originale de l'immigration à la littérature québécoise contemporaine, au-delà, bien sûr, de l'apport créateur évident de nouveaux écrivains et de la richesse des expériences nouvelles qu'ils transposent, sans parler de l'aspect "exotique" qui exerce assurément un attrait sur les lecteurs? À l'encontre du discours dominant sur l'interculturalisme et les littératures ethniques, lequel confond trop souvent le social et le littéraire, il faut réaffirmer très haut la différence entre "vécu" et "fiction". C'est dans leur *vocation littéraire* que les oeuvres issues de l'immigration trouvent leur portée mythique et donc universelle. J'ai parlé du métissage profond et organique qui m'a fait rejoindre spontanément les archétypes du paysage littéraire québécois. Mais il y a l'apport dans l'autre sens, pour ainsi dire.

Sur ce plan mythique où se situe la littérature, le pays des origines, au-delà de l'intérêt documentaire, trouvera à son tour sa place et sa signification essentielle. Figé dans le temps et dans son propre éloignement, le pays perdu entre dans la légende et nourrit désormais la fiction. Dans *Une Femme à la fenêtre*, l'Italie déploie un paysage hiératique de cimetières aux allées solennelles bordées de cyprès, de villes de marbre éblouies de soleil, de maisons aux portiques d'ombre; une Italie en suspens, comme Pompéi dans sa gloire défunte. Aurore s'y promène, altière et distante dans ses habits de deuil, en rêvant d'ailleurs. Plus tard, elle laissera ses traces dans la neige du Québec. Les décors et les personnages du pays des origines, mythifiés par le souvenir et la parole, deviennent figures emblématiques dans le monde de l'imaginaire. Ainsi, grâce aux écrivains néo-québécois, non seulement l'émigration vient-elle s'ajouter aux mythes de la littérature québécoise, mais de plus, cette dernière s'enrichit de tout un nouveau répertoire de paysages, de masques et de symboles.

Je disais plus haut que les thèmes de l'immigration et de l'exil sont le nouveau champ fertile d'une thématique propre à notre temps. À ce sujet, il est intéressant de noter que le paysage urbain, qui avec *Bonheur d'occasion* s'est imposé dans les lettres québécoises, devient de plus en plus étriqué. La fidélité s'est transformée en misère, la hantise de l'impossible départ est remplacée par le rituel du déménagement, l'éternelle migration des pauvres, par l'errance et la vie dans la rue; l'attrait des espaces inconnus, le désir d'un autre soi-même, toujours inassouvis dans ces prisons que sont les cuisines, les chambres, les boîtes de nuit, les cours et les ruelles, éclatent en cris de colère ou sont réduits au silence du désespoir. Il n'y a plus que les échappatoires de la cruauté ou de la mesquinerie vengeresses, des paradis artificiels ou des rêves de pacotille (la Grosse Femme de Tremblay rêve à un Mexique de carte postale dans sa chambre qui semble rapetisser au fur et à mesure qu'elle grossit, littéralement nourrie par ses déceptions; Françoise Durocher, la multiple *waitress,* s'invente un absurde mariage, vision grotesque du bonheur bourgeois que ses propres compagnes de misère démoliront sans pitié); pour certains, ce sera la marginalité à vie ou la haine; pour d'autres, comme le petit Marcel, la folie, dévastatrice et géniale. Au moment où le paysage littéraire, non seulement se rétrécit, mais sombre souvent dans le misérabilisme, en particulier au théâtre, voici que l'étranger, séduisant et dangereux, réapparaît dans nos lettres, nouveau Survenant. Les apports de l'immigration ne font-ils pas justement retentir de nouveau l'appel de l'inconnu, des grands départs, voix insistante qui chuchotait déjà, il y a plus d'un siècle, au fond des campagnes? Étrange synchronicité que cette rencontre du moment historique que nous vivons et de ce désir lancinant qui n'a jamais cessé de vibrer dans notre littérature. Cette fois, les ailleurs viennent chez nous, surprendre, bousculer; ils soufflent sur un pays de plus en plus partagé, de plus en plus "incertain", mais qui continue de se chercher à travers l'Autre.

Dans son très beau roman, *Nefertiti ou le rêve d'Akhnaton*, Andrée Chédid fait dire à la reine: "L'histoire nous enserre [...] dès notre venue au monde. Il n'est pas indifférent d'être né ici ou ailleurs, dans un temps ou dans un autre, parmi ceux-ci ou bien ceux-là. Pourtant l'esprit sait rompre l'enveloppe". Si l'acculturation véritable s'accomplit dans la création, est-ce à dire que le problème d'identité ne se pose plus pour l'écrivain? C'est ici qu'entre en jeu le choix conscient d'assumer la perte subie et, à cet instant précis, il se crée un décalage entre être et se dire: "Voilà ce que je suis". Un tout petit pas en retrait qui nous sépare de nous-même; dans cet écart infime se glisse *la parole*. Je décris ce tournant fondamental dans mon deuxième roman *Adalie rêvée*. Cette oeuvre à paraître reprend un des personnages de *Une Femme à la fenêtre* et lui fait faire un bref retour en arrière: du paquebot qui prend le large, la petite Adalie voit les côtes de l'Italie s'éloigner; pour la première fois, elle ressent le besoin impérieux de *nommer* le pays de l'enfance, qui jusque-là allait de soi, se passait de nom et de descriptions:

> Lorsque le paquebot se mit à fendre silencieusement la surface plombée de la mer, Adalie vit s'évanouir la côte dans le brouillard de novembre. Le pays avec lequel elle avait fait corps jusque-là lui devenait tout à coup étranger, puisqu'il continuait d'exister sans elle, et elle sans lui, une partie d'elle-même détachée, désormais perceptible à la conscience. Elle avait toujours habité cette Italie de son enfance comme si elle occupait toute la planète, sans besoin d'en tracer les frontières, ou de lui donner un visage, ou de l'appeler par son nom. Maintenant qu'entre ciel et mer il se décomposait, Adalie voulut nommer son pays, pour lui dire adieu. Et le nom d'Italie vint se poser telle une couronne sur la masse de brumes qui se diluaient à l'horizon, soudain distinct de l'essence d'Adalie, un nom qui confirmait la disparition du pays, un nom dérisoire et pourtant indispensable, car ses sonorités portaient déjà le souvenir. Appuyée au bastingage aux côtés d'Aurore, Adalie contempla son passé pour la première fois, et le passé lui renvoya son image. Une enfant hâlée en robe blanche, les yeux pleins de soleil, glissa sur les eaux glauques de l'océan.

L'écriture est essentiellement *la constatation de l'absence*. Dans *Le Deuil de l'origine*, Régine Robin affirme que l'écriture est la tentative de "déjouer une perte"; elle nous "déterritorialise"; elle doit le faire, pourrait-on ajouter. En définitive, le problème ne se pose plus en termes de thématique ou d'identité culturelle, mais bien en termes de création. *Le métissage ne serait-il pas le lieu par excellence de l'é-*

criture? Toujours selon Robin, l'écrivain accepte d'exister dans l'entre-deux permanent, fécond, où se situe le malaise de vivre, dans l'écart entre soi et le monde. Malaise difficile sur le plan humain, certes: refuser le refuge d'une identité nationale qui ne signifie plus rien à elle seule, accepter d'être solitaire, de ne pas donner son allégeance à quelque groupe que ce soit, à l'exception des êtres chers. Mais ici, il s'agit bien de littérature. Et sur ce plan, l'écrivain sort vainqueur parce que, d'une part, il est libéré des servitudes du nationalisme et des idéologies et, d'autre part, il possède un espace unique où ses identités successives se fondent, en un tout inexplicable, indéfinissable, mais enfin retrouvé.

Bibliographie

CAUCCI, Frank, *Aurore au pays de Québec: l'exil chez Bianca Zagolin,* in LEQUIN, Lucie et VERTHY, Maïr (dir.), *Multi-culture, multi-écriture, La voix migrante au féminin en France et au Canada*, Paris-Montréal, L'Harmattan, 1996.
CHÉDID, Andrée, *Nefertiti ou le rêve d'Akhnaton*, Paris, GF-Flammarion, 1988.
ROBIN, Régine, *Le Deuil de l'origine*, Paris, Presses universitaires de Vincennes, 1993.
ZAGOLIN, Bianca, *Une Femme à la fenêtre*, Paris, Laffont, 1988.

Where the Heart Is

CATERINA EDWARDS

> *Everyone has been there, and everyone has brought back a collection of photographs.*
>
> Henry James on Venice

Introduction

One of the first reviews I received for my novel, *The Lion's Mouth*, chastised me for writing about Venezia. Let us hope, she wrote, that next time, Ms. Edwards will have the courage to write about her Canadian experience. I thought her comments showed a lack of understanding. First of all, the novel was not strictly autobiographical and secondly, my Canadian experience was an immigrant's experience, which included an indefinable connection to Italy. Still, I did think, as I suggest in the essay *Where The Heart Is,* that after *The Lion's Mouth*, I would put my concern with my origins "behind me". I would move on to deal with more Canadian themes. In the years since then, immigrant writing has become more acceptable in Canadian literary circles. But, acceptable or not, I have discovered that I cannot easily put my immigrant experience behind me.

Part of what formed me as a writer was growing up aware that there was more than one way to do things, more than one interpretation of reality. And that knowledge cannot be consigned to the past: it remains.

Another related discovery, which has encouraged me to revisit my favorite themes of identity and belonging is the centrality of the immigrant experience to the postmodern world. As Salmon Rushdie has claimed, "The migrant is the representative twentieth century figure".

WHERE THE HEART IS

For years I had a recurring dream. I was about to arrive in Venice. I could see the city shimmering before me. I was almost there. But at the moment of arrival, it vanished. I found myself instead on an empty, windswept street. I could never arrive, never return. Sometimes, I had made a mistake: taken the wrong direction or miscalculated the distance. But usually, there was no reason for what happened. At the moment of arrival, the city vanished. And I was suspended in a cycle of longing and loss.

To arrive was to be safe, to reach refuge, to be home.

As James said, everyone, it seems, has been to Venice. The number of tourists who visit annually is in the millions. On a summer day, they are a horde, a swarm, that invades the city, clogging the narrow streets, overloading the *vaporetti*, funneling into St. Mark's Square as if it were a football stadium. Push, push, must be room for one more, though they stand practically shoulder to shoulder. They have come to see the palaces of marble, the streets of water, to experience the unreality of it all. And too often, they find it reduced to an attraction, a painted backdrop, assembled for their viewing. "Amazing", they say one to the other. "But wouldn't want to live here".

The city becomes a packed raft about to capsize, to sink under the weight of the bodies and the volume of the human wastes. In the evening, the tourists retreat to the mainland, abandoning their debris: plastic bottles and bags, sandwich wrappers, papers scattered over the ancient stones. At night, the cleaners sweep up the mountains of garbage and carry it off in barges. Morning, and again, the tour buses pour over the causeway, disgorging the groups – French school children, American seniors, German honeymooners, the entire first world, it seems. Most of the eastern Europeans arrive dazed; they have travelled a day or more on their buses to arrive in this fabled city, this wonder of the world, once beyond their reach. It seems they cannot afford even the coffee and shade of a cafe. But the sights are free, and they are free to gaze upon them and litter.

The last time I visited Venice, we (husband, two daughters and I) avoided the tourists, renting an apartment in Castello, a working class neighborhood. The stone stairs to the attic apartment were cracked or tilted alarmingly. We sweated at each step. The air was heavy with humidity and heat. At night, since we didn't have a fan, we closed the shutters, but not the windows. There was a *pizzeria* a few doors down, the equivalent of a neighborhood pub. The patrons' laughter, the buzz of their conversations, the sudden shouts of a fight, crockery smashing, chairs splintering, kept us awake late into the night. At dawn, the neighbours began hailing each other in the street, calling from window to window; the woman opposite screeched at her three-year-old son. In Edmonton, we were buffered by trees and lawns, protected by space. Here, everything and everyone was closer, louder, brighter.

I was happy, comfortable, connected to the city by history and family. Two elderly aunts, a multitude of first and second cousins lived here: the conductor on the *vaporetto*, the girl behind the bar, the manager of a leather store, the seamstress, the fish farmer, the bank clerk, sprinkled from one end of the lagoon to the other. I knew the city, not as a tourist does, as a series of 'sights'; I knew its daily rhythms, its hidden life. In those labyrinthian streets, I was at home.

Yet – I am not Venetian.

Despite the many summers I spent there, despite my affectionate, extended family, despite everything I know and feel about the city, I am an outsider. Although my mother has spoken Venetian to me since I was born, when I open my mouth to speak *Venexiane*, I expose myself as a foreigner. My words are correct, but my intonation lacks the melody. I can hear, but not reproduce, the local rhythm. Likewise, although I look stereotypically Venetian with my red hair, long face, and heavy-lidded eyes; the way I dress and move (hesitantly, inobtrusively) is Canadian.

At home and not at home.

Another year, we rented a *capanna*, a hut on the Lido beach. At first, the Venetian families, who had rented their *capanne* for three generations, ignored us, branding us tourists. But after a visit from a cousin, our position changed. "So, you're related to Michele," one mother said, taking us up and in. The Venetians offered food, advice, and conviviality. They also observed and criticized. We were expected to dress with a certain taste, to perform ritual courtesies, including shaking hands on arrival and departure each day, to eat three course lunches on proper dishes, not sandwiches cupped in napkins, to rest quietly for two hours after lunch: in general, to follow all the unwritten rules. "*Signora*", a voice would intrude. "Haven't your daughters been in the sea far too long?" Or, "Shouldn't the girls change out of those wet bathing suits?"

At home and not at home.

Home Is Where We Start From

The Venetian lagoon was first settled in the fifth century by Roman citizens of nearby towns seeking refuge from Attila and his Huns. With each new barbarian invasion, more refugees fled to this delta of three rivers, this swamp of shifting sands. Searching for the safest, most protected spot, the settlers moved from island to island. Heraclea, Mazzorbo, and Torcello took their turns as the major centre. In 810, when Pepin and his army invaded the lagoon, the inhabitants retreated to Rivalto, or Rialto, the core of the present city. And for a thousand years, until Napoleon, Venice was unconquerable. A thousand years of a great Republic. The series of sights the tourists come to see exist because the city was never assailed. Venice needed no thick walls, no fortifications; she could flaunt her splendours.

Venice remains a contradiction: a city built on water, stone that floats in air. Ambiguous, Venice has long inspired its visitors to fantasize, rhapsodize and create bloated metaphors. Centuries pass, yet both the Romantic poet and the latest tourist off the vaporetto call Venice a ship, a haven, a museum, a backdrop, a raft, and the bride of the sea. Venice is compared to a seraglio, a freak, a fairy tale, and a mausoleum. Since Venice's decline in the eighteenth century, the city has been a symbol of decadence, death, and dissolution. *Dust and ashes, dead and done with*, Napoleon said as he handed the city to the Austrians: *Venice spent what Venice earned.*

It is the strangeness, the sheer otherness, of this slippery city that causes it to be classified as a place of reversals, of transgressions. I played with the notion in my first novel. The wicked carnival city, where nothing and no one is what it seems. But with age and experience I am more skeptical of received ideas and literary conceits. Visiting Venice is such a sensual delight that I wonder if her reputation for wickedness sprang from an Anglo or Nordic puritanism. A place so dedicated to pleasure must be evil.

If Venice is sinking, her doom is recent and comes from ignoring ecological, rather than moral, truths. Her survival is threatened by a loss of the delicate balance between sea and city, by the pollution and the tourists, and by her transformation into not the city of the dead, but the city of the near dead, the old. The younger generation is exiled to *terra ferma* or solid land. "Very few of my old classmates live in the city anymore", says Tony, a younger cousin who has managed to stay by buying a tiny wreck of a place and, doing all the work himself, rebuilding from the foundation up. "None of the boys I played basketball with at the parish hall. All gone". They cannot afford the price of apartments in the city, driven up by the international rich, who can pay an exorbitant sum for a second home. Venice has been reduced to a holiday resort, the majority of houses (especially in the better neighborhoods) uninhabited for most of the year.

I bemoan the trend, loudly and sincerely. But if I had the chance – say I won the lottery – I would buy an apartment in a minute. On the last visit, we contacted a real estate agent and toured various renovated flats. All four of us found ourselves fantasizing yearly visits, then a home. Having breakfast on that terrace, setting a computer up in front of that window. *Isn't that all it takes? Cash? You buy a home, and it is yours.*

You wish. Home is not simply the place where you live. Home is a feeling, a haven, a cage, a heaven, a trap, a direction, an end, and the generator of more metaphors than Venice. If I claim that I am both not at home and at home in Venice, it is longing that keeps the contradictory states from cancelling each other out.

On Via Garibaldi where we went to buy sweet peaches and melons, arugula and tomatoes from an open stall, and yogurt, mineral water, and toilet paper from what was called the supermarket but was not much more than a hole in the wall, goods piled to the ceiling, aisles where you had to turn sideways to pass; on Via Garibaldi, the widest and some said the ugliest street in Venice, though the buildings were deep red, sand and buff and geraniums bloomed at the window; on Via Garibaldi, where we sat out in the early evening and sipped *apertifs* and watched the parade of young and old; on Via Garibaldi where each time I passed the last house, the one that faced out to the lagoon, I paused and read the plaque: *In this house lived Giovanni Caboto, explorer and discoverer of Newfoundland.* Almost superstitiously, I paused and felt the glimmer of that other place, where I lived and which I should have called home.

Edmonton in Venice and Venice in Edmonton: in each place, I feel the presence of the other. (Nostalgia is always double, double presence and double absence).

Who belongs? And where?
When I was growing up in Alberta, going to twelve schools in seven years, when I was at university, I felt different, out of place. I thought I would never belong. Like the dream, I would never arrive. With the years, my attitude has changed, partly because most of the people in my life do not have a specific place they call home. They are hybrids – different in complicated and interesting ways.

My husband grew up in California and though he feels an affection for the climate, the dry, fierce heat, and for the fecundity of that inner valley land, he insists he never felt American. Or rather, he never felt *only* American. It is entirely appropriate, he thinks, that he has three nationalities (Italian, American and Canadian). My adopted sister was born in Yugoslavia, spent her childhood in a refugee camp in Genova, her adolescence in Calgary, her working girl years in New York city, and the last twenty-five years in Puerto Rico, married to an ex-Cuban, who also spent his early years journeying from country to country. These are the lives we lead now – in transit and flux.

Home Is Where They Have to Take You In

Since the beginning, for century after century, Venice was a haven for refugees: Byzantine Greeks, Sephardic Jews, Armenians, and Slavs. They were not given citizenship; they had their own neighborhoods and churches or synagogues, but the cultures they brought influenced and altered Venice. The aesthetic principles seem more eastern than western – gold mosaics and onion domes.

To arrive was to be safe.

In the last few years, the new migrants have come looking for refuge. In the Mercerie, between Piazza San Marco and the Rialto, the Somalis and Sengalese alight on vacant squares of pavement and spread out their wares: fake designer bags and sunglasses. The newspaper complains of the Albanians squatting in an empty palace while I notice more beggars planted at the foot of bridges. A gypsy woman stretches her hand out to me. "Need", I think she says. "The war". Others have their cardboard signs, "Bosnian refugee" written in pencil. They look – wretched, hungry, desperate. Yet there is a system of refugee aid, with offices in the neighborhood police stations, jobs and housing provided by the city council. *Extra-comunitari,* the Italians call them, those from outside the community, and despite Venice's traditional role, now the citizens debate their responsibility. Many of the Venetians complain: what about us, what about that homeless family camping in the middle of Campo Santa Margherita, what about our sons and daughters who are forced to move away.

Venice for the Venetians.(France for the French. Germany for the Germans. Serbia for the Serbians). And so it goes.

Home: Where They Have to Take You In

My grandfather, Renato Pagan, was born in a house on the Calle delle Rasse, a narrow street that runs behind St. Mark's Basilica. According to family lore, the Pagans, like the rest of the Venetian upper class, had lost their fortune years before to the gaming tables.

Renato went to sea to win a new fortune, or at least, a more comfortable living. He found land and a wife in Dalmatia, for centuries a part of the Venetian empire. And he prospered, a pretty house and eight healthy children, he prospered until the first World War. Although Dalmatia was a part of the Austrian-Hungarian empire, he could not imagine himself fighting on the side of the Austrians. He was a Venetian and an Italian. Like many men in the towns of Dalmatia, he joined the Italian navy, sailing under the command of Nazario Sauro.

But the family and the historical stories divide when explaining how he died. My mother claimed that he drowned in a submarine; one cousin insisted he died of hunger, of want, "that's our history", he says. Meanwhile, the history book states that Sauro did command a submarine that ran aground. The patriots were captured by the Austrians and tried for treason. Your ethnic background makes no difference, they were told. You live under our empire. *You owe your allegiance to us.* They were executed.

My grandmother, Caterina Letich (a Croatian), and her children were forced out of their house. Soldiers confiscated their belongings, transported them to Fiume, and loaded them onto cattle cars. (With other wives, and other children of Sauro's troops.) *Go back to where you came from.* Though she and all the children were born in Veli Losinj. Still, they were not sorry to be going to Italy. They thought in Venice, with grandfather's family, they would be safe. Instead, when the train reached the Italian border, the Italians declared them foreigners. The doors of the cattlecars were closed. And they were shunted from place to place. In the dark, without food and with little water. They were all ill; one aunt, Antonietta, nine years old, died. They were locked in with their body wastes and her corpse. And when finally the doors were opened, when they were let out, my grandmother and her children found themselves in a camp in Sicily, a camp for *enemy aliens*. I know little of their experience there. My Aunt Maricci, who was the oldest, told me that they were given nothing to eat. Since my grandmother spoke Italian with an accent, it was she, Maricci, who had to beg the guards to be allowed to take potato peels from the garbage.

Who belongs? (And where?)

At the end of the war, they were allowed to settle in Venice. Twenty-five years later, my grandmother was dead; the seven siblings had dispersed to jobs in the greater Veneto area. One aunt had married a fisherman and lived in Chioggia, a fishing village on the Southwest end of the lagoon. By 1944, the Veneto had become one of the focal points of the war. A German soldier warned my aunt: *Take your children to Venice.* They'll be safe there. And she did, leaving just before part of her street was destroyed.

My mother, working for a bakery in Padova, was in a bomb shelter when it was hit. Since she was claustrophobic, she found the crowded shelter almost unbearable. She stayed by the entrance, and her position saved her. In the centre, everyone was killed. Body parts, she told me, shattered flesh. Nothing else, she said. My mother moved back to Venice. She knew neither side would ever bomb that city. It meant too much to both sides, beloved as it was of Goethe and Wagner, of Byron and Ruskin. In fact, Venice was not touched.

A safe haven.

My father was a Royal Engineer in the British army. My parents met in Venice, when my father's company requistioned the house where my mother and two aunts were living. (Which is why I am Welsh/ English/ Italian and Croatian).

Who belongs? And where?

My sister, the Yugoslavian/Italian/Canadian/Puerto Rican, visited Venice as a child. Thirty years later, arriving again at St. Mark's Square, she burst into tears. "I felt like I had come home", she said. "Though it didn't make sense." She reminds me that my longing for the city is commonplace, rather than unique. The city is both strange and familiar to all its visitors. For its image is everywhere. As James said: "It is the easiest city to visit without going there." The world claims Venice as its own, and as its home, calling it, in the words of a UNESCO document, "a vital common asset".

An international movement argues the city is too precious for the Italians to continue to mismanage. Venice can be saved, the group argues, only if it does not remain a part of Italy but is made a world city. *It belongs to the world.*

This spring a group calling itself Armata Veneta Serenissima and calling for the separation of the Veneto from Italy unloaded a tank on St. Mark's Square and seized the campanile. In a survey conducted by the city's newspaper, a majority of Venetians named these separatists not terrorists but patriots. *Venice for the Venetians.*

Extra-comunitari: one who is outside the community, yet comfortable, at home. When I wrote my first novel, I thought I would be able to exorcize my dream of Venice. But the dream repeats itself. I find myself writing this essay.

Venice again.

In explaining the origin of the name Venezia, Ruskin quotes Sansovino, who claimed that Venezia came from the latin *Venietiam*, come again, for he said, no matter how often you come, you will always see new things, new beauties.

Return.

Challenging the National Literatures
Italian–Canadian Writers and Others

JOSEPH PIVATO

In previous decades Canadian students were told that their country was founded by two peoples: the English and the French. There was often little mention of the Native people, what we now call the First Nations. During the Centennial Year, 1967, we celebrated the bilingual and bicultural nature of Canada. Since that time we have become aware that Canada is a more diverse country than the binary model of the official history books. Any modern description of Canada must include the word, 'multicultural'. And any contemporary reading of Canada's national literature or literatures must include the contributions of diverse ethnic groups: people from non-English and non-French cultures.

Italian-Canadian writers have been in the paradoxical position of both fostering a climate which embraces diversity, and of benefiting from these demographic changes. Italian-Canadian writers, because of their critical mass and because of the volume of publications, have been at the forefront of our changing perception of Canadian literature as a unified entity. Their very existence challenges the long-held notion that a national literature embraces unity: one language, one culture, one people, one citizenship and one geography. Enoch Padolsky of Carleton University has pointed out the language paradoxes of this diversity:

> On the one hand, English language writing in Canada is now being written not only by those of British origin but by writers of a great many other origins as well; on the other hand, if "English-Canadian writing" is conceptualized as a geographically based culture (that is, English Canada outside Quebec), then it is also being written in languages other than English. Similarly, the "French- Canadian" category has become more complex (Pandolsky E. 1996, 250).

Implicit in Padolsky's words is the observation that English writing in Canada is often in a different form of English. It is an English affected by the interference of other languages. Italian-Canadian authors have benefitted from this cultural diversity by producing a body of literature that exists in different languages: English,

Italian, French and Italian dialects. There are about 100 active Italian-Canadian writers, and while most of them use only one language such as English or Italian, all have a knowledge of one or two of the other languages. And there is a small group of writers who work in two languages and the rare person who has published in three. The result of this literary activity is that we have an unusual situation in which there is not only a trilingual body of literature but writers who move freely among these languages and translate between one and the other for those who cannot reach beyond the language barriers.

One of these writers is Dore Michelut who is originally from Friuli. In her book of English poems *Loyalty to the Hunt* she writes in both English and Friulan:

> Cjamini in chiste lenghe dai
> murs bagnats cun trist, cal filtre ta le
> me bocje, ca mi bat sui dinc' come
> aghe glazze di laip.

Her English translation reads as follows:

> I walk in this language of walls
> wet with bitterness that seeps into
> my mouth, that shocks my teeth like
> icy well water (Michelut D. 1986, 37).

Dore Michelut continued this practice in another collection of prose and poems, *Ouroboros: The Book that Ate Me*. In this volume we have poems in Italian with English translations and in Friulan with English translations and many observations on her experience with languages such as this one:

> Languages, like mothers, are identities we grow within. If I experience life in one language, that experience belongs to that language (Michelut D. 1990, 76).

Dore Michelut is a writer who demonstrates the flexibility and adaptability of the Friulani. She has collaborated with French writer Anne-Marie Alonzo, Black writer Ayanna Black and English writers in two renga poem collections. Renga is originally a Japanese form of linked poetry which involves two or more writers. Michelut and her friends brought out this collection in an English edition, *Linked Alive,* and a French edition, *Liens* (1990).

In Montreal we have Bianca Zagolin, originally from Ampezzo (Friuli), who writes in French and has translated her novel, *Une femme à la fenêtre* (1988) into English and into Italian. In Vancouver we have Genni Donati Gunn, born in Trieste, who writes in English, poetry, short stories and a novel. Gunn has also translated Dacia Maraini into English. The irony in her poetry and humour in her stories reflects an awareness of living in different languages and with different perspectives. Of particular interest are the poems to her father in *Mating in Captivity* (1993).

Another unusual writer is Lisa Carducci who was born and raised in Montreal. Carducci has published several books of poetry in French and in Italian. For the past decade she has lived in China and has brought out a book of French and Chinese poetry, *Sous le vent est-ouest* (1993). By extending the cultural and language differences to include Asia, Carducci makes us question the notion of a Canadian literature which has links only to Europe.

This multilingual body of writing has profound effects on the activity of these authors: the nature of their compositions, their translations and their relations with other writers. This body of writing makes particular demands on readers, since they are expected to have knowledge of another language when they are reading English or French or Italian. In fact it is necessary for readers to comprehend works in all three languages in order to fully understand individual works and the body of literature as a whole. This phenomenon is unusual for writing in North America, a continent apparently dominated by English language and culture.

In direct response to this apparent monoculture, Montreal writer, Fulvio Caccia and a number of fellow writers founded, *Vice Versa*, a trilingual literary magazine which promoted the idea of 'transculture,' the production of works, books, plays and films, which transcend a single culture and demonstrate links with many different cultures, very much like music. A very successful example of this is Fulvio Caccia's own writing in Italian and in French. His book of French poems, *Aknos*, won the Governor General's Award for poetry in 1994. Another example is the Quebec film, *La Sarrasine*, by Paul Tana which uses French, but also Italian, Sicilian and even some English. Can a literature have so many different languages and still be the national literature of one country?

The Dilemma of Choice

In a 1985 critical essay Fulvio Caccia explored the problem of language for the creative writer in Quebec:

> Dans quelle langue écrire? Tel est le dilemme auquel est confronté le créateur
> d'origine italienne à Montréal. Entre la ou les "lingue del pane" et la "lingua del
> cuore," laquelle choisir? Question éternelle. Question de pouvoir d'autant plus
> délicate qu'elle recouvre la brûlant question de l'identité qui écartèle le Québec
> et le Canada depuis deux décennies (Caccia F. 1985, 19).

The early example of this dilemma is Mario Duliani who was born in Pisino, Istria, and moved to Milano, Paris and then Canada in 1936. After the war he published
La ville sans femmes in French in 1945 and one year later brought out his own Italian
version, *Città senza donne*. The Italian is not just a translation of the French but a different version for a different audience. This book is a narrative of Duliani's experience
as a prisoner in internment camps during the Second World War. The Italian experience and perspective of these events are different from those of a French-Canadian,
and so there are two versions. Duliani was a journalist for the Montreal paper, *La
Presse*, and understood his audiences. This controversial book was only translated into English in 1994 as *The City Without Women*, by the poet, Antonino Mazza. Duliani
make us aware that a different language may reflect a different reality. This notion of
diversity questions the long-held idea of a national literature which is unified.

The example of Lisa Carducci illustrates that we have a whole generation of
writers who work and publish in more than one language. In Montreal Filippo Salvatore has published in Italian, in English and in French. His first collection of poems, *Tufo e gramigna* (1977) in Italian, was later produced in English as *Suns of
Darkness* (1980). Salvatore produced a French play, *La Fresque de Mussolini*
(1985), which implicitly compares the more extreme forms of Quebec nationalism
to the fascist regime in Italy. By playing with the languages, rhetoric and perspectives of the two groups he is able to criticize both societies. Salvatore's primary languages have become French and Italian as he continues to add to the linguistic diversity of Quebec. There is also Alexandre Amprimoz who has many collections of
poetry in French and several collections of short stories in English.

The multitalented writer, Antonio D'Alfonso, reflects the linguistic diversity of
his upbringing and education in Montreal. In his book of French prose-poems,
L'autre rivage (1987), he writes, "Même l'italien est une langue appris." The linguistic levels in Antonio D'Alfonso's writing exemplify very well the four types of
language identified by linguist, Henri Gobard in his book, *L'Aliénation linguistique*. The first is the vernacular language, that of maternal origins, which in this
case is the Italian dialect of Guglionesi. The second language is vehicular, the urban language of the state and commerce, which for D'Alfonso is English, the lan-

guage of power. The third is the referential language, that of culture, which here is French. And the fourth is the mythic language of religion and beyond, which here is standard Italian. This cultural environment of many languages has its effect on the writing itself. D'Alfonso openly acknowledges this in macaronic verse, a poem called, *Babel*, which reads like a multilingual manifesto:

> Nativo di Montréal
> éléve comme Québécois
> forced to learn the language of power
> vivi en México como alternativa
> figlio del sole e della campagna
> par les franc-parleurs aimé
> me casé y divorcié en tierra fria
> nipote di Guglionesi
> parlant politique malgré moi
> *steeled in the school of Old Aquina*
> queriendo luchar con mis amigos latinos
> Dio where shall I be demain
> (trop vif) qué puedo saber yo
> spero che la terra be mine (D'Alfonso A. 1987, 57).

Antonio D'Alfonso illustrates the peculiar nature of this multicultural writing. These authors, whether they work in English or French or Italian, are conscious of the influence of a different language on every word that they write. They can never use English as if it were the only language, one which can capture all their reality. Instead they often use words from Italian or French to expand the reach of their writing. What Antonio D'Alfonso says about himself is often also true of other writers: when they write they translate.

Fulvio Caccia epitomizes these writers as a group: men and women who share this preoccupation with language, a kind of over-sensitivity to the meaning and weight of words, English, French, Italian and dialects. They read each other's work with this perspective on languages. And they invite their Canadian readers to become aware of this diversity and the growing multidimensional aspect of Canadian literature. In their poetry and in interviews both Pier Giorgio Di Cicco and Pasquale Verdicchio epitomize this concern with the influence of Italian on their English writing. As he moves across the border to the U.S. Verdicchio notes the languages he leaves behind in his poem, "Branta Canadensis", "A mouth full of names before the leaving...".

These Italian-Canadian writers could not avoid dealing with this linguistic diversity. Is it a result of their example that it has now emerged in the writing of other ethnic minority authors in Canada? West Indian writers like Austin Clarke are very effective in using West Indian dialects in their English narratives. The many languages of India are sometimes evident in the work of Rohinton Mistry and M.G. Vassanji. And in Calgary, Hiromi Goto is not afraid to use Japanese in her English novel, *Chorus of Mushrooms* (1994).

Different Geography

In addition to the problem of writing in different languages there is also the problem of different geography. Canadian literature has always been viewed as a body of writing which reflects the natural and urban geography of Canada, the true north, a land of ice and snow in winter, a land with a northern wilderness. This official view of Canada is undermined by the work of Italian-Canadian writers in many ways. Two writers who have subverted this long-held national view of Canada as the only location for Canadian writing are Marisa De Franceschi, who is from Friuli, and Caterina Edwards, whose mother is from Istria and moved to Venezia. Maybe it is the cultural background of these writers which makes them open to other possibilities. We know that the culture of Friuli-Venezia-Giulia is a hybrid culture, a mixture of all the contacts with the other civilizations and invaders of this region: Celtic roots, Roman invasion, Lombard, Venetian, German, Italian, Slovenian. The people of Friuli had to learn to be adaptable and to balance ambiguities and dual relationships.

Marisa De Franceschi's novel, *Surface Tension*, ends with the main character, Margaret, returning to Italy. It is another man who draws her back to Italy, but it is also that other country which attracts her. While this novel is set in Canada we are conscious that Italy is always present, a powerful entity which draws Margaret's son, David, and then Margaret herself. She tells everyone,

> I truly must see Italy. The Italy of my parents. The Italy of cousin Tino.
> Daniel's Italy. I want to go back (De Franceschi M. 1994, 226).

In Caterina Edwards' novel, *The Lion's Mouth*, the geography of Venice is compared and contrasted to that of Edmonton, Canada.

For my life was split into two seemingly inimical halves, not only between
the time before (emigration) and after, but through all my growing years:
Italy in summer, Canada in winter. Italy was enclosure, cocooning... (Edwards C.
1993, 104).

Both these women demonstrate a split loyalty between Canada and Italy. The
characters in Canada's national literature cannot have these doubts about their belonging to Canada. How can Canadian critics and academics understand these
strange novels? Where is the Canadian content? Where is the wilderness and snow?
These women characters do not seem to want to be in Canada. Margaret Atwood
would not approve of this un-Canadian position.

This apparent dual identity and dual citizenship is quite unlike what we find in
Canadian mainstream novels. Nevertheless it is becoming more common now in the
novels of ethnic minority writers. Thus Rohinton Mistry sets his novel, *Such A Long
Journey* (1991) in Bombay, India, and M.G. Vassanji's novel, *The Book of Secrets*
(1994) is set in East Africa. And we know that Nino Ricci's *Lives of the Saints* (1990)
is set in Italy. All these novels won awards and changed Canadian literature forever. We can no longer expect to find a white, Anglo-Celtic character firmly placed in
a Canadian setting in the typical national novel. This change is a sign of maturity in
Canadian literature, and it is a development which has been promoted in large part
by the publications of ethnic minority writers.

The Magic Language

Using French short stories in *Golden Eighties* Fulvio Caccia explores the shifting
meaning of words and shifting identities of his characters. Often it seems that these
words and names had a magic quality attached to them. For Alexandre Amprimoz
these ambiguities are treated with humour and irony, for other writers these prob-
lems are the source of angst.

In the short stories of Dino Minni shifting identity is often treated as a positive
change, an opportunity for the character to make a new beginning, to take control
of his or her own destiny. In his short story, "Details from the Canadian Mosaic",
the little Italian boy, Mario, changes his name so that he has two identities to match
his two languages,

He did not know at what point he had become Mike. One day looking for a suitable translation for his name and finding none, he decided that Mike was closest. By the end of the summer, he was Mario at home and Mike in the streets (Minni D. 1985, 56).

Dino Minni is not writing from Quebec, but from British Columbia where there seems to be great flexibility with different languages and cultures.

The magic of the Italian mother tongue is an important element in Caterina Edwards' English play, *Terra Straniera*. She later changed the title to *Homeground*, a term which has the opposite meaning of the original Italian, 'strange land'. The difference is partially due to position and point of view. For an Italian immigrant Canada is a strange land. But for an English speaking resident it can be home. The different languages, then, represent different perspectives. The play itself tries to communicate the Italian perspective and an Italian immigrant notion of *nostalgia*. This is not simply English nostalgia, but Italian, *nostalgia,* a whole complex of ideas, relationships, obligations, regional ties, history, etc. which cannot be translated into English. *Nostalgia* is another one of those emotionally charged words. It takes the whole play to try to communicate some of this idea. The whole movement of the play is backward-looking as the Italian immigrants are going to leave Canada and return to Italy. The play is full of Italian terms, points of reference, ritual, folklore and cultural assumptions which can never be fully rendered into English because they seem to have a magic associated with the country of origin.

In the play, the wife and mother, Maria is trying to recall the words of old Italian folksongs and at one point tries to recall the recipe for an old ritual. She finds that she has forgotten it in the Canadian context:

> There is safety in the old ways, safety. The old rites. Oil and salt, flame and water. If I could remember the words. I only heard them a few times as a child, mumbled over my head or over that of my brothers and sisters. I left the valley before I had the age or the wisdom to learn from the older women. Each word must be exact. Oil and salt, flame and water – that I remember. The words, the words (Edwards C. 1990, 78).

To Maria the exact words are important; they cannot be changed or translated. A different language is a different frame of reference.

The play, *Homeground,* is constructed around this problem of different languages and cultures. The characters are recent Italian immigrants who, in the real world, would be speaking Italian to each other. In this Canadian play they speak standard English, but the dialogue is peppered with Italian expressions, "Senza pane tutti diventano orfani". There are also several verses of Italian folksongs, songs of nostalgia such as "Terra Straniera".

English is the major language of the play, but when used by these strange new people it is a language which is deterritorialized, that is, it is subjected to a series of displacements that make it change pace, slow down, so that we have to re-examine the meanings of words. One character explains, "'Pretty' from our mouths is not the same as 'pretty' from the mouth of Mr. Edmonton" (*ibidem*, 62).

Words of a different language used in a new territory acquire new meanings and aspects which can sometime be described as magic. The writers who work in Italian use the language in a different way than writers in Italy. They may have to use an English-Canadian expression because there is not equivalent word in Italian. But some Italian words take on different meaning when used on this side of the Atlantic. The idea of migrant in English has two words: emigrant; the person who leaves, and immigrant; the new arrival who comes into the host country. In Italian they use only one word, *emigrante*; the person who leaves, since Italy has never been a host country to new arrivals, at least not until the last fifteen years. In the Italian word, *emigrante*, the person who has left, has both positive and negative connotations. In Maria Ardizzi's Italian novel, *Made in Italy,* the narrator is fascinated with the idea of *emigrante* because it seems to contain for her the idea of travel to exotic places and freedom. At least this was her perspective from Italy, before she became an immigrant trapped in a ghetto in North America. Ardizzi's four Italian novels explore how there are changes to this meaning when the *emigrante* is in Canada. The perspective is no longer from one who is leaving, but from the one who has arrived and must make adjustments. These are new meanings which must be added to the word once it is in Canada.

We should point out that there are over 100 books by Italian-Canadians in standard Italian or in one of the dialects.

Roses Dream

Italian-Canadian writers have produced a body of literature in three standard languages: English, Italian and French. But there is often a fourth language: Italiese, that mixture of Italian and English which has developed as a dialect in Canada. Of the 100 active Italian-Canadian writers NOT ONE writes in Italiese, not even for humour, or for dialogue. This is the everyday language for many Italian-Canadians.

It is the language many of us constantly hear, but it is not the language which we use in our writing. Rather it is the language we write against. It is the language against which we make our characters so articulate in one of the standard languages, that they are sometimes hard to believe as realistic Italian immigrants. Hard to believe but not hard to understand. And this is the most important objective: to be understood clearly.

In a poem to his dead father Pier Giorgio Di Cicco writes, "The roses dream with him / of being understood in clear English..." (Di Cicco P.G. 1990, 31). Italiese is the language we reject as we reject the stereotypes of the "dumb wop" and the mafioso. In addition to clarity of communication, the languages we use also have the task of fighting that very heavy burden of the negative stereotype. For 80 years North American film has depicted the Italian as either stupid or evil. In the work of over 100 Italian-Canadian writers you will not find figures from organized crime. So while Mario Puzzo may have made it fashionable and profitable in the United States to exploit this image of the Italian Mafia, in Canada we have rejected this type of writing.

For Marco Micone the fourth language is that of silence. In his French plays Micone writes against the condition of being inarticulate. Micone's theatre begins with silence, the silence which he attributes to Italian immigrants in Quebec. In his first play, *Gens du silence* (1980) the Italians are not only voiceless but invisible and powerless. The political conflicts in Canada between English and French have resulted in the marginalization of Italians and other immigrant groups. In this first play, the immigrant daughter expresses this rootless condition with these words,

> I teach teenagers who all have Italian names and who have one culture,
> that of silence. Silence about the peasant origin of their parents. Silence
> about the reasons for emigration. Silence about the manipulation they're
> victims of. Silence about the country they live in. Silence about the
> reasons for their silence (Micone M. 1980, 71).

Given this voiceless state how does Micone make these immigrants express themselves? How does he break this silence with words that can be understood by both Italo-Quebecois and Quebecois? Micone gives these people a French voice with Italian and English accents. Nancy tells us,

> You must write in French so that everyone can understand you.
> Young people must find themselves in texts written by someone
> who lived like them, who understands and wants to help them.

Their being different has to become a reason for them to struggle, and not a cause for complexes and passivity (*ibidem*, 95).

Why do Italian-Canadian writers use so many languages? The direct answer to this question is that they live in a Canada of different languages and reflect this in their writing. Italian immigrants come from an Italy of diversity in which people normally used more than one language. They often spoke the regional dialect at home and standard Italian in school and in communications with government officials and other authorities. It is natural for these people to deal with the ambiguities and translation processes of the different languages of Canada. They have produced a literature in three or four languages because they could not write it in any other way. These writers are changing our views of what a national literature is. It is one way for intellectuals of Italian origin to deal with their relation to the Italian community at large. As Francesco Loriggio has observed, "The difficulty of being Italian in North America or Australia is felt in every cultural context, and it is triggered any time the issues of citizenship and entitlement come up" (Loriggio F. 1996, 18).

Works cited

ARDIZZI, Maria, *Made in Italy*, Toronto, Toma Publishing, 1982.

BUONOMO, Leonardo, *Defining the Self through Memory: The Poetry of George Amabile and Pasquale Verdicchio*, in *Memoria e Sogno: Quale Canada Domani*, ed. MARRA G., DE VAUCHER A. & GEBBIA A., Venezia, Supernova, 1996.

CACCIA, Fulvio, *Aknos*, Montreal, Guernica, 1994.

CACCIA, Fulvio, *Golden Eighties*, Montreal, Les Éditions Balzac, 1994.

CACCIA, Fulvio, *Les Poètes italo-montréalais*, "Canadian Literature" 106, 1985, p. 19-28.

CARDUCCI, Lisa, *À L'Encre de Chine*, Montreal, Humanitas, 1994.

D'ALFONSO, Antonio, *The Other Shore*, Montreal, Guernica, 1986.

D'ALFONSO, Antonio, *L'Autre rivage*, Montreal, VLB, 1987.

DE FRANCESCHI, Marisa, *Surface Tension*, Toronto, Guernica, 1994.

DI CICCO, Pier Giorgio, *The Tough Romance*, Toronto, McClelland & Stewart [1979], Montreal, Guernica, 1990.

DI MICHELE, Mary, *Bread and Chocolate* and WALLACE B., *Marrying into the Family*, Ottawa, Oberon Press, 1980.

DULIANI, Mario, *La Ville sans femmes,* Montreal, Société des éditions Pascal, 1945.

DULIANI, Mario, *City Without Women*, Oakville, Mosaic Press. 1994. Trans. Antonino MAZZA.

EDWARDS, Caterina, *Homeground,* Montreal, Guernica, 1990.

EDWARDS, Caterina, *The Lion's Mouth*, Montreal, Guernica, [1982], 1993.

GOBARD, Henri, *L'Aliénation linguistique: analyse tétraglossique,* Paris, Flammarion, 1976.

GUNN, Genni, *Mating in Captivity,* Kingston, Quarry Press, 1993.

LORIGGIO, Francesco (ed.), *Social Pluralism and Literary History,* Toronto, Guernica, 1996.

MICHELUT, Dore, *Loyalty to the Hunt,* Montreal, Guernica, 1986.

MICHELUT, Dore, *Ouroboros: The Book That Ate Me,* Montreal, Éditions Trois, 1990.

MICONE, Marco, *Gens du silence,* Montreal, Québec/Amérique, 1982.

MICONE, Marco, *Addolorata,* Montreal, Guernica, 1984.

MINNI, C. Dino, *Other Selves,* Montreal, Guernica, 1985.

SALVATORE, Filippo, *Suns of Darkness,* Montreal, Guernica, 1980.

SALVATORE, Filippo, *La Fresque de Mussolini,* Montreal, Guernica, 1985.

PADOLSKY, Enoch, *Ethnicity and Race: Canadian Minority Writing at a Crossroads,* "Journal of Canadian Studies" 31, 3, 1996, p. 129-147.

PIVATO, Joseph, *Echo: Essays on Other Literatures,* Toronto, Guernica, 1994.

VERDICCHIO, Pasquale, *Moving Landscape.* Montreal, Guernica, 1985.

VERDICCHIO, Pasquale, *Nomadic Trajectory,* Montreal, Guernica, 1990.

ZAGOLIN, Bianca, *Une femme à la fenêtre,* Paris, Robert Laffont, 1988.

L'interférence des espaces immigrants et de l'espace littéraire québécois:
quelques cas de figure

Pierre L'Hérault

Il y a à peu près un mois – en avril donc –, je terminais un cours intitulé "Les voix de Montréal", cours que j'ai créé il y a quelques années, justement pour discuter des questions auxquelles est consacré ce colloque, notamment celle dont je traiterai: la rencontre des écritures immigrantes et du texte québécois. En proposant aux étudiants la lecture de textes dont Montréal constitue l'espace imaginaire, je les invitais, d'une part, à explorer le caractère cosmopolite et hybride de cet espace et, d'autre part – et peut-être surtout –, à préciser le rapport de cet imaginaire montréalais à l'imaginaire québécois. La question suivante nous servit en quelque sorte de fil conducteur: Comment l'émergence de la parole immigrante fait-elle éclater les notions d'identité, d'appartenance, de mémoire? En d'autres termes, comment l'écriture immigrante contribue-t-elle à la reconfiguration de l'espace scripturaire québécois? Nous avons commencé par un texte de Jacques Ferron dont le rôle majeur dans la construction des mythologies québécoises n'est plus à établir. Il s'agissait de *La nuit*, roman emblématique du renouveau littéraire des années 60, d'abord publié en 1965, puis repris en 1972 sous le titre *Les confitures de coings*. Et nous avons terminé par la lecture du recueil de nouvelles de Monique Proulx, publié en 1996, *Les aurores montréales*. Entre les deux, des textes d'auteurs immigrants ou d'auteurs appartenant à une culture autre que la culture québécoise majoritaire: ceux de Gail Scott, Régine Robin, Marco Micone, Dany Laferrière, Émile Ollivier, Marilù Mallet. Nous nous trouvions ainsi à accomplir un parcours de trente ans, pour moi fort révélateur.

Car la comparaison entre les points de départ et d'arrivée, Ferron et Proulx, permettait, par le biais de l'écriture immigrante surtout, de saisir d'un seul regard l'élargissement, au cours de cette période, de l'espace imaginaire et identitaire québécois, et, de mesurer sur cet élargissement l'"effet de l'autre", effet prévu et appelé par le texte de Ferron et dont prenait acte celui de Proulx. La *Nuit* montréalaise de Ferron est une nuit initiatique au cours de laquelle François Ménard acquiert *son* identité en se défaisant de son double anglais Frank, qu'il empoisonne avec des confitures de coings – d'où le titre donné à la deuxième version – dont la vertu mortelle leur vient de ce qu'un vieux matou balafré, et pour cela surnommé Christ-chat, a uriné sur les cognassiers. Si le procédé d'ironisation suggère une mise en soupçon de la manière binaire de poser la question identitaire québécoise, le rôle dévolu dans le récit à un immigrant italo-québécois constitue une véritable remise en question, un dépassement en fait, de ce binarisme. L'importance de ce personnage est doublement signalée par son nom, Alfredo Carone, qui est une italianisation du patronyme maternel de Ferron, "Caron", et sous lequel il n'est pas difficile de reconnaître le nocher des Enfers, Charon, qui dans son emploi moderne de chauffeur de taxi, accomplit son antique fonction en faisant passer François, par le pont Jacques-Cartier, de la rive du quotidien longueuillois à la rive du Château de la nuit montréalaise. Ferron installe ainsi au coeur de la question identitaire, la "figure hétéropique" (Harel S. 1989, 129), selon l'expression de Simon Harel, faisant de Montréal cette "ville frontière", ce "centre excentrique" (Ferron J. et L'Hérault P. 1997, 48), expressions auxquelles donnera tout leur sens l'écriture immigrante des années 80. Cela montre – et c'est en quoi elle affirme sa modernité – que l'oeuvre de Ferron déborde l'idéologie de la fondation, même quand elle la symbolise et lui construit une mythologie.

Quelque trente ans plus tard, prenant en compte le travail de l'écriture immigrante, Monique Proulx, dans ses *Aurores montréales*, complète la géographie ferronienne. Résolument montréalais, l'espace n'y est plus tendu, comme cela l'est au niveau le plus apparent du texte ferronien, par la question québécoise qui n'en est cependant pas absente. L'autonomisation de l'espace montréalais s'y exprime d'abord par la vision d'un Montréal éclaté, vu comme un lieu de passage, de migration et d'immigration, vision favorisée par la forme même d'un recueil de nouvelles où circulent et se croisent des gens d'origines, d'âges, de classes, d'éducation, de professions et d'orientations sexuelles différentes. Ce caractère hybride de Montréal est explicitement et implicitement relié à la réalité immigrante: par les situations décrites; par le fait que, dans plusieurs nouvelles, le personnage-narrateur est un immigrant; par les dédicaces faites à des écrivains ou intellectuels immigrants: Ying Chen, Marco Micone, Pierre Foglia, Dany Laferrière, Patrick Cady..., comme si l'on voulait par là reconnaître le rôle de l'écriture immigrante sur l'évolution du texte québécois. Il me semble en effet – et ce fut l'avis spontané de mes étudiants – que *Les aurores montréales* témoignent non seulement de l'évolution de la littérature québécoise, mais de l'effet de l'écriture immigrante sur cette évolution.

Mais, avant d'aller plus loin, il importe de nous arrêter à la notion de littérature immigrante qui, dans le contexte québécois, appelle un certain nombre de précisions et de précautions. Pour être bref, je dirai que si on reconnaît la littérature immigrante, ce n'est jamais comme une littérature autonome, autosuffisante, mais comme une littérature en mouvement, "de transition", dans le sens exact où Marco Micone emploie cette expression pour opposer "culture immigrée" et "culture ethnique": "La culture immigrée est une culture de transition qui, à défaut de pouvoir survivre comme telle, pourra, dans un échange harmonieux, féconder la culture québécoise et ainsi s'y perpétuer" (Micone M. 1992, 100). Voilà une définition paradoxale, puisque la culture immigrante et l'écriture immigrante se perpétuent en disparaissant. Une telle définition s'applique sans doute plus strictement encore à la littérature qu'à la culture, puisqu'il est rare que l'immigrant écrive dans sa langue d'origine, et quand cela est, comme chez Régine Robin, c'est en constatant que certains codes d'une langue varient d'un continent à l'autre. Alors que Micone parle de dépassement de l'écriture ethnique, Régine Robin, dans un sens voisin, parle de "déplacement des stéréotypes": "Pour moi, tout le travail de l'écrivain, sauf s'il devient chantre, porte-parole des communautés, est un perpétuel déplacement des stéréotypes, une perpétuelle interrogation sur les clichés: c'est de faire migrer les images. Et quelque part, il n'y a aucune différence entre l'écrivain des minorités et l'écrivain tout court" (Robin R. 1985, 19). Micone et Robin énoncent en fait une position, communément admise au Québec, qui diffère, je crois, sensiblement de la vision canadienne en autant du moins que cette dernière met l'accent sur l'idée de "juxtaposition" suggérée par la figure emblématique de la mosaïque, alors que la première met l'accent sur l'idée d'"interaction" suggérée par la figure du métissage – encore qu'il faille être sur ce point très nuancé, comme nous invite à l'être la variété des interventions à ce colloque.

Pour justifier cette différence, il faudrait sans doute faire appel à l'histoire de la formation des sociétés canadienne et québécoise et nous intéresser au fait que si le Canada anglais (celui de l'Ouest surtout) s'est construit essentiellement par l'immigration, le Québec francophone, lui, s'est essentiellement développé à partir de ce qu'était devenu en 1760 le peuplement français effectué depuis la prise de possession de Cartier en 1534. On en viendrait peut-être alors à trouver quelque convenance entre les histoires différentes des deux communautés et leurs façons différentes de concevoir l'espace culturel et identitaire, l'une insistant sur la "différence", l'autre sur une certaine "convergence" – j'emploie ce mot faute d'en trouver un meilleur et pour éviter les termes trop piégés d'"intégration" ou d'"homogénéité".

Les valeurs et les limites de chacune de ces conceptions ont été suffisamment établies pour qu'il ne soit pas nécessaire d'y revenir. Je me contenterai de citer Robert Berrouët-Oriol et Robert Fournier qui, non seulement prennent acte de cet "ensemble de traits socio-culturels distincts" (Berrouët-Oriol R. et Fournier R., 1992, 9), mais en saisissent bien la portée. Ils proposent d'abord que "[l]es flux migratoires s'inscrivent dans la dynamique bi-polaire d'un espace, le Québec, "acculé" à affirmer en permanence sa mono-identité francophone en cette Amérique anglo-saxonne et, dans le mouvement même de cette affirmation, "acculé" à gérer avec de nouveaux partenaires les porosités de cette mono-identité minoritaire au Canada, celle-ci désormais irriguée par différentes identités et mémoires du Sud." Et ils insistent ensuite sur le fait que si "les flux migratoires des trente dernières années ont, à des degrés divers, contribué à modifier, à "personnaliser" le profil des grandes villes canadiennes désormais de plus en plus cosmopolites [...] c'est seulement au Québec qu'un tel flux s'est inscrit dans un double processus: la forte affirmation d'une identité nationale, francophone, édifiée pierre à pierre *et* l'émergence d'un tissu urbain transculturel qui interpelle, subvertit et contribue à l'éclatement d'une mono-identité nationale-francophone" (*ibidem*, 8-9).

Puis-je suggérer que cette particularité explique en partie que la question immigrante n'ait été considérée que tardivement au cours de la la Révolution tranquille, à la faveur des lois linguistiques (Loi 22 en 1974, puis Loi 101 en 1977) visant en grande partie les rapports des immigrants et de la majorité francophone? Or les débats autour de la Loi 101 ont souvent fait oublier que *La charte de la langue française* venait troubler l'homogénéité identitaire du *nous* québécois, le forçant à se désethniciser et à s'élargir par l'obligation qu'il y était faite aux immigrants d'inscrire leurs enfants à l'école française. Elle ne faisait en cela, paradoxalement, que prendre les dispositions pour que la majorité soit ce qu'elle est spontanément dans une situation normale: inclusive. La dynamique nouvelle à laquelle elle soumettait les rapports entre les diverses composantes de la société québécoise n'est donc pas étrangère à l'émergence de l'écriture immigrante au milieu des années 80. J'ai montré ailleurs (L'Hérault P. 1991) que le discours immigrant avait été l'une des trois brèches par lesquelles l'hétérogène s'était introduit dans l'écriture québécoise des années 80, les deux autres étant la critique du discours nationaliste et le discours féministe. C'est dire que l'écriture immigrante a partie liée avec la postmodernité, partageant avec cette dernière la capacité d'imaginer et de représenter l'espace identitaire comme un lieu de croisement d'appartenances multiples, d'interférences plus que d'intégration et d'identification.

C'est ce que je m'attacherai à montrer en m'intéressant à trois figures: d'abord, celle de l'*interférence spatiale et mémorielle* du métissage qui sous-tend l'entreprise dramaturgique et réflexive de Micone – et de façon plus générale, l'écriture italo-québécoise; ensuite, celle de l'*identité instable* explorée par Régine Robin; enfin, celle de l'*enracinement dans l'errance* proposée par Émile Ollivier pour désigner le travail de l'exil à l'oeuvre dans l'écriture haïtienne. Si je m'intéresse à ces trois expériences de l'écriture immigrante, c'est qu'elles sont à la fois des lieux de fiction et de théorisation et qu'à ce titre, elles ont largement contribué à définir le rapport entre l'écriture immigrante et l'écriture québécoise. Mais, comme je l'indique en conclusion, ces lieux ne sont pas exclusifs et ne sauraient à eux seuls circonscrire l'espace de l'écriture immigrante, comme en atteste avec plusieurs autres recherches, notre enquête sur le théâtre (L'Hérault P. 1996 et 1997).

L'écriture italo-québécoise: interférence spatiale et métissage

La remarque de Marco Micone n'a rien d'une boutade: "Nous sommes en quelque sorte les pionniers [...] en même temps que nous créons des oeuvres, nous devons les enrober et créer le discours autour des oeuvres" (Vaïs M. et Wickham P. 1994, 19). Elle rend compte du travail d'écriture mené dans les années 80, par Micone, mais aussi par d'autres jeunes intellectuels italo-québécois, dont Fulvio Caccia, essayiste, poète, nouvelliste et journaliste, qui publie en 1983 une anthologie de "textes italo-québécois", *Quêtes*, en collaboration avec Antonio d'Alfonso, poète, romancier éditeur et fondateur en 1978 des Éditions Guernica; et Lamberto Tassinari qui fonde en 1983, avec Fulvio Caccia, le magazine "transculturel" "Vice Versa", qu'il animera jusqu'à sa disparition il y a deux ans.

Caccia a dégagé le fil conducteur de l'écriture italo-québécoise: "[Les] paroles [des créateurs italo-québécois], leurs silences, leurs frustrations, leurs colères tissent une toile complexe qui, tout en éclairant les variations de l'imaginaire de la communauté italienne depuis son implantation ici, évoque en creux l'autre, les autres: les Québécois, bien sûr, mais aussi le Canadien anglais" (Caccia F. 1985, 9). Ce rapport mouvant entre les espaces culturel d'accueil et d'origine est au coeur de la culture immigrante que Micone articule autour de trois axes: l'expérience de vie du pays d'origine, l'expérience migratoire et l'expérience d'intégration dans la culture d'accueil. Les mots "mixte", "métisse", "hybride", "de transition", etc. , dont il la qualifie, en font un espace nécessairement d'échange. Sa trilogie dramatique est animée par ce mouvement: *Gens du silence* (lecture-spectacle, 1982; création, 1989) insiste sur la rupture avec le pays d'origine; *Addolorata* (créée en 1983) est centrée sur le conflit des enfants coincés entre l'héritage immigrant et la culture d'accueil; enfin, *Déjà l'agonie* (créée en 1986) construit l'espace métissé du petit-fils né d'un mariage mixte. Dans cette dernière pièce, l'action se déroule tantôt à Montréal et tantôt dans le village italien d'origine. La trilogie s'achève donc sur la mise en scène d'une interférence spatiale s'exerçant sur trois générations d'une famille immigrée, selon, évidemment, une géométrie variable: des grands-parents Franco et Maria, qui ont émigré à l'âge adulte, au petit-fils Nino, né au Québec, et à sa mère Danielle, qui n'a rien d'italien, en passant par le fils Luigi, émigré à l'adolescence. Le titre italien *Trilogia* – sous lequel sont regroupés les trois pièces de Micone – donné à un oeuvre écrite en français souligne le caractère interfaciel de l'expérience immigrante qui, sans cesser d'être ce qu'elle est, sert de miroir à la communauté d'accueil, ainsi que je l'ai noté dans la préface de *Trilogia* (Micone M. 1996).

Rien d'étonnant, dans ce contexte, à ce que Caccia fasse appel à la notion de "devenir minoritaire" de Deleuze et Guattari pour décrire "ce délicat travail de mutation culturelle, auquel est soumise toute société et, à plus forte raison, toute communauté immigrante" (Caccia F. 1985, 10). Il verra dans ce qu'il nomme, avec D'Alfonso, la "triangulation des cultures" (Caccia F. et D'Alfonso A. 1983, 10) une façon de briser l'exclusivisme de la "dualité identitaire", du "biculturalisme", de réussir un "dépassement, une assomption capable de mettre en crise la culture" dans laquelle elle s'inscrit et intervient, en la révélant à elle-même comme un "lieu d'articulation de la différence", un lieu où "se pose avec acuité le rapport aux cultures et à l'acculturation" (Caccia F. 1985, 17). Ce dernier mot renvoie au concept de "transculturation" dont Fernand Ortiz s'est servi pour rendre compte du métissage cubain (L'Hérault P. 1991). Il revient aux fondateurs et animateurs de "Vice Versa", Lamberto Tassinari et Fulvio Caccia, d'avoir popularisé et adapté au contexte québécois la notion de transculture en faisant de *Quaderni culturali*, bimestriel de jeunes intellectuels italo-québécois "de gauche", dont on gardera la pratique du trilinguisme (français, anglais, italien), un magazine dont le titre "Vice Versa" affichera l'intention de s'adresser non plus "surtout aux Italiens de la deuxième génération", mais "à la société dans son ensemble" (Tassinari L. 1989, 57-58).

L'écriture italo-québécoise repose donc sur une articulation serrée de la fiction et de la théorisation, de l'expérience et de la réflexion, qui la garde d'un esthétisme pouvant masquer la blessure mémorielle, présente, chez Micone, par l'irruption récurrente de la scène du dépat du père et, chez D'Alfonso, par la "cicatrice", cette "trace sur le sensible cuir de l'être" (D'Alfonso A. 1990, 61). La figure de l'interférence renvoie à un déplacement jamais accompli, comme le suggère le titre d'un roman de Tiziana Beccarelli Saad: *Vers l'Amérique* (1988), comme le suggère encore plus fortement la *Femme à la fenêtre* (1988) de Bianca Zagolin enfermée dans sa mémoire comme dans une "étrange demeure" (Zagolin B. 1988, 57; Lequin L. 1992). D'Alfonso a trouvé une remarquable formule pour rendre compte de l'incontournable interférence mémorielle qui force à concevoir le rapport à l'origine sous le mode spatial plutôt que sous le mode linéaire: "Je parlerai d'*où je viens* une fois que j'aurai parlé d'*où je suis*" (D'Alfonso A. 1990, 181).

Régine Robin: l'identité instable

On ne peut parler d'écriture judéo-québécoise comme on peut parler d'écriture italo-québécoise, c'est-à-dire dans le sens d'une certaine concertation. Il conviendrait plus justement de parler d'écrivains reliés à la tradition juive, comme Naïm Kattan, Monique Bosco, Régine Robin, et d'intellectuels qui, comme Ghila Benesty-Sroka avec "Tribune juive" et "La parole métèque", ont créé des lieux d'échange entre l'expérience immigrante juive et la culture québécoise (L'Hérault P. 1991). Robin est sans doute celle qui accepterait le plus mal l'étiquette d'"écrivaine juive", elle "qui nous met en garde contre tous les ghettos et nous rappelle que "tout un processus d'écriture se caractérise [...] par une mise en pièces de l'authenticité" (Potvin C. 1996, 261). Il lui revient pourtant – et le paradoxe ne serait-il qu'apparent? – d'avoir fait jouer, à la manière d'une donnée incontournable, dans l'écriture québécoise, la judéité qui motive sa figure de l'*identité instable* qu'elle utilise dans la présentation (Robin R. 1997a) du numéro qu'"Études littéraires" consacrait en 1997 à "L'ethnicité fictive. Judéité et littérature" et dont les biofictions et les autofictions de *L'immense fatigue des pierres* (1996), comme les scénarios conditionnels de *La québécoite* sont des variations. Selon la logique de la "figure de l'entre-deux", la notion d'identité instable traverse le travail de Robin depuis 1975, soit du *Cheval blanc de Lénine* au *Golem de l'écriture* (1997), en passant par *La Québécoite, L'amour du yiddish, Le réalisme socialiste, Kafka, Le roman mémoriel*, travail "constitué, selon ses propres termes, par une tension [...] entre la mémoire-identité et la [...] mémoire critique et poétique" (Robin R. 1989b, 101).

Dans *La Québécoite* (1983), l'identité instable se manifeste par l'incapacité du personnage éponyme, une femme née et élevée à Paris, appartenant à une famille juive russe, à se fixer à Montréal ou à Paris, où elle bute toujours sur Grenelle, "lieu symbolique, qui revient dans le roman de façon obsessionnelle" (Robin R. 1989b, 130). Et pour cause, c'est là que se trouvait le Vélodrome d'Hiver où "les juifs, arrêtés lors de la grande rafle du 16 juillet 1942 ont été parqués, avant d'être dirigés sur Drancy et de là, convoyés [...] vers Auschwitz." (*ibidem*) Chaque fois le récit bute sur l'Holocauste, comme le lecteur sur les majuscules de la phrase obsessionnelle: "APRÈS GRENELLE – JE NE SAIS PLUS / LA LIGNE SE PERD / DANS MA MÉMOIRE" (Robin R. 1983, 70). Selon un double mouvement contradictoire, qui s'exprime par les allers-retours Montréal-Paris, tous les scénarios de la *Québécoite* l'arrachent à une identité fixe, mais la ramènent à une identité indéracinable.

Les scénarios imaginaires de *L'immense fatigue des pierres* sont qualifiés en page couverture de "biofictions". Ce sont aussi des "autofictions", puisque Régine Robin est nommément dans le récit: "Mais oui, j'ai vu Régine Robin. Elle était ici il y a encore une demi-heure. [...] je suis peut-être la fille de la narratrice, ou même Régine Robin si vous voulez" (Robin R. 1996, 129-130; repris en 4ᵉ de couverture). "Biofiction" contre "biographie". Deux histoires illustrent particulièrement bien cette opposition. D'abord celle de la nouvelle *L'agenda*. La narratrice, à partir d'un agenda qu'elle trouve "entreprend [...] d'écrire la biographie de sa mère" (*ibidem*, 64). Après une page elle s'arrête en se disant qu'elle a donné "trop de sens à l'énigme d'une vie qui ne se donnait que dans le discontinu, en pointillés" et "décide de transformer l'agenda en journal intime" (*ibidem*, 65). Elle en rédige une semaine, puis s'arrête de nouveau, trouvant que le "je" qu'elle prête à sa mère, "c'est encore trop" (*ibidem*, 67). Elle s'essaie finalement au poème qui la satisfait davantage, car il laisse du jeu "alors que l'entreprise biographique l'enfermait dans du convenu, du figé, du fixé" (*ibidem*, 68). Dans la nouvelle intitulée "Journal de déglingue entre le Select et Compuserve", c'est sous le mode ironique que l'entreprise biographique est attaquée. Un personnage, du nom de Régine Robin, tient sur Saint-Denis une boutique "Biographie sur mesure", où elle "trafique les biographies de tout un chacun avec des images de synthèse et de drôles de petits textes" (*ibidem*, 130). En vendant ces "boîtes de souvenirs", elle "a fait fortune" (*ibidem*), "s'éta[n]t vite aperçue que les gens auraient voulu avoir vécu une autre vie" (*ibidem*, 126).

"Biofiction" contre "biographie", mais aussi comme "autofiction". Arrêtons-nous ici à l'aventure du professeur Michel Himmelfarb qui, par l'âge, la profession, ses recherches sur les identités multiples, peut être un double de l'auteure. À soixante ans, rattrapé par son identité juive, il décide d'aller visiter le *United States Holocaust Memorial Museum* de Washington. Comme à tout le monde, on lui remet à l'entrée la fiche d'identité d'une personne qui a connu l'Holocauste. Il s'agit de David Morgensztern, 17 ans, originaire comme lui de Kaluszyn, déporté avec sa famille à Treblinka en 1942. Les coïncidences biographiques et le sort commun des deux familles disparues dans l'Holocauste le poussent à prendre sur Internet, après bien d'autres, l'identité de David dont il complète la fiche en écrivant qu'il avait réussi à s'échapper pour finalement être l'un des premiers à pénétrer dans Berlin comme colonel de l'Armée rouge. L'histoire virtuelle devient réelle quand un jour il reçoit un coup de téléphone de quelqu'un qui dit être Michel Himmelfarb et qui lui raconte l'histoire qu'il a inventée sur Internet. Le titre de la nouvelle, *Le dikkoub inconnu*, renvoie à une vieille légende juive voulant que Dieu "ne permit pas qu'il y ait plus de six millions de victimes, pour qu'il y ait six millions de survivants et que chaque âme devenue dikkoub puisse ainsi trouver preneur" (*ibidem*, 61-62). Le jeu en apparence gratuit est donc en fait motivé par une identité aussi insondable que l'oubli de l'holocauste. Impossible en effet de ne pas voir dans *Le dikkoub inconnu* une autofiction de Robin quand on prend connaissance du rendez-vous qu'elle donne à ses lecteurs dans *Le Golem de l'écriture*, où, à l'instar de son personnage Himmelfarb, elle se donne sur Internet l'identité de Rivka A, la sœur disparue: "Alors, rendez-vous sur mon site Web où il y aura plusieurs branches et deux *personae*: Régine Robin, le professeur, l'universitaire et son curriculum vitae, ses publications ainsi que certains de ses textes *on line*, et Rivka A, sujet et auteur de fictions ou d'autofictions, d'autobiographies, au pluriel, bien entendu, alias Nancy Nibor dont il est aisé de voir qu'il s'agit de l'anagramme de 'Robin'" (Robin R. 1997b, 286).

Et c'est à la lumière de cette identité juive instable et insaisissable, mais incontournable, qu'il faut interpréter l'image de Montréal qui se dégage de sa fiction: espace de la cohabitation d'étrangetés, plutôt que du métissage de ces étrangetés; on traverse Montréal sans s'y fixer, restant dans l'entre des identités. Dans *L'immense fatigue des pierres*, Montréal est explicitement définie comme "une de ces métropoles où se lit déjà en clair l'avenir de toutes les métropoles. L'hybridité comme nouvelle identité, comme seule forme de mémoire collective. Vertus de l'amnésie partielle!" (Robin R. 1996, 41). Pour les personnages de cette nouvelle, la mère et la fille, qui éprouvent un commun désir de se rejoindre autrement que dans des aéroports, Montréal apparaît comme le seul lieu viable. La mère, romancière et installée à New York depuis des années, est tentée par un retour à Reillance, France. Mais son compagnon de vie, Jean-Claude y est enterré (*ibidem*, 26). Et puis, surtout peut-être Reillance est dans l'Europe de l'Holocauste. "Il me faut un coin où l'Histoire cesse d'enfoncer ses vrilles dans la chair humaine", pense-t-elle (*ibidem*). La fille, pour sa part, propriétaire d'une galerie d'art en Israël, trouve lourdes ses "rêves de judaïté" et son "identité juive" qu'elle a assénés à sa mère comme un reproche (*ibidem*, 17) et a décidé de quitter Israël et de venir s'installer à Montréal. Parce qu'à Montréal, mère et fille échapperaient aux "pesanteurs de l'histoire" (*ibidem*, 41).

On peut s'étonner que le cosmopolitisme de Montréal évacue à toutes fins utiles le Montréal "québécois" et que les termes "québécois" et "cosmopolite" ou "hybride" soient nécessairement antinomiques: "On serait bien à Montréal. Bien sûr, toutes les deux craindraient le nationalisme québécois, comme tous les étrangers et tous les immigrants" (*ibidem*, 41-42). On s'en étonnera moins si l'on relie les "pesanteurs de l'histoire" à l'Holocauste. Car, au-delà des explications qu'a pu donner Robin là-dessus (crainte du "repli frileux des cultures sur la ghettoïsation et la folklorisation" (Robin R. 1989b, 104) et des "reterritorialisations ethniques" (Robin R. 1990, 26) qui ne sont pas sans faire surgir le fantôme de la théorie arienne) ne faut-il pas retrouver, à la racine de cette radicale étrangeté, l'opposition, dont elle parle abondamment dans *L'amour du yiddish*, entre l'identité juive instable de la diaspora et l'identité juive solidifiée par la reterritorialisation de l'état hébreu? "Je laisse à ces 'nouveaux Juifs' unidimensionnels qui n'ont pas le mal de mer, le soin de bâtir au loin des certitudes univoques. Incurable, je n'écris que d'un lieu, celui de l'Entre [...]" (Robin R. 1984, 29). La figure de l'identité instable montre l'identité comme une frontière extrême, selon l'expression du poète acadien Gérald Leblanc, une frontière extrême, c'est-à-dire toujours là mais pour être toujours repoussée.

L'enracinement dans l'errance: l'écriture haïtienne

Nous ne sommes pas alors tellement loin de la figure oxymorique de l'*enracinement dans l'errance*, créée par Émile Ollivier pour exprimer la situation particulière de l'immigration haïtienne qui de temporaire devient permanente. Ce dont prendront conscience plusieurs membres de la diaspora haïtienne avec le départ de Duvalier. Car, même si la raison de l'exil était levée, on se rendait compte que le retour au pays natal était devenu impossible, installé que l'on était dans l'errance: "En fait, j'ai vieilli au Québec, mais ce n'était pas du tout dans mon programme", dit Ollivier. "La question haïtienne, poursuit-il, est bloquée depuis bientôt un quart de siècle environ, l'âge de notre exil. [...] Dans nos oeuvres, on va voir travailler soit de façon implicite, soit de façon explicite la question de l'errance, la *question du déracinement*" (Jonassaint J. 1986, 86). Ollivier pense qu'à la génération actuelle des écrivains qui "ne peuvent pas faire l'économie d'une référence à ce *passé épais* (ce présent aussi)" (*ibidem*) qu'est l'exil succédera une seconde génération d'où naîtra une "grande littérature semblable à celle des Kérouac, des Saul Bellow" (*ibidem*), travaillée par "l'effet de voyage" (Jonassaint J. 1986, 84), selon l'expression de Cortazar. Il en vient même à définir sa pratique de l'écriture comme une pratique de "schizophrénie" (Jonassaint J. 1986, 88) qui rejoint en d'autres termes la pratique de l'entre-deux de Robin: "Je suis coupé de la réalité haïtienne, mais je le suis également de la réalité québécoise. Encore que ces deux réalités travaillent mes fantasmes [...]" (*ibidem*). Ollivier n'est pas le seul à évoquer cette situation de schizophrénie. Dany Laferrière lui fait écho quand il dit être "né physiquement en Haïti mais [...] comme écrivain à Montréal" (Marcotte H. 1990, 81); Gérard Étienne de même qui distingue entre "communauté génétique" et "communauté [...] d'acculturation" (Jonassaint J. 1986, 68).

L'expression "enracinement dans l'errance" doit être rattachée à celle de "dérives" propagée par la revue du même nom, fondée en 1975 par Jean Jonassaint, première "Revue *inter*culturelle essentiellement ouverte aux tierces expressions en marche au Québec, en Afrique, en Amérique latine, en Asie, etc." ("Dérives", 1982, 31-32, deuxième de couverture). Le terme "dérives" introduit dans la notion d'identité l'idée de relativité, en substituant au rapport binaire et exclusif "minorité/majorité" le rapport à géométrie variable de "centre/périphérie". Jonassaint le rattache au topos "du voyage, de la migration et de la traite" et par là au triangle diasporique qui se confond avec celui de la traite: Afrique, l'Europe, l'Amérique du Nord (L'Hérault P. 1991).

Tout le mouvement de *Passages* (1991) est marqué par les figures de la dérive et du triangle. Je n'ai pas le temps de m'arrêter à la première partout repérable, et affichée dans les titres et les exergues. Je m'arrêterai plutôt à celle du triangle spatial qui structure la géographie de *Passages*. La donnée du roman est la suivante. Un groupe d'Haïtiens se construit un bateau, *La Caminante*, pour quitter Haïti, prennent la mer et échouent sur les plages de Miami en même temps que Duvalier quitte Haïti. Plusieurs mourront au cours de l'odyssée. Quelques personnages décideront de reprendre la mer vers Haïti libérée du dictateur. Parallèlement à cette aventure collective, le roman raconte les derniers jours de Normand Malavy, exilé haïtien à Montréal. En proie à une crise de nostalgie, il se rend à Miami où il retrouve une ancienne amante, Amparo, elle-même exilée cubaine. Ils sont sur les lieux quand les réfugiés arrivent et Normand aura le temps d'enregistrer le récit du voyage fait par Brigitte Kadmon avant de mourir d'une crise cardiaque.

On distingue donc ici trois espaces: l'espace haïtien, l'espace de Miami et l'espace de Montréal. On peut les caractériser par les mots suivants: espace du départ, espace intermédiaire et espace de l'exil. La première partie du roman insiste sur l'arrachement que constitue l'odyssée vers Miami: construction du bateau, première tentative manquée, célébrations aux morts, etc. C'est la terre-mère que l'on quitte, dont on est expulsé en quelque sorte. La deuxième raconte la traversée et se termine par le débarquement à Miami défini comme une "plaque tournante, porte ouverte sur les Caraïbes et l'Amérique latine" (Ollivier É. 1991, 59), comme un "lieu intermédiaire", lieu d'arrivée et de départ, comme si de là on pouvait regarder Haïti, pour saisir le moment d'y retourner. Lieu du non définitif, du temporaire des camps de réfugiés. Lieu de la possibilité et de l'impossibilité du retour: l'un des personnages importants de l'odyssée, Brigitte Kadmon, décide, après la chute de Duvalier, de reprendre immédiatement la mer vers Haïti; Normand, lui, y meurt. Mais sa mort ne vient que confirmer ce qui était déjà devenu impossible, puisqu'il était déjà installé dans l'errance, c'est-à-dire à Montréal défini comme "un lieu géométrique de la conscience de lui-même" (*ibidem*, 52). Géométrie de la dérive, car Montréal existe dans ce roman, non pas comme un espace préexistant, mais comme un espace qui s'organise au gré des parcours de Normand. Plus qu'un lieu d'arrivée, Montréal est un lieu de passage: "Combien de fois ne l'avait-il pas traversée?" (*ibidem*). Le mot "traversée" renvoie à la mer, à l'espace du passage, seul véritable espace en fait sur lesquels les autres se modèlent, comme l'indiquent d'ailleurs les termes marins ("dérive", "escale", "cimetière marin", etc.) dont Normand se sert pour décrire ses promenades montréalaises. Sur *La Caminante* une petite communauté haïtienne est en dérive de son pays, en dérive perpétuelle, serait-on tenté d'ajouter, comme s'il s'agissait d'exprimer une réalité qui dépasse une expérience particulière – fût-elle tragique: la tension entre le désir du retour à l'origine et l'impossibilité de ce retour qui sous-tend l'écriture immigrante.

La figure de l'enracinement dans l'errance traverse également l'écriture de Dany Laferrière, mais d'une autre façon. S'il a commencé par un roman très montréalais, *Comment faire l'amour avec un Nègre sans se fatiguer* (1985), la mémoire haïtienne le rejoint progressivement au point de se substituer à l'espace montréalais, avec toujours cependant le sentiment d'un retour impossible. *L'odeur du café* (1991) le ramène à l'été de ses dix ans, comme à une vieille photo, où il ne parviendrait peut-être pas à se reconnaître dans le petit garçon qu'il sait pourtant être lui, sans la présence à ses côtés de la grand-mère. Or le livre se termine par un adieu qui pourrait laisser croire à la mort de la grand-mère, sans doute parce que cet adieu à la grand-mère se confond avec l'adieu à la terre natale. Il est en effet difficile de distinguer, tant la grand-mère semble occuper tout l'espace mémoriel, entre l'espace de la grand-mère et l'espace haïtien. La fragmentation du texte renverrait alors à la conscience de la discontinuité du temps et de l'espace reliée à la migration, à l'exil, discontinuité rendue plus évidente par l'absence de la génération de la mère. L'exergue emprunté à J.F. Brierre accrédite une telle interprétation: "Grands faucons, noirs compagnons/ de mes songes / qu'avez-vous fait du paysage? / qu'avez-vous fait de mon enfance?" (Laferrière D. 1991, 8). Puisqu'il y a dans paysage "pays", il faut parler ici de dépaysement dans le sens fort et premier du terme, dans le sens aussi de la perte de l'origine sur laquelle insiste la dédicace à quatre générations de femmes, de la grand-mère aux filles, "cette lignée interminable de femmes qui, de nuit en nuit, m'ont conçu et engendré" (*ibidem*, 7). L'espace maternel de la mémoire n'est-il plus que le blanc de mémoire sur lequel flottent quelques fragments noirs? L'Haïti natale s'éloigne et, à mesure que la distance s'élargit, cède sa place à l'Haïti mémorielle. Cette interprétation semble d'autant plus justifiée que le lecteur de Laferrière apprendra par *Le charme des après-midi sans fin* (1997) que "[q]uand *L'odeur du café* est paru en automne 1991, Da était encore vivante, et [qu']elle l'a lu" (Laferrière D. 1997, 201 et 4ᵉ de couverture). Permettre au lecteur de croire à la mort de la grand-mère avant qu'elle n'ait lieu, n'est-ce pas une façon de suggérer l'impossible retour? Si Laferrière et Ollivier se rejoignent dans la conscience de l'enracinement dans l'errance, c'est cependant d'une façon bien différente qui montre que Laferrière fait partie de la deuxième génération souhaitée par Ollivier. À la nostalgie douloureuse des personnages d'Ollivier succède chez Laferrière une attitude ludique semblable à celle des personnages des autofictions de Robin qui a montré que le ludique n'exclut pas la gravité dont il serait plutôt un masque. À la tante Raymonde qui lui dit: "Ton livre est faux de bout en bout." (Laferrière D. 1992, 17), le narrateur-personnage du *Goût des jeunes filles* (1992) répondra: "Bien sûr, tante Raymonde, c'est de la fiction [...] un mélange de fiction et de réalité" (*ibidem*, 18; L'Hérault P. 1998). Ce "mélange de fiction et de réalité" n'est-il pas le signe du travail de et sur la mémoire qui sous-tend l'écriture immigrante?

Conclusion

Les trois lieux d'écriture explorés en témoignent. Encore me faut-il rappeler que si j'ai privilégié l'écriture italo-québécoise, le travail de la judéité dans l'écriture de Régine Robin et l'écriture haïtienne, c'est parce que ces trois écritures sont à la fois des lieux de création et de théorisation et non parce qu'ils délimiteraient l'espace de l'écriture immigrante au Québec, au contraire beaucoup plus vaste et divers que pourrait le laisser suggérer mon texte. D'autres écritures immigrantes s'inscrivent dans l'espace littéraire québécois grâce à des auteurs qui s'imposent et sont reconnus, parfois très rapidement, par l'institution littéraire. Tel est le cas d'Abla Farhoud, de Nadine Ltaif et de Wajdi Mouawad, d'origine libanaise; de Sergio Kokis, d'origine brésilienne; de Marilù Mallet et d'Alberto Kurapel, exilés chiliens; de Gloria Escomel, d'origine urugayenne; d'Anne-Marie Alonzo et de Mona Latif Ghattas, d'origine égyptienne; de Pan Bouyoucas, d'origine grecque; de Ying Chen, d'origine chinoise... Si bien qu'il ne suffit pas de dire qu'on ne saurait aujourd'hui parler de l'écriture québécoise sans tenir compte de sa dimension immigrante, mais encore faut-il ajouter que cette dimension constitue l'une de ces grandes sources de renouvellement et de vitalité, comme en atteste le texte de Monique Proulx, *Les aurores montréales*.

À quoi cela est-il dû? Formulons deux hypothèses. La première pourrait être que l'écriture immigrante touche l'un des points les plus sensibles de l'expérience québécoise, celui de la mémoire oscillant toujours entre la fixation et l'oubli, comme le suggèrent la devise du Québec "Je me souviens" et la parodie qu'en a faite Jean-Claude Germain: *Un pays dont la devise est je m'oublie* (1976). Or justement l'écriture immigrante, dont l'interférence mémorielle et spatiale est peut-être la figure structurante, dit que la mémoire n'est ni fixation, ni oubli, mais tension entre ces deux extrêmes. En s'inscrivant dans l'écriture québécoise, elle y introduit une pluralité mémorielle qui oblige à poser la question du "Quoi": "Je me souviens de quoi?". Elle force alors à admettre dans ce quoi une altérité. Pas seulement l'altérité de l'autre, de celui qui vient d'ailleurs, mais celle aussi d'un "je" québécois qu'on était tenté de supposer plein et identique, surtout qu'il s'entendait comme un "nous". On pourrait appliquer à toute l'écriture immigrante ce que Lise Gauvin écrit de *Speak What?* de Micone pour la définir comme une écriture "dont le projet avoué est une permutation du *nous* en *vous*" (Gauvin L. 1995, 25-26).

La deuxième hypothèse m'est fournie par le fait que le discours immigrant apparaît au moment où le discours de la Révolution tranquille, emporté dans les dérives de la postmodernité et du pluralisme, se dégage du monologisme de son couvert national et découvre la pluralité discursive dont il est redevable (socialisme, féminisme, contre-culture, droits civiques, droits des peuples à l'autodétermination, identité sexuelle, etc.). Affirmer cela n'est pas nier l'importance du discours immigrant mais suggérer que son efficacité, si je puis dire, tient en partie au fait que, se situant au croisement de plusieurs questionnements postmodernes, il a pu aider à clarifier certains enjeux de la société québécoise. C'est que ce discours ne se pose jamais en parfaite étrangeté avec le discours québécois comme il ne suppose jamais le discours québécois en parfaite étrangeté avec lui. Il est plutôt discours de l'entre. Et c'est sans doute à ce titre qu'il peut aussi servir de révélateur au discours québécois et, paradoxalement, y occuper une place de plus en plus déterminante.

Bibliographie

BECCARELLI SAD, Tiziana, *Vers l'Amérique*, Montréal, Triptyque, 1988, 96p.

BERROUËT-ORIOL, Robert et Robert FOURNIER, *L'émergence des écritures migrantes et métisses au Québec*, "Québec Studies", 14, printemps-été 1992, p. 8-22.

CACCIA, Fulvio, *Sous le signe du phénix. Entretiens avec 15 créateurs italo-québécois*, Montréal, Guernica, 1985, 308p.

CACCIA, Fulvio et Antonio D'ALFONSO, *Quêtes. Textes d'auteurs italo-québécois*, Montréal, Guernica, 1983, 284p.

D'ALFONSO, Antonio, *Avril ou l'anti-passion*, Montréal, VLB, 1990, 200p.

"Dérives", 31-32, 1982.

FERRON, Jacques, *La nuit*, Montréal, Éditions Parti pris, 1965, 136p.

FERRON, Jacques, *Les confitures de coings et autres textes*, Montréal, Éditions Parti pris, 1972.

FERRON, Jacques et Pierre L'HÉRAULT, *Par la porte d'en arrière. Entretiens*, Montréal, Lanctôt éditeur, 1997, 320p.

GAUVIN, Lise, *De Speak White à Speak What?: À propos de quelques manifestes québécois*, "Québec Studies", 20, printemps-été 1995, p. 19-26.

GERMAIN, Jean-Claude, *Un pays dont la devise est je m'oublie*, VLB, 1976, 144p.

HAREL, Simon, *Le voleur de parcours. Identité et cosmopolitisme dans la littérature québécoise contemporaine*, Longueuil, Le Préambule ("L'Univers des discours"), 1989, 312p.

JONASSAINT, Jean, *Le pouvoir des mots, les maux du pouvoir. Des romanciers haïtiens de l'exil*, Paris-Montréal, Éditions de l'Arcantère-Les Presses de l'Université de Montréal, 1986, 273p.

LAFERRIÈRE, Dany, *Comment faire l'amour avec un Nègre sans se fatiguer*, VLB, 1985, 156p.

LAFERRIÈRE, Dany, *L'odeur du café*, Montréal, VLB, 1991, 258p.

LAFERRIÈRE, Dany, *Le goût des jeunes filles*, VLB, 1992, 208p.

LAFERRIÈRE, Dany, *Le charme des après-midi sans fin*, Lanctôt éditeur, 1997, 208p.

LEQUIN, Lucie, *L'épreuve de l'exil et la traversée des frontières. Des voix de femmes*, "Québec Studies", 14, printemps-été 1992, p. 31-39.

L'HÉRAULT, Pierre, *Pour une cartographie de l'hétérogène: dérives identitaires des années 1980*, in SIMON, Sherry, L'HÉRAULT Pierre, SCHWARZWALD Robert, NOUSS Alexis, *Fictions de l'identitaire au Québec*, Montréal, XYZ, 1991, (Études et documents), p. 53-114.

L'HÉRAULT, Pierre, *Figures de l'immigrant et de l'Amérindien dans le théâtre québécois moderne*, "International Journal of Canadian Studies/Revue internationale d'études canadiennes", 14, automne 1996, p. 273-288.

L'HÉRAULT, Pierre, *L'espace immigrant et l'espace amérindien dans le théâtre québécois depuis 1977*, in BEDNARSKI, Betty et OORE Irène, *Nouveaux regards sur le théâtre québécois*, Montréal-Dalhousie, XYZ-*Dalhousie French Studies*, 1997, p. 151-167.

L'HÉRAULT, Pierre, *Le je incertain: fragmentations et dédoublements*, "Voix et images", 23, 3, printemps 1998, p. 503-514.

MARCOTTE, Hélène, *Interview. Dany Laferrière. "Je suis né comme écrivain à Montréal"*, "Québec français", 79, automne 1990, p. 80-81.

MICONE, Marco, *Gens du silence*, Montréal, Québec-Amérique, 1982, 140p.

MICONE, Marco, *Addolorata*, Montréal, Guernica, 1984, 101p.

MICONE, Marco, *Déjà l'agonie*, Montréal, L'Hexagone, 1988, 82p.

MICONE, Marco, *Le figuier enchanté*, Montréal, Boréal, 1992, 119p.

MICONE, Marco, *Trilogia*, Préface de L'HÉRAULT Pierre, Montréal, VLB, 1996, 226p.

OLLIVIER, Émile, *Passages*, Montréal, L'Hexagone, 1991, 195p.

POTVIN, Claudine, *La (dé)construction de la mémoire:* La Québécoite *de Régine Robin*, in LEQUIN, Lucie et VERTHUY Maïr, (dir.), *Multi-culture, multi-écriture. La voix migrante au féminin en France et au Canada*, Paris-Montréal, L'Harmattan, 1996, p. 261-274.

PROULX, Monique, *Les aurores montréales*, Montréal, Boréal, 1996.

ROBIN, Régine, *Le Cheval blanc de Lénine ou l'Histoire autre*, Bruxelles, Éditions Complexe, 1979.

ROBIN, Régine, *La Québécoite*, Montréal, Québec/Amérique, 1983, 206p.

ROBIN, Régine, *L'amour du yiddish: écriture juive et sentiment de la langue (1830-1930)*, Paris, Le Sorbier, 1984, 201p.

ROBIN, Régine, *La différence quand même*, "Vice Versa", 3, 1, mars-avril 1985, p. 17.

ROBIN, Régine, *Le réalisme socialiste: une esthétique impossible*, Paris, Payot, 1986, 348p.

ROBIN, Régine, *Kafka*, Paris, Belfond, 1989, 369p.

ROBIN, Régine, *Le roman mémoriel*, Longueuil, Le Préambule, 1989 ("L'univers des discours"), 220p.

ROBIN, Régine, *L'histoire a retrouvé son ombre. L'Est insaisissable*, "Vice Versa", 29, mai-juin 1990, p. 24-28.

ROBIN, Régine, *L'immense fatigue des pierres*, Montréal, XYZ, 1996 ("Étoiles variables"), 192p.

ROBIN, Régine, *Présentation*, "Études littéraires" (*L'ethnicité fictive. Judéité et littérature)*, 29, 3-4, hiver 1997, p. 7-18.

ROBIN, Régine, *Le Golem de l'écriture. De l'autofiction au Cybersoi*, Montréal, XYZ, 1997 ("Théorie et littérature"), 304p.

TASSINARI, Lamberto, *La ville continue. Montréal et l'expérience transculturelle de* Vice versa, "Revue internationale d'action communautaire/International Review of Community Development", 21, 61, printemps 1989, p. 57-61.

VAÏS, Michel et WICKHAM Philip, *Le brassage des cultures. Table ronde*, "Jeu", 72, septembre 1994.

ZAGOLIN, Bianca, *Une femme à la fenêtre*, Paris, Laffont, 1988.

L'écriture entre les langues

LISE GAUVIN

> Écrire, comme immigrer, c'est faire un choix, c'est refuser de se laisser porter
> par les idées reçues, c'est être conscient de la précarité des échanges, c'est as-
> sumer l'angoisse de la mort, c'est rejeter la manille et l'héritage.
> Jacques Godbout, *Le Réformiste*, 1975.
>
> La culture ne se laisse vraiment saisir que de l'étranger, dans le frottement
> d'une langue à l'autre, dans le tissage et le tressage des langues, dans le fait
> que la langue autre permet de rendre étrangère sa propre langue.
> Régine Robin, *Speak Watt*, "Spirale", 1994.
>
> Comme toutes les cultures, celles de l'immigrant
> englobe des domaines de l'expérience humaine qui
> ne peuvent être entièrement traduites par la langue
> et encore moins par une seule langue.
> Marco Micone, *Le Figuier enchanté*, Boréal, 1992.

Depuis ses origines, la littérature québécoise est traversée et hantée par une problématique de la langue qui dépasse les seuls enjeux lexicaux et met en cause son
propre statut ainsi que la nature de son fonctionnement. Depuis que celle-ci existe
en effet, ou s'interroge sur son existence, critiques aussi bien qu'écrivains entretiennent un métadiscours sur la langue. Des oscillations de ce discours dépend en
grande partie l'évolution de cette littérature. La question n'a cessé d'apparaître, au
cours des époques, comme le lieu de convergence de plusieurs thématiques, comme
un catalyseur des réflexions littéraires, comme la mise en scène et en mots de positions idéologiques spécifiques. L'interrogation sur la langue d'écriture, toujours
doublée d'un commentaire plus global sur le statut de la langue ou d'un diagnostic
sur l'état de la langue parlée, est l'histoire d'une suite de déplacements qui condi-
tionnent ou modifient les grandes options de cette littérature. Il s'agit là d'une scène
particulière, révélatrice d'un procès littéraire plus important que les procédés
qu'elle met en jeu. Une scène propre à l'exhibition du littéraire mais aussi à la cons-
titution de poétiques particulières.

Sujet privilégié, voire obsessionnel, celui des rapports langues/ littératures livre non seulement accès à un corpus littéraire spécifique, en l'occurence celui de la littérature québécoise, mais permet également de mieux comprendre les liens qui s'établissent entre cette littérature et certaines autres, dont les littératures de la francophonie.

Les questions de représentations langagières, dans le contexte des jeunes littératures, prennent une importance particulière. Importance qu'on aurait tort d'attribuer à un essentialisme quelconque des langues, mais qu'il faut voir plutôt comme un désir d'interroger la nature même du langage et de dépasser le simple discours ethnographique. C'est ce que j'appelle la *surconscience linguistique* de l'écrivain. Je crois en effet que le commun dénominateur des littératures dites émergentes, et notamment des littératures francophones, est de proposer, au coeur de leur problématique identitaire, une réflexion sur la langue et sur la manière dont s'articulent les rapports langues/ littératures dans des contextes différents. La complexité de ces rapports, les relations généralement conflictuelles – ou tout au moins concurrentielles – qu'entretiennent entre elles une ou plusieurs langues, donnent lieu à une *surconscience* dont les écrivains ont rendu compte de diverses façons. Écrire devient alors un véritable *acte de langage*. Plus que de simples modes d'intégration de l'oralité dans l'écrit, ou que la représentation plus ou moins mimétique des langages sociaux, on dévoile ainsi le statut d'une littérature, son intégration/définition des codes et enfin toute une réflexion sur la nature et le fonctionnement du littéraire.

"Ce qui caractérise notre temps, c'est ce que j'appelle l'imaginaire des langues, c'est-à-dire la présence à toutes les langues du monde", déclare Édouard Glissant (Glissant E. 1996, 112). Et l'écrivain de préciser: "Aujourd'hui, même quand un écrivain ne connaît aucune autre langue, il tient compte, qu'il le sache ou non, de l'existence de ces langues autour de lui dans son processus d'écriture. On ne peut plus écrire une langue de manière monolingue. On est obligé de tenir compte des imaginaires des langues" (*ibidem*). Bien que ce processus touche les écrivains de toutes les cultures, Glissant parle du "tourment de langage"particulier à ceux qui "appartiennent à des zones culturelles où la langue est [...] une langue composite" (*ibidem*). Dans le cas où une langue domine l'autre, ajoute-t-il, "le ressortissant de la langue dominée est davantage sensible à la problématique des langues".

De son côté, Jacques Derrida, affirme, dans *Le Monolinguisme de l'autre*, que la situation d'un écrivain comme celle de Khatibi dans la langue est exceptionnelle et en même temps exemplaire d'une structure universelle: "elle représente ou réfléchit une sorte d'"aliénation"originaire qui institue toute langue en langue de l'autre: l'impossible propriété d'une langue" (Derrida J. 1996, 121). Ainsi de l'écrivain québécois qui, réfléchissant sur son étrangeté dans la langue, renvoie à la situation de tout écrivain pour qui la langue est le lieu par excellence d'un espace rêvé, atopique, avec tout ce que cette projection dans un ailleurs indéfini peut avoir de paradoxal pour qui fait profession d'écrire.

Ce caractère d'exemplarité de la situation de l'écrivain québécois est en quelque sorte redoublé lorsqu'il s'agit de ceux parmi les écrivains que l'on désigne sous le nom d'écrivains migrants, ces écrivains qui, pour avoir choisi d'écrire en français, n'en ont pas moins connu un parcours complexe et une expérience concrète de multilinguisme ou de transfert de langues. Ne se trouvent-ils pas plongés d'emblée dans des impossibilités analogues à celles que décrit Kafka, à savoir l'impossibilité de ne pas écrire, l'impossibilité d'écrire – en français –, et l'impossibilité d'écrire autrement? Que signifie pour eux écrire en français et quel(s) sentiment(s) de la langue les anime? Dans quelle mesure leurs écrits rendent-ils compte ou rendent-ils des comptes avec la ou les langues traversées? La fréquentation d'autres langues, ou le choix d'écrire dans une langue autre que maternelle, entraîne-t elle nécessairement un métissage linguistique du texte? Cette complexité, nous la verrons à l'oeuvre dans des itinéraires choisis pour leur diversité mais aussi pour l'auto-réflexivité dont témoignent les textes face à la question des langues. Ces écrivains venus d'ailleurs, pour échapper au couple obligé français-anglais, ou à la triade non moins contraignante français-anglais-québécois, n'en partagent pas moins avec leurs confrères en écriture, une conscience aiguë de la langue perçue comme espace problématique.

Devenir étranger dans sa langue

Parmi ces écrivains, le parcours de Régine Robin est à plus d'un titre significatif. Significatif d'abord parce que cette théoricienne de la littérature a fait de la question des langues le centre même de ses préoccupations. Interrogeant les oeuvres de Kafka, Canetti, Freud et Perec, elle retrace le nomadisme linguistique dont témoigne ces écritures. Qu'il s'agisse d'une "langue d'emprunt" ou d'une "langue d'amour", d'un "bilinguisme de survie" ou d'un "bilinguisme de culture", pour l'écrivain juif, constate-t-elle, "la langue fait toujours problème" (Robin R. 1989, 28). Ce qui l'amène à reprendre l'énoncé de Paul Celan, "Tous les poètes sont Juifs", au sens où l'écriture, par définition même, "désinstalle, dématernise, déterritoralise":

> La langue, la lalangue, leslangues, l'élangue. L'écrivain est celui qui sans le sa-
> voir la plupart du temps fait par son travail d'écriture le deuil de l'origine,
> c'est-à-dire le deuil de la langue maternelle ou plus exatement de la croyance
> qu'il y a de la langue maternelle. L'écrivain est toujours confronté à du pluriel,
> des voix, des langues, des niveaux, des registres de langue, de l'hétérogénéité,
> de l'écart, du décentrement alors même qu'il n'écrit que dans ce qui, sur le plan
> sociologique, se donne comme une langue (Robin R. 1993, 13).

Significatif encore parce que, dans des récits qui participent de l'essai et de la théorie-fiction, Régine Robin a mis en texte et en oeuvre sa propre situation d'étrangeté, voire d'exil dans la langue française, sa *propre* langue, si tant est qu'une telle expression puisse avoir quelque résonance. Etrangeté doublement vécue, à la fois comme nouvelle arrivante et comme romancière. Née à Paris de parents d'origne juive polonaise, celle qui se dit "une allophone de langue française" a dû renoncer très tôt à l'usage de sa langue vernaculaire, le yiddish, pour le français. Elle retrouvera plus tard le yiddish de l'enfance, auquel elle consacrera de nombreux travaux, tout en s'avouant "incurable au milieu de (s)a division, déchirée, disloquée..." (Robin R. 1984, 29). Cette division, ce déchirement deviennent à leur tour le sujet de *La Québécoite*, livre construit et déconstruit à partir des expériences concrètes d'une immigrante dans le Montréal des années 70.

La Québécoite est l'histoire d'un perpétuel va-et-vient entre Montréal et Paris, entre des stations de métro parisiennes et certains quartiers de Montréal. Le personnage se déplace en effet d'ouest en est, de Snowdon, quartier juif anglophone à Outremont, quartier de la bourgeoisie francophone, et enfin près du marché Jean-Talon, quartier multi-ethnique par excellence. Ces quartiers sont séparés par d'invisibles frontières que la migrante franchit, se réclamant de cet entre-deux dans lequel elle se reconnaît:

> La parole immigrante traverse les mots – la voix d'ailleurs – la voix des morts.
> Elle mord. Ses déambulations ressemblent à des fuites lentes entre deux rafles.
> Elle ne saurait jamais où la porteraient ses pas. Désormais le temps de l'entre-
> deux. Entre deux villes, entre deux langues, entre deux villes, deux villes dans
> une ville. L'entre-les-parenthèses qu'on appelle en yiddish les demi-lunes (Robin
> R. 1993, 61).

Composé à la manière d'une suite de fragments, le livre reprend les techniques du collage pour *fictionnaliser* l'étrangeté avant "qu'elle ne devienne familière".

L'incipit est on ne peut plus clair à cet effet: "Pas d'ordre. Ni chronologique, ni logique, ni logis. Rien qu'un désir d'écriture et cette prolifération d'existence. Fixer cette porosité du problable, cette micromémoire de l'étrangeté" (*ibidem*, 13). On trouve ainsi dans le livre aussi bien des programmes de télévision, des listes de noms, des annonces publicitaires que des extraits d'articles de journaux ou des conversations entendues dans les cafés. Mais plus encore que cet assemblage hétérogène, le livre étonne par une extrême mobilité du temps des verbes, qui passent sans cesse du présent à l'imparfait, de l'infinitf à l'impératif, sans compter une abondance incalculable de phrases nominales. Il se singularise encore par un usage particulier du conditionnel, temps par excellence du possible et du probable, ou de ce qui, en un ailleurs indéfini, pourrait ou aurait pu avoir lieu. À la manière d'un film-scénario durassien – on pense, notamment, au *Camion* –, la Québécoite accumule les récits imaginaires, inscrivant dans son livre un double degré de fictionnalité, avouant par le fait même ses fictions fictives, nées de hasards semblables à ceux qui fondent les destins. Ainsi s'installe le doute chez le lecteur et, avec ce doute, la connivence devant une histoire à faire et à rêver. À lui de décider du statut à donner à ce personnage décrit tout à la fois de façon précise et laconique: "Elle donnerait quelques cours aux Jewish Studies de McGill – un salaire de misère – un travail irrégulier, précaire avec son anglais maladroit n'ayant pourtant rien trouvé dans le secteur francophone – des cours sur la littérature juive soviétique d'entre les deux guerres" (*ibidem*, 31). Simple astuce narrative? Le procédé est trop souvent repris pour n'être pas lié à la forme même du roman qui, à l'image du Québec, *pays borgesien*, serait "une fiction faite réalité improbable, un lieu postmoderne dont on ne peut jamais savoir s'il est une copie, un original, une version doublée d'un film qui n'existe pas..." (*ibidem*, 221).

Dans cette errance polymorphe, la question de la langue joue un rôle primordial. Le changement de quartier est également changement de langue. Le yiddish de la mémoire, lié aux souvenirs d'Ukraine ou de Pologne, l'anglais, l'italien et les autres langues qu'on peut entendre à Montréal sont omniprésents dans le corps du texte. Mais aussi l'autre langue dans la même, le français, cette langue qui pour la narratrice immigrée au Québec n'est ni tout à fait une autre ni tout à fait la même. Les mots se bousculent, s'additionnent, se contredisent:

> le livre inachevé- les mots défaits
> les mots nomades mad
> made in Pitchipoï

Au-delà de la mixité ludique, se lit le sentiment d'une étrangeté perçue d'abord comme une interdiction de parole: "Quelle angoisse certains après-midis – Québé-cité – québécitude – je suis autre. Je n'appartiens pas à ce Nous si souvent utilisé ici – Nous autres – vous autres. Faut se parler" (*ibidem*, 53-54). D'où la tentation du silence ou du cri: "La parole immigrante comme un cri, comme la métaphore mauve de la mort, aphone d'avoir trop crié" (*ibidem*, 55). Mais l'étrangeté est aus-sitôt traduite en conscience de l'altérité nécessaire à tout acte de langage, cette alté-rité de et dans la langue revendiquée comme la position par excellence de l'écri-vain. L'étrangeté vient donc féconder "la recherche d'un langage, de simples mots pour représenter l'ailleurs, des mots défaits, rompus, brisés, désémantisés. Des mots images traversant plusieurs langues". Elle est créatrice de passages et de trans-ferts. Ne lisait-on pas déjà dans *Le Cheval blanc de Lénine*, que "la langue de l'im-migrant qui doit toujours inventer le sens des mots, qui n'a pas de dictionnaire, qui se meut dans une perpétuelle amnésie, fait voler en éclats ce qui sépare les ethnies" (Robin R. 1974, 137). Belle utopie évoquée encore une fois sous forme de récit au conditionnel vers la fin du livre:

> Elle l'aurait rencontré lors d'une soirée de l'association Québec-Cuba donnée en l'honneur du combat des Sandinistes au Nicaragua. […] Elle se serait adres-sée à lui en espagnol, d'instinct. Il aurait souri, devant son accent français en écorchant la langue de part en part. Il lui aurait demandé malicieusement tout en lui servant son coke d'où elle tenait ce délicieux accent, d'où elle venait, ce qu'elle était. Rien de plus simple voyons: une Juive ukrainienne de Paris instal-lée provisoirement à Montréal, donnant des cours dans des universités an-glophones mais ayant appris l'espagnol au lycée à Paris. Ouf! Ils auraient éclaté de rire ensemble. […] Elle n'aurait pas pu cacher sa surprise à l'entendre dis-cuter en italien avec le propriétaire ou le gérant du lieu (*ibidem*, 175-176).

Faut-il voir dans cette scène, comme dans l'ensemble du roman, un simple *ef-fet* d'hétéroglossie, un projet plurilingue plutôt qu'un véritable plurilinguisme bakhtinien? Un *roman à thèse polyphonique*, soit une réaction de défense, et, ulti-mement, une tentative de légitimation par l'institution littéraire québécoise des années 80[1]? Il est vrai que l'interlangue évoquée l'est davantage sous le mode du

---

[1]   Telle est l'opinion d'Anthony Purdy: "Dès que l'on change de plan pour considérer *La Québécoite* comme une pratique signifiante, on est obligé de reconnaître que l'on a affaire ici non à un roman bakhtinien à la Kulbak ou à la Dostoievski mais, comme nous l'avons déjà suggéré, à un roman po-stbakhtinien qui exploite de façon systématique le plurilinguisme (ou l'hétéroglossie) pour signaler sa résistance à toute une situation historique concrète, à savoir celle de la société québécoise et, plus particulièrement, de l'institution littéraire québécoise du début des années quatre-vingt. […] La

fantasme que de la réalisation. Comme le constate Sherry Simon, "La langue française n'est pas malmenée dans *La Québécoite*: c'est davantage le récit qui est entrecoupé de formes hétérogènes. [...] Robin ne cherche pas à actionner les spécificités des langues étrangères; elle fait jouer une esthétique de l'inter-référence qui ne laisse pas de traces dans la langue d'écriture" (Simon S. 1994, 144). De ces *exils juxtaposés*, de ces *paroles étrangères aux idiomes, incompréhensibles*, la romancière retient avant tout la part d'intraduisible et d'incommunicable (*ibidem*, 192). L'hétéroglossie ne touche pas le code linguistique comme tel mais le sujet/objet d'une identité éclatée. Il me paraît toutefois nécessaire d'ajouter que le modèle romanesque paraît peu adéquat pour décrire un discours qui fonctionne à la façon d'une méta-fiction – plus exactement d'une *mid-fiction* – et dont l'extrême mobilité emprunte aussi bien à l'essai, à l'autobiographie qu'au roman.

Récit éclaté, *La Québécoite* oppose à la mémoire orpheline de l'écrivain migrant une parole à l'image de cette ville aux identités multiples qu'est Montréal. "Parole vive et parole morte à la fois, parole pleine. La parole immigrante est insituable, intenable. Parole sans territoire et sans attache [...] Parole féta, parole bagel, parole pistache, parole poivron, parole cannelle, elle a perdu son nom, sa langue et ses odeurs" (Robin R. 1993, 204-205). Parole dont l'efficacité même atteste du caractère emblématique de la situation décrite: celle du nomadisme et du hors-lieu comme condition de l'écriture, de l'interlangue génératrice de déplacements qui permettent le "devenir étranger dans sa propre langue" (Robin R. 1989, 186).

Écriture du hors-lieu qui revient en force dans chacune des nouvelles de *L'Immense fatigue des pierres*, recueil dans lequel une narratrice souvent désignée par la première personne module en autant de récits situés dans des lieux différents l'impossible quête de l'origine. Dans le récit éponyme, deux femmes, la mère et la fille, réclament fièrement leur statut d'errante ou d'immigrée: "Nous sommes des errantes, des étoiles filantes, toujours à côté de nos pompes, de nos lieux, de nos langues. J'ai pensé à ça l'autre soir. Tu travailles en hébreu et moi j'écris en anglais. Des langues étrangères, des langues d'ailleurs" (Robin R. 1997, 10). Montréal leur apparaît alors comme la ville accordée à leur parcours à cause précisément

> d'une fragilité de la langue, de leur langue, comme un tissu qui se défait, et cela leur rappelle étrangement les vieux qui parlaient yiddish avec le sentiment que ce

---

Québécoite serait alors l'histoire d'une littérature à la recherche d'une institution, et le dialogisme, selon cette optique, servirait de stratégie non seulement de résistance mais aussi de légitimation" (Purdy A. 1992, 101-102).

n'était pas tout à fait une langue, tout juste un dialecte, un jargon, une mélangue et qu'il fallait être Juif pour comprendre qu'on n'avait pas vraiment de langue à soi, que même sa langue était une pièce rapportée, qu'il fallait faire avec et que le mieux qu'on pouvait faire, sans nostalgie des racines, sans de profundis, c'était traverser les langues comme d'autres traversent les miroirs (*ibidem*, 40).

Cette traversée des langues devient le sujet même de l'une des nouvelles, *Gratok. Langue de vie et langue de mort*, évocation des années d'occupation vécue par une toute petite fille qui découvre, en même temps que la guerre, la politique des langues et les enjeux de la communication verbale. Réfugiée dans un garage avec les siens, la petite fille – qui ne porte pas l'étoile jaune parce qu'elle a moins de six ans – apprend la complexité d'un monde dans lequel il lui faut en grande partie se taire, éternuer *en -dedans*, pleurer *en-dedans*, "les larmes retournées, à l'intérieur" (*ibidem*, 72), pour éviter d'attirer l'attention et, surtout, ne pas afficher le yiddish à l'extérieur du cercle familial. Le français apparaît dès lors comme une langue de liberté et de jeu: "Quand je serai grande, je parlerai français comme tout le monde" (*ibidem*, 80). Entre la langue de vie et la langue de mort s'insinue une autre langue, fictive, qui lui sert à communiquer avec l'ourson Gratok, langue de glossolalies et de rêves, une langue "douce, dite à mi-voix dans laquelle on pouvait tout dire, tout" (*ibidem*, 81). C'est cette langue que tâchera plus tard de retrouver la petite fille devenue adulte après s'être longtemps astreinte à traduire des textes d'écrivains yiddish pour ensuite "essayer de faire sonner le yiddish en français, d'imiter sa prosodie, son rythme, sa propre respiration" (*ibidem*, 80).

La troisième langue, l'outre- langue, l'autre de la langue est celle qui résonne tout au long de ce recueil fait de tensions, d'identités suspendues, de parcours imaginaires entre le passé et le virtuel dont la visée est d'échapper à l'interdit de langage ressenti par la petite fille de la nouvelle. Langue trouée comme l'impossible mémoire qui la hante: "Hier ist kein warum" (*ibidem*, 164). Langue désappropriée, faite d'empreintes, de meurtrissures et de cicatrices. Langues pulsionnelles et fictionnelles. Inquiétante étrangeté.

La langue déterritorialisée ou le risque du no man's langue

De son côté, Marco Micone est l'un de ceux qui a davantage écrit sur l'expérience du déracinement, jusqu'à en faire le sujet même de son oeuvre. Né à Montelongo, en Italie, le jeune homme vient rejoindre son père à Montréal, en 1958, à l'âge de treize ans. Inscrit d'abord à l'école française, il fait son cours secondaire en anglais, puis opte définitivement pour le français au niveau universitaire parce que, dit-il, "en plus de parler mieux le français que l'anglais, je m'étais aperçu soudainement que la majorité de la population d'ici, au Québec, était francophone" (Micone M. 1985, 262). Mais ce choix du français ne se fait pas sans peine. Micone décrit sa propre situation de trilingue comme génératrice d'angoisse:

> J'ai commencé à écrire du théâtre quand j'étais étudiant, c'est une forme d'écriture qui m'est relativement facile, À cette époque, je voulais me prouver que j'avais appris le français; pour moi c'était très important puisque j'avais l'impression que pendant des années, je n'avais réussi à parler ni italien, ni français, ni anglais. C'était très angoissant (*ibidem*, 266).

L'insécurité linguistique transformée en motivation d'écriture, n'est-ce pas là un exemple éloquent de cette *surconscience* déjà nommée et qui habite tout écrivain dont la langue est déterritorialisée? Et l'auteur de construire sur et à partir de ce *no man's langue* – "ni italien ni français, ni anglais" – une oeuvre dramatique centrée sur la problématique de l'immigration.

La trilogie constituée par *Gens du Silence, Addolorata* et *Déjà l'agonie* (Micone M. 1996), met en évidence différents aspects, voire différentes phases de ce que Micone appellera ensuite la "culture immigrée". Dans *Gens du silence*, il s'agit de la difficulté de se faire entendre pour la première génération d'immigrants et du difficile dialogue à établir entre cette génération et la suivante, plus apte à adopter les valeurs de la société d'accueil. Dans *Addolorata*, ce conflit de valeurs se répercute, au niveau du couple et du rapport homme/femme, fille/père. *Déjà l'agonie* reprend en synchrétisme les problèmes déjà évoqués tout en les amplifiant et les exacerbant par la tentative – illusoire et vouée à l'échec – d'un retour au pays d'origine.

Dans les deux premières pièces, les questions de langue sont emblématiques des conflits qui opposent les personnages. *Gens du silence* met en scène la petite communauté d'immigrants italiens réunis à Chiuso, nom symbolique désignant un quartier montréalais "enclavé entre trois carrières de ciment et le boulevard métropolitain...". Et le personnage de préciser: "Chiuso, c'est le silence du vide et le vacarme du chaos. C'est la langue méprisée des oubliés et des déracinés. C'est la révolte étouffée de l'homme ni d'ici ni d'ailleurs" (*ibidem*, 47). Pour échapper à cette culture du silence qui frappe tout particulièrement la première génération d'immigrants, divers choix s'offrent à ces derniers concernant l'éducation des enfants. Pour Antonio, le père, il ne suffit pas d'avoir les bonnes cartes mais il faut aussi apprendre à jouer: "Faut que nos enfants apprennent à jouer. Faut qu'ils apprennent à gagner. C'est pour ça qu'il faut les envoyer à l'école anglaise..." (*ibidem*, 43).

C'est la raison pour laquelle Mario le fils étudie en anglais, ce qui génère chez lui une nouvelle forme de silence: "Mais moi, on m'a envoyé à l'école avec Bobby, Jimmy, Ricky, Candy. Tous des Italiens d'ici. Quand je faisais mes devoirs, mes parents pouvaient jamais m'aider" (*ibidem*, 58). La situation se présente différemment pour Nancy, la fille, car "l'avenir, c'est pas important pour les filles. T'iras à l'école française", lui disait son père (*ibidem*, 58).

Mario, comme son ami Gino, est un multilingue qui parle "le calabrais avec (ses) parents, le français avec sa soeur et avec sa blonde, l'anglais avec ses chums" (*ibidem*, 58). Mais ce multilinguisme de fait n'est pas sans créer quelque confusion et sans causer, notamment, des problèmes scolaires insolubles: "À l'école, ça allait tellement mal! *Christ* ! (prononcé à l'anglaise). La maîtresse voulait parler avec mes parents, mais ils pouvaient jamais. Ils travaillaient tout le temps. Pour la maudite maison et pour notre avenir". On peut aussi se taire dans toutes les langues, semble dire Marco Micone qui, dans la bouche de Nancy, la fille d'Antonio devenue institutrice, fait entendre un vibrant plaidoyer pour le choix du français comme langue d'écriture: "Écris, mais pour que tout le monde te comprenne" conseille celle-ci elle à son ami d'origine italienne. "C'est seulement si tu écris en français que nous aurons une chance d'être compris et respectés pour ce que nous sommes" (*ibidem*, 69). Le retentissement qu'a eu cette pièce lui aura donné raison.

Dans *Addolorata*, la question des langues réapparaît à plusieurs niveaux. De façon allusive d'abord, dans l'un des premiers monologues de Lolita, qui, en train de nettoyer sa cuisine, déclare sans ambage et à la manière d'un récapitulatif: "Chez nous, après la question de la langue, c'est la sauce tomate qui cause le plus de chicanes" (*ibidem*, 103). Mais plus sérieusement, on apprend au cours de la pièce que cette question est en effet essentielle, puisqu'elle est devenue un des attributs du personnage de Lolita, celle-ci ayant choisi de vivre en harmonie avec ses quatre langues et de changer son nom d'Addolorata Zanni en Lolita Gomes. Relisons ce passage savoureux:

> Moi je m'ennuie jamais avec mes quatre langues. Je peux parler l'anglais le lundi, le français le mardi, l'italien le mercredi, l'espagnol le jeudi et les quatre à la fois le vendredi. La fin de semaine, je parle pas parce que mon père est là.
> Je peux aussi parler l'anglais avec mes amis, le français avec les gens d'ici, l'italien avec les fatigants et l'espagnol avec certains clients. Je m'ennuie jamais avec mes quatre langues. Avec mes quatre langues, je peux regarder les soaps en anglais, lire le TV Hebdo en français, les photoromans en italien et chanter Guan-

tanamera. Dans la même phrase, je peux mettre le sujet en français, the verb in english, el complemento en Espanol, et il rimo in italiano.

Quand je pense qu'il y en a qui se marient avec une seule langue et qu'elles sont heureuses.. Qu'est-ce que ça doit être avec quatre langues! Mais celle que je préfère, c'est l'espagnol. Je sais pas ce que je donnerais pour être une vraie Espagnole. Chez Eaton, quand j'ai des clients espagnols, je me présente comme Lolita Gomez. C'est tellement plus beau qu'Addolorata Zanni. C'est tellement laid Addolorata, que presque toutes mes cousines ont changé de nom (*ibidem*, 123).

Transfuge de la langue, Lolita-Addolorata a opté pour l'espagnol, trouvant là une sorte de terrain neutre qui lui permet de se construire une nouvelle identité et d'échapper ainsi, à travers un flot de paroles, à la culture du silence dénoncée dans la pièce précédente. Mais les attributs de surface que lui confère cette nouvelle identité, fondés sur un exotisme plus rêvé que réel, ne tiennent pas devant les nécessités courantes et n'en trahissent que mieux le désarroi du personnage. Voilà qu'Addolorata, son double, réapparait pour se construire une véritable identité, créée cette fois à partir de ses désirs et de ses aspirations de femme.

Alors que Lolita – Addolorata, héroïne principale de la pièce qui porte son nom, est un personnage en évolution dont le parcours n'est qu'accessoirement parodique, la charge est évidente dans le cas d'un autre personnage, Jimmy, qui fait profession de multilinguisme et aborde le sujet comme d'autres parlent d'un repas bien équilibré. "*I've know you for a year now, and suddenly I realize something*. T'es le seul Italien que je connais qui parle une langue à la fois. *You're really something, you know*" (*ibidem*, 110).

À cela Gianni réplique simplement: "J'aime pas mélanger les langues".

On aura compris que le langage macaronique de Jimmy est aussi un aveu d'ignorance et d'impuissance. Aveu implicite toutefois car Jimmy, personnage de comédie-bouffe destiné à alléger la tension, ne se rend même pas compte de sa méconnaissance de chacune des langues qu'il prétend parler, aussi bien du français et de l'anglais que de l'italien. Ce qui donne lieu à une scène loufoque au cours de laquelle il tente vainement de faire savoir qu'il connaît le pluriel de cappuccino. Scène qui lui attire la moquerie de son interlocuteur et risque par là de tourner à l'altercation raciste.

Si l'on traçait une ligne imaginaire correspondant à la distribution des personnages d'*Addolorata* selon leurs attitudes face à la question linguistique, aussi importante que la sauce tomate, ne l'oublions pas, il faudrait placer Jimmy à l'une des extrémités, celui-ci représentant une forme de multilinguisme naïf qui n'est rien

d'autre qu'une forme déguisée de *no man's langue*. À l'autre extrémité se trouve-
rait Gianni, fin connaisseur de l'italien, qui ne craint pas d'avouer qu'il n'aime pas
mélanger les langues et "qu'il a toujours parlé français à l'école" (*ibidem*, 111).
Mais Gianni est un personnage qui, par ailleurs, se montre plutôt conservateur
lorsqu'il s'agit des valeurs sociales. Donc un personnage qui n'est pas non plus à
l'abri de tout reproche, ce qui a comme conséquence que son parcours dans la langue n'est pas nécessairement érigé en modèle, bien que l'on y perçoive une sym-
pathie évidente de la part de l'auteur dont il double la trajectoire: Gianni est en effet le seul personnage qui, sur ce sujet, n'est pas objet d'ironie. C'est là tout le mérite de la pièce que d'offrir au spectateur un éventail d'attitudes opposées et, grâce à cette dialectique brechtienne, de lui laisser la possibilité de tirer ses propres
conclusions.

Quant au français dans lequel s'expriment les personnages – mis à part Jimmy,
qui persiste à parler toutes les langues à la fois –, il serait, au dire de l'auteur lui-
même, le résultat d'un travail et l'objet d'une véritable création:

> La recherche d'un niveau de langue que parleraient mes personnages a été lon-
> gue et pénible. Les Québécois d'origine italienne n'ont pas encore une langue
> française bien à eux. On en peut pas les faire parler comme des personnages
> québécois francophones puisque la première génération parle encore de façon
> très imparfaite le français, et la deuxième génération est surtout anglicisée. Je ne
> voulais pas non plus les folkloriser et les ridiculiser en soulignant des lacunes
> linguistiques. Finalement, j'ai opté pour une langue populaire non joualisante.
> C'est la langue d'*Addolorata* et de *Gens du silence*. [...] Je définirais la langue
> française parlée par mes personnages comme un français populaire qui n'est pas
> encore fixé" (Micone M. 1985, 267).

> À ce français non fixé et non folklorisé s'ajoutent des phrases en italien et en an-
> glais. Là encore, Micone s'explique: "J'ai tenu à ce qu'il y ait une présence de
> l'italien et de l'anglais dans les dialogues pour mieux refléter la réalité vécue par
> ces personnages" (*ibidem*).

Il ne faudrait pas en conclure trop vite, toutefois, à un éloge du babélien, ou
d'un certain multilinguisme *politiquement correct* car on connaît le sort réservé à
certains des personnages. D'autre part, dans une courte pièce intitulée *Babele* et
publiée dans la revue "Vice Versa" (Micone M. 1989), Micone reprend la charge
déjà implicite dans le personnage de Jimmy et montre bien tout l'aspect caricatu-
ral que peut prendre ce mélange de langues dans la communication courante. La
situation décrite est la suivante: un Québécois francophone cherche à louer un appartement d'un propriétaire italien de Montréal. Mais ce dernier connaissant à pei-

ne le français et le Québécois ignorant tout de l'italien, aucun ne parvient à se faire comprendre. Arrive alors Tony, le sauveur, capable de s'adresser à chacun dans sa langue. Mais malgré les efforts de l'interprète et ceux du propriétaire: "Vi faccio un bon prix. Un prix d'ami", Jacques, le locataire éventuel, quitte la scène et le dialogue se poursuit en italien dialectal. Cette fois encore, c'est au spectateur de juger si Pasquale, le propriétaire, avait raison de décréter: "Nous parlons pareil. Piccole differenze. Le parole, un po differenti. L'accento, un po differente. Ma l'essenziale, c'est la même chose".

Spectacle triste et drôle à la fois destiné à faire comprendre à ceux qui voudront l'entendre qu'un minimum de consensus linguistique est indispensable aux échanges sociaux. *Babele* peut être considéré comme un texte de transition entre le théâtre et les textes plus polémiques, comme le *Speak What*, ou plus réflexifs comme *Le Figuier enchanté*. La langue y apparaît comme un véritable procédé de distanciation qui déstabilise le lecteur/auditeur et l'oblige à prendre position[2].

Rappelons que dans *Speak What* (Micone M. 1989), Micone déplace la question de la langue par rapport au manifeste *Speak White* de Michèle Lalonde. Si par le titre il faut entendre "que parlez-vous?", c'est-à-dire quelle langue ou quel langage utilisez-vous, il faut entendre aussi parlez-nous de quelque chose, c'est-à-dire d'autre chose que de la question de la langue. Et cela tout en disant à la communauté francophone "imposez-nous votre langue", c'est-à-dire en acceptant que le français devienne au Québec la langue de culture et de communication.

Dans *Le Figuier enchanté*, l'auteur devenu enseignant confie: "Je n'avais prévu ni l'insécurité résultant du babélisme dans lequel je baignais, ni l'hostilité du quarteron de plumitifs de ma communauté" (Micone M. 1992, 85). On lit surtout dans ce livre des éléments du tourment de langage ressentis par le jeune garçon et par la situation d'exil dans la langue qui était la sienne. "Aussi longtemps que les mots de mon enfance évoqueront un monde que les mots d'ici ne pourront saisir", – écrit Micone en exergue –, "je resterai un immigré". Plus loin il avoue être "un immigrant lacéré par une double nostalgie" (*ibidem*, 99). Mais sur le plan de l'expression comme tel, Micone invente une nouvelle langue d'écriture, la sienne, faite d'habiles passages d'une langue à l'autre et de créations lexicales qui empruntent tout autant

---

[2] Ce procédé est exacerbé dans le poème d'Antonio d'Alfonso intitulé *Babel* et qui commence ainsi: "Nativo di Montréal/Élevé comme Québécois/forced to learn the tongue of power/vivì en Mexico como alternativa" (D'Alfonso A. 1986, 57).

à l'italien, à l'anglais qu'au vernaculaire québécois. À la différence des *code-switchings* déjà présents au théâtre, il s'agit ici d'un jeu, non seulement avec les différents niveaux de langues, mais aussi avec les signifiants renvoyant à des signifiés autres. Ainsi les cadeaux deviennent-ils des *regali* et la neige fondante est-elle dite *névasse*, de l'italien *neve*, préféré à l'anglais *slush*, qui fait pourtant partie du vocabulaire québécois familier. Mieux encore, Micone ne craint pas d'inventer des vocables, tels ce "amigré", mot-valise formé de *ami* et de *émigré* (*ibidem*, 51). Ou encore "Aloviou", de l'anglais *I love you* ou "aouariou", encore de l'anglais *How are you* (*ibidem*, 47). Nous ne sommes pas si loin du fameux "ouhonnedeurfoule" ferronien de *L'Amélanchier*. Micone a raison de dire que sa connaissance de l'italien a eu comme conséquence de "décrisper le français". Dans *Le Figuier enchanté*, il s'est donné une liberté langagière analogue à celle que les écrivains-conteurs, au Québec et ailleurs, n'ont cessé de pratiquer[3]. Liberté qui transparaît encore dans le titre même de *Trilogia* qui coiffe la réédition de son théâtre et fait signe au lecteur.

Bel exemple de la mise en application du concept de "culture immigrée" proposé par Micone. Exemple de passage d'une langue déterritorialisée à une langue réappropriée, langue qui cherche à faire intervenir, dans un espace non fixé et non déterminé, toute la richesse de l'entre-deux. Richesse que permet l'écriture et qui est évoquée, de manière métaphorique, par l'image centrale du livre, celle du père apprenant à écrire grâce à l'émigration: "Moi, si je n'avais pas émigré, je n'aurais pas appris à écrire. Quand le Calabrais est parti, il m'a laissé tous ses livres. Je les ai lus au moins trois fois. J'ai un cahier plein de mots que je trouve beaux. Un jour, nous en ferons des poèmes" (*ibidem*, 57). Ce sont ces mots que le fils essaiera de faire vivre à son tour: "J'ai reçu en héritage les mots que mon père trouvait beaux", dira-t-il (*ibidem*, 99). À partir d'une situation vécue comme celle d'un *no man's langue*, l'écrivain en est arrivé à un entre-deux langues, ou plutôt à un français *décrispé* et non normatif, qui se souvient d'une autre langue et tient à transformer ce souvenir en langage. Passage donc du tourment de langage à l'imaginaire des langues. Aussi n'est-ce pas étonnant d'entendre Micone relier son expérience d'écri-

---

[3] Ce rapport avec le conte est souligné par Pierre L'Hérault qui, dans sa préface à *Trilogia,* écrit: "Si le récit de l'émigration rejoint le conte, c'est pour révéler que c'est un enfant et un voyageur transformés qu'il ramène dans un pays lui aussi métamorphosé, c'est pour prendre acte d'une rupture, rendre acceptable la mutation en proposant non pas l'oubli mais la coexistence de l'ailleurs et de l'ici" (17).

vain à celle du traducteur: "Puisque le français n'est pas ma langue maternelle, même lorsque j'écris directement en français, il y a déjà une part de traduction 'préalable'" (Micone M. 1984, 23). Mais n'est-ce pas là la démarche par excellence de l'écrivain?

"Pour nous, il y a quelque chose de pire que l'émigration: c'est de ne pas émigrer", lit-on dans *Le Figuier enchanté* (p. 45). Les parcours que je viens d'évoquer renvoient à la condition de l'écrivain dans ce qu'elle a de plus intime et de plus secret, à ce sentiment d'étrangeté que tout écrivain partage avec le migrant et auquel ce dernier, lorsqu'il se met à écrire, fournit un écho exacerbé ou amplifié. D'autres parcours auraient pu être évoqués ici. Celui d'Émile Ollivier et sa schizophénie heureuse montre bien que l'on peut vivre entre deux langues, en l'occurence le créole et le français, et ne pas pour autant se sentir en exil dans la langue. Le parcours de Yin chen est aussi fort intéressant; Yin chen qui, dans les *Lettres chinoises,* analyse avec finesse la fascination qu'éprouve son personnage pour l'apprentissage du français. Fascination dont la contrepartie symétrique suppose le deuil de l'origine, le renoncement à la langue de départ qui, dans ce cas, devient littéralement *lettre morte.* Je me propose d'analyser plus longuement ces textes et ces itinéraires d'écrivains dans un ouvrage que je prépare sur *L'Écrivain et la langue au Québec.* Ce que j'aimerais souligner en terminant, c'est que l'écrivain, de quelque lieu qu'il vienne, restera toujours cet "étranger professionnel" qu'a bien nommé Khatibi ou ce migrant de l'intérieur que décrivait Jacques Godbout. Dans ce sens, les écrivains dont le parcours passe par d'autres langues que la langue choisie pour l'écriture sont des antennes paraboliques douées d'une capacité décuplée pour capter ces ondes en déplacement qui font les cultures et les littératures.

Bibliographie

DERRIDA, Jacques, *Le Monolinguisme de l'autre*, Paris, Galilée, 1996.

GLISSANT, Édouard, *L'imaginaire des langues*, dans *Introduction à une Poétique du divers,* Montréal, P.U.M., "Prix de la revue Études françaises", 1995; Paris, Gallimard, 1996.

GODBOUT, Jacques, *Le Réformiste*, Montréal, Quinze, 1975.

MICONE, Marco, *Traduire, c'est émigrer*, entretien avec LÉVESQUE Solange, "Cahiers de théâtre Jeu", 70, 1984, p. 17-30.

MICONE, Marco, *La parole immigrée*, dans CACCIA, Fulvio (éd.), *Sous le signe du Phénix*, Montréal, Guernica, 1985, p. 260-272.

MICONE, Marco, *Trilogia: Gens du silence* [1982], *Addolorata* [1984]; *Déjà l'agonie* [1988], Montréal, VLB, 1996.

MICONE, Marco, *Babele*, "Vice Versa", 26, mai 1989.

MICONE, Marco, *Speak What,* "Cahiers de théâtre Jeu", 1989.

MICONE, Marco, *Le Figuier enchanté*, Montréal, Boréal, 1992.

PURDY, Anthony*, "La Québécoite" de Régine Robin: une approche dialogique*, dans MILOT Louise et LINTVELT Jaap (éd.) *Le Roman québécois depuis 1960*, Québec, P.U.L. 1992, p. 89-104.

ROBIN Régine, *Le Cheval blanc de Lénine*, Bruxelles, Complexe, 1979.

ROBIN Régine, *La Québécoite* [1982], Montréal, "Typo", 1993.

ROBIN Régine, *L'amour du yiddish, Écriture juive et sentiment de la langue*, Paris, Le Sorbier, 1984.

ROBIN Régine, *Kafka*, Paris, Belfond, 1989.

ROBIN Régine, *Le Roman mémoriel,* Montréal, Le Préambule, 1989.

ROBIN Régine, *L'Immense Fatigue des pierres*, Montréal, XYZ, 1997.

ROBIN Régine, *Le Deuil de l'origine*, Paris, Presses Universitaires de Vincennes, 1993.

ROBIN Régine, *Speak Watt*, "Spirale", 132, avril 1994, p. 3-4.

SIMON, Sherry, *Le Trafic des langues. Traduction et culture dans la littérature québécoise*, Montréal, Boréal, 1994.

"Una imperfezione perfetta"
Narciso allo specchio di Leon Rooke

VALERIO BRUNI

Branko Gorjup nell'introduzione al volume *Narciso allo specchio* facendo riferimento a "Una pezza di tela bianca" parlando dei protagonisti del racconto, afferma che:

> sono reali e magici, e vivono in un mondo dove non vi è una chiara demarcazione fra sogno e realtà (Gorjup B. 1995, 9).

L'osservazione è indubbiamente pertinente ma, a mio avviso, necessita di una precisazione: la demarcazione non è "chiara" nel senso stretto del termine, ma lo diventa se il lettore si lascia coinvolgere, immergere, nel mondo di Leon Rooke, che ci presenta una realtà dove tutto sembra confondersi per riplasmarsi in una nuova realtà i cui contorni sono sfumati, impalpabili, ma che è sostanziata da dicotomie di fondo scevre di ogni ambiguità e che sono riconducibili ad un substrato etico per nulla sfuggente o contraddittorio, fondato su impalcature costruite sulla quotidianità più spicciola.

Queste affermazioni potrebbero suonare come un paradosso, se si pensa a quanto rilievo abbia il "surreale" nei racconti di Leon Rooke; ma è importante capire quale sia la sua funzione nell'evolversi delle trame. Infatti l'intrusione del "surreale" nelle sue storie ha il potere di svelare la realtà profonda, essenziale, nascosta tra le pieghe di una quotidianità deformata dagli schemi "confortanti" offerti da una norma collaudata a cui gli individui si assuefanno sovrapponendo l'apparenza alla sostanza, la quiescenza alla conoscenza.

Fin dal primo racconto sono riscontrabili molti di questi elementi. La storia è incentrata su tre personaggi: un ragazzo e una ragazza che lavorano in un'albergo, e un vecchio, che rappresenta il nucleo accentratore degli eventi ed anche dei contenuti profondi. Egli infatti entra ripetutamente in contatto con i due ragazzi, ricevendo da loro una premurosa attenzione mentre cerca di trasmettere loro – soprattutto alla ragazza – la saggezza di un'esperienza che si è consumata in un naturale alternarsi di giorni sereni e di solitudine. Da premesse di questo tipo poteva uscire una storia scontata, dove si incontrano e si scontrano innocenza ed esperienza, illusione e rassegnazione, esuberanza e declino. Rooke, pur muovendosi all'interno del cliché che include tutte queste componenti, riesce a scardinare la logica di un determinismo comportamentale troppo facilmente prefigurabile da parte del lettore fino al punto di indurlo ad accettare per scontato ciò che non lo è – o per meglio dire ciò che la consuetudine gli ha insegnato a ritenere tale – e viceversa.

A sconvolgere la monotonia dell'esistenza del vecchio – così lo definisce ripetutamente il narratore senza dargli un nome, evidentemente non a caso – arriva la notizia della morte della signorina Beaumont, una cara amica del tempo passato, a cui era sinceramente affezionato. Ma egli percepisce quella notizia come un anticipo della propria morte, che infatti suggellerà la conclusione del racconto. Una morte per così dire annunciata dall'atmosfera di desolazione e di squallore che circonda il protagonista quando sta seduto solo sulla panchina del parco[1], o disteso nel letto in camera, quando l'acqua del rubinetto che sbadatamente ha lasciato aperto viene da lui recepito come "un altro ostacolo, tutt'altro che imprevisto, tra se stesso e la propria pace" (Rooke L. 1995, 28). A irradiare un pò di luce sul grigiore della sua esistenza resta solo la giovane cameriera dell'albergo, sinceramente affezionata a lui e che cerca con le sue premure di alleviare il senso di vuoto e di solitudine che lo attanaglia. Le apparizioni della ragazza e l'evolversi delle sensazioni provate dal vecchio danno fin dall'inizio una idea del "realismo magico" di Rooke: infatti quella che inizialmente gli era sembrata "solo una cameriera qualsiasi, addetta al servizio ristorante", a poco a poco comincia ad apparirgli "proprio bella, perfino affascinante". Riflettendo su questo giunge alla deduzione che questo nuovo effetto non può che essere "strano", date le premesse, e subito dopo, rivolgendosi direttamente alla ragazza, esclama: "Lei è straordinaria" ribadendo immediatamente: "una ragazza straordinaria" (*ibidem*, 29). Proprio nello spostamento dell'asse semantico tra questi due termini è possibile individuare il nucleo portante del "realismo magico" di Rooke. La razionalità funziona secondo schemi logico-sequenziali retti da un determinismo reso assiomatico da null'altro e nulla di più che la consuetudine, che induce quasi automaticamente a classificazioni sbrigative derivanti a loro volta da preconcetti che nel loro insieme costituiscono la norma: ne è prova il giudizio iniziale del vecchio sulla ragazza, la cui identità veniva ricondotta e ridotta al lavoro che svolgeva, ossia quello di cameriera. Nei racconti di Rooke lo sviluppo di coscienza del personaggio raggiunge un acme prodotto non dall'estrema elaborazione del pensiero bensì da un'improvvisa "illuminazione" da

---

[1]   Molte immagini ricordano il bellissimo racconto di Henry James: *The Pank of Desolation.*

esso svincolata, per cui lo "strano" – catalogato e incasellato dalla razionalità – si ri-presenta alla coscienza resa "incandescente" dalla improvvisa e imprevedibile libe-razione da uno schematismo deterministico e riduttivo, come "straordinario", per cui un'immagine abituale si *rivela* carica di implicazioni conoscitive e "rivelatrici" appunto di una realtà sostanzialmente palese ed evidente, ma oscurata dalle sovra-strutture di collaudate quanto limitanti astrazioni.

È un "fenomeno" che per un verso ricorda l'epifania joyciana, nel suo potere li-beratorio e conoscitivo, e al tempo stesso richiama alla mente lo "straniamento" sk-lovskijano, per cui l'essenza sostanziale delle persone e delle situazioni può essere catturata soltanto dopo che, attraverso la creazione artistica, è stata svincolata dai meccanismi ripetitivi della ricezione legata agli automatismi della quotidianità. Oc-corre tuttavia precisare che, nel caso di Rooke, epifania e straniamento non hanno la funzione di "discriminare" un personaggio, un oggetto o una situazione per son-darne i contenuti reconditi e, nel caso dell'artista, percepirli e comunicarli, bensì quella di ricondurre ad una normalità, intesa come spontaneità sana, elementare e non come codice comportamentale, tutto ciò che è stato alienato dalla propria iden-tità da una consuetudine che nella sua staticità e nel suo immobilismo contiene un germe distruttivo, in quanto spersonalizza forzatamente gli individui privandoli del-la naturalità di un' esistenza vissuta in armonia con se stessi e ciò che li circonda.

Come spesso accade nell'opera di Rooke, la comunicazione profonda fra gli in-dividui – e per profonda qui si intende diretta, non mistificata o mistificante – av-viene attraverso canali extralinguistici: ne abbiamo un esempio quando il vecchio e la ragazza si capiscono attraverso uno sguardo:

> La ragazza colse il suo sguardo e sorrise, pure lei, e il vecchio, a sua volta, con-traccambiò con un lieve cenno del capo (*ibidem,* 32).

Oppure quando ad interrompere un senso di opprimente solitudine resta sol-tanto "quel sorriso improvviso e spontaneo della ragazza", la quale, sempre in as-senza di parole, ovviamente in questo caso, è in grado di sentire " attraverso la por-ta la grande stanchezza che il vecchio doveva avere addosso". La stanchezza che pe-sa sul protagonista non è soltanto quella derivante dalla solitudine o dalle illusioni infrante ma è anche il risultato dell'ammassarsi delle parole inutili, dei fraintendi-menti per lui ormai scontati che esse creano, andando a gravare su una coscienza ormai preparata all'inevitabilità del susseguirsi di giorni che scorrono verso il natu-rale approdo.

Il *taedium vitae* che lo opprime è conseguenza della raggiunta consapevolezza della vacuità di ogni sforzo:

> Ogni minuto della propria vita uno spinge in una certa direzione e qualcosa spinge in senso contrario; come si fa a sapere quando bisogna smettere? È un tale sforzo", pensò, "un tale sforzo tirare avanti" (*ibidem, 35*).

Nel confronto-scontro fra "uno" e "qualcosa" è racchiuso l'eterno e insolubile dilemma , riguardante il potere di incidenza dell'individuo sulle forze esterne che gli si contrappongono, siano esse immanenti o trascendenti, imperscrutabili o comunque non decodificabili dalla ragione e che per qualche motivo altrettanto "imperscrutabile" – o forse per nessun motivo – "remano al contrario" nella zattera precaria delle illusioni umane, mirabilmente metaforizzata nella mappa di un luogo la cui esistenza è assai improbabile nel racconto " Il ragazzo di Moogradi e la donna con la mappa di Kolooltopec".

Quando sente avvicinarsi la morte il vecchio avverte la necessità di affidare a quella premurosa cameriera il suo testamento spirituale, che può apparire criptico se non lo si interpreta nella sua essenziale elementarietà:

> Faccia *qualco*sa. Non *si* lasci sfuggire così...", e in corridoio fuori dalla porta, alcuni istanti più tardi, la ragazza ripensò a quelle parole e cercò di darvi un senso: "Quel *qualcosa* e quel *si* a cui aveva accennato, a che cosa si riferivano? Alla Vita? Probabilmente, ma a quale alludeva? alla sua? a quella di lei? a quella del giovanotto? La domanda fu messa da parte subito sotto il peso del rimorso; il vecchio era sofferente e aveva bisogno di un dottore (*ibidem, 37-38*).

La ragazza resta perplessa di fronte alle parole del vecchio e cerca di trovare riferimenti e spiegazioni che non potrà mai trovare, perché il " messaggio" del vecchio si sostanzia nel concetto che il senso del vivere – sempre ché vi sia – risiede in una eterna ricerca di qualcosa – non importa che cosa – pur di sfuggire alla statica inerzia, ad un appiattimento che di per sé è un costante preludio alla morte, una morte che è sempre presente nel racconto, nella notizia del decesso dell'amica, nell'ombra incombente che minaccia il protagonista sotto forma di malattia, nel fluire monocorde dei giorni che lo avvicinano all'approdo finale, l'unica cosa che ciascuno è certo di *trovare*. Per questo è sciocco lasciar*si* sfuggire, ossia rimanere a terra mentre la zattera della vita prosegue il suo corso, imprevedibile, imperscrutabile, ma che resta comunque l'unica opportunità concessa agli esseri viventi. La ragazza improvvisamente capisce – o forse è meglio dire *percepisce* – non attraverso il filtro della ragione ma grazie a quella che abbiamo in precedenza definito "epifania". Va sottolineato comunque che questa "rivelazione" non ristagna a livello di presa di coscienza, ma si traduce immediatamente in azione: infatti se ne va, non importa dove o con chi, in ogni caso lontano dal Swiss Arms Hotel, verso una meta che non conosce e che non può e non deve conoscere. Non va in realtà verso una meta (Una soltanto può essere definita tale, sembra suggerirci il narratore) ma s'incammina semplicemente verso un sentiero che avrà un suo tragitto. Non si vuole più sottrarre al flusso della vita, che continua a scorrere impassibile come l'acqua che scorre nel lavabo della stanza del vecchio, che sempre si dimenticava di chiudere il rubinetto: forse si dimenticava o forse inconsciamente voleva lasciarlo aperto, ciò che è certo è che il narratore lo *vuole* lasciare aperto proprio perché vuole lasciare *aperta* la conclusione del racconto che finisce appunto con quella immagine.

In "Non cantarmi canzoni d'amore e io non ti rivolgerò preghiere" è narrata una storia d'amore ed anche questo caso, come avevo notato in sede di premessa, il cliché viene mantenuto nella sua ossatura: infatti si ripresentano tutti i passaggi inevitabili di una storia d'amore, dall'entusiasmo iniziale, ai contrattempi e difficoltà della vita, al lento spegnersi della passione, alla disillusione fino al tentativo di recuperare in qualche modo il rapporto. Anche i ruoli tradizionali fra uomo e donna, fra maschio e femmina, vengono rispettati: Bingo è orgoglioso della bellezza di Judy, "(una sessantina di deliziosi chili ogni centimetro dei quali era come zucchero per la sua lingua...)" (*ibidem,* 39) e Judy "Era nata, diceva lei stessa, per prendere quello che un uomo aveva da darle e per restituirglielo nel modo preferito dalla natura, ovvero nella forma di un bel bambino" (*ibidem,* 40). Poi passa il tempo e cominciano a presentarsi i primi problemi: Bingo ha perso il lavoro e fatica a trovarne un altro, Judy ingrassa a vista d'occhio fino a diventare "una donnona" e rimane continuamente incinta. Qualcosa inizia ad incrinarsi fra loro dal momento in cui i "ruoli" non vengono più rispettati rigorosamente. Certamente Bingo si aspettava da Judy che diventasse la madre dei suoi figli, ma al tempo stesso avrebbe voluto che si mantenesse attraente, che non si lasciasse andare, come d'altro canto Judy amava Bingo come uomo appassionato ed affettuoso, ma esigeva da lui la capacità di provvedere alla famiglia con senso d'abnegazione e sacrificio, accettando anche quelli che egli definisce "lavoretti". Nei ruoli canonici è prevista l'ammirazione della donna verso il compagno che riesce a farsi valere nella vita, facendo proprio per "proprietà transitiva" il rispetto che la gente dimostra a lui, così come accade all'uomo riguardo all'orgoglio nei confronti della bellezza della propria donna. Quando, per l'assommarsi di problemi interni alla coppia e delle difficoltà che la vita inevitabilmente presenta, tutto questo comincia a sgretolarsi, il rapporto entra in crisi. La prima "spia" è data dall'affievolirsi del desiderio sessuale, che provoca soprattutto in Bingo un senso di frustrazione:

> Tutto il mio ardore giovanile, diceva a se stesso, si è ridotto a nostalgia (*ibidem*, 45).

Tuttavia, anche nella parabola discendente della pulsione sessuale, il cliché viene tutto sommato conservato: Bingo avverte con amarezza un vuoto lasciato dallo spegnersi del desiderio, un vuoto che Judy riempie con la maternità, ed è non senza un tono di orgoglio appagante, pur se mascherato dall'ironia, che dice:

> Giuro che basta che il mio uomo mi guardi e sono di nuovo incinta (*ibidem*, 40).

Infatti accetta l'avventura con Crow non tanto per un soddisfare un piacere sessuale né tantomeno perché è innamorata quanto perché vede realizzate in "quel bastardo difficile da classificare" (*ibidem*, 46), per usare le parole di Bingo peraltro non molto distanti dalla verità, quelle che sono le sue aspettative fondamentali di donna e di madre, ossia una casa decente e una per così dire sicurezza economica, per quanto precaria e risibile essa possa apparire ad un occhio distanziato e privilegiato. Il senso di desolazione e di abbandono in cui viene a trovarsi la inducono a cercare in tutti i modi qualcosa che assomigli alla protezione da parte di chiunque sia in grado o mostri di offrirgliela. Inoltre Crow riesce a risvegliare in lei la femminilità unita ad una naturale e accattivante civetteria che si riaccendono nel momento in cui si sente desiderata, "GUARDATA", come emerge chiaramente dalle sue riflessioni:

> Accipicchia, accipicchia, certo che sa come GUARDARE! pensava, Se muoio domani so che posso entrare nella tomba sapendo che sono stata GUARDATA una volta nella vita. Mi ha tolto i vestiti di dosso e ha visto tutto quello che ho. Eccitata, ecco come si sentiva Judy. Santo cielo, pensava, E sì che sono una donna sposata. E sì che non mi ero quasi pettinata i capelli (*ibidem*, 56).

Come spesso accade nei racconti di Rooke non è la comparsa di un personaggio insolito o stravagante di per sé a dare una svolta alla storia ma gli effetti stravolgenti da lui provocati nella coscienza d'altri personaggi che, di fatto, sono i reali protagonisti e nei quali il lettore si immedesima. È vero, come sostiene Branco Gorjup nell'introduzione, che i personaggi di Rooke "incarnano un mondo nettamente diviso in bene e male" (Gorjup B. 1995, 9), ma è altrettanto vero che risulta del tutto ininfluente ai fini del messaggio finale il fatto che "l'intruso" sia buono o cattivo: quello che conta è che il suo intervento sconvolga una situazione stagnante, rimescoli le carte, e consenta ai protagonisti di recuperare in qualche modo un'armonia, un senso di vita e di serenità che sembravano irrimediabilmente perdute. Non è un caso che una figura sostanzialmente negativa come Crow e un personaggio che incarna l'innocenza e la generosità come l'uomo che gira portandosi dietro la tela bianca abbiano, di fatto, lo stesso effetto sulle coppie che incontrano, come non è un caso che in entrambi i frangenti – pur se in maniere totalmente dissimili – sia una scintilla sessuale a riaccendere soprattutto nelle figure femminili quell'entusiasmo che la monotonia del quotidiano aveva sopito. Anche il bacio infatti che si scambiano la protagonista e lo sconosciuto in "Una pezza di tela bianca" non è soltanto affettuoso ma è pur tuttavia "innocente" nel senso che, pur suscitando desiderio, è privo di morbosità e tantomeno di sotterfugio, visto che il tutto avviene davanti agli occhi del marito. Ben diverso è il caso di Judy e Crow, che intrecciano una breve relazione, di per sé piuttosto squallida dal momento che Crow in qualche modo la strumentalizza, approfittando del suo stato di insoddisfazione e di delusione. Ma è curioso e illuminante a mio avviso constatare che, nonostante le premesse così diverse, le conclusioni sono simili: Il primo racconto si conclude con un'atmosfera colma di "qualcosa di radioso" che avvolge i due coniugi e la casa stessa, quest'ultimo con un invito di Judy a Bingo:

> Sono a casa, per chiunque mi possa portare in braccio oltre la soglia (*ibidem*, 68).

In questo racconto, ad essere portavoce dello stesso messaggio dello sconosciuto del racconto "Una pezza di tela bianca" è ancora una volta una sconosciuta che i protagonisti incontrano ad una festa la quale, dopo avere danzato con loro li saluta con una frase che suona come esortazione ed augurio:

> "voi due mi date speranza", disse la donna alla fine. Mi resta un po' di speranza
> in cuore finche so che al mondo c'è una coppia che si ama (*ibidem*, 55).

Il racconto si conclude con Judy e Bingo dopo trent'anni, circondati da figli e nipotini, mentre si accingono ad andare a letto dove:

> ogni volta era come cominciare tutto da capo (*ibidem*, 68).

"Adolfo è scomparso e noi non abbiamo la minima idea di dove trovarlo", come afferma giustamente Branko Gorjup, Rooke:

> esplora allo stesso tempo una gamma di generi letterari che variano dal gotico al
> poliziesco, dall'orrido allo psicologico e in modo preminente al racconto popolare inglese tipico dei club per soli uomini di fine secolo (Gorjup B. 1995, 11).

Per vie dirette e trasverse il racconto ci descrive *l'inferno,* presentandocelo sotto due sfaccettature, diverse ma simili nella sostanza: uno è quello che si metaforizza nello stagno, che sembra non avere fondo, sempre pronto ad inghiottire chi si avvicina ad esso, l'altro è quello in cui passano le giornate gli uomini del club, ingannando il tempo con finte generosità subito smentite dalla grettezza più bieca, dal gusto dell'intrigo, della menzogna e della calunnia. È un "inferno" che consente loro di far trascorrere il tempo, senza quasi rendersene conto, tentando di eludere attraverso l'anonimato "solidale" del gruppo tutti gli interrogativi inquietanti dell'esistenza, l'angoscia della finitudine, l'insensatezza del vivere. Troviamo tuttavia un narratore, Philby che, a differenza degli altri è cosciente della propria condizione, che è quella di un io diviso fra limbo esistenziale che caratterizza i suoi giorni e l'inferno interiore che domina la sua immaginazione e il suo subconscio scatenandosi nei sogni. Fin dall'inizio lo troviamo vittima di una inquieta apatia:

> Ultimamente mi sentivo così: come se un incomprensibile labirinto si fosse aperto davanti a me ed io vi fossi entrato volontariamente (*ibidem,* 69).
> In quell'istante provai una sensazione di grande spossatezza – visione amara e disgustosa di tutto il male che domina il mondo.
> Mi batteva il cuore. La mia salute ultimamente non era delle migliori. In questo periodo seguo attentamente i consigli del mio medico: *Hai molti anni davanti a te Philby, se solo imparerai a rilassarti e a godertela. Non devi più fare una vita da cani* (*ibidem,* 71).

L'apatia di Philby non è quindi dovuta a pigrizia ma ad una sorta di paura dell'azione, o per meglio dire del "labirinto" che può aprirglisi davanti una volta che egli decida di compiere un passo. Ad acuire questo senso di inanità di ogni sforzo è la consapevolezza "di tutto il male che domina il mondo", che gli fornisce una pretestuosa giustificazione nella rinuncia ad uscire dal fittizio guscio protettivo rappresentato dal club, da cui egli si sente interiormente estraniato, ma non riesce o non vuole trovare la forza di distaccarsene, perché questo comporterebbe una presa di coscienza che lo metterebbe davanti alle proprie responsabilità e all'angoscia della scelta. Gli unici frangenti in cui recupera una propria identità e una visione lucida e disincantata della realtà sono paradossalmente quelli in cui si immerge in una dimensione che è a meta strada fra un'inconscio tuffo nella memoria e il sogno, come quando si ritrova a canticchiare una melodia dei tempi dell'infanzia: ma si tratta di una ballata triste, in cui non esiste spiraglio per la realizzazione dei desideri, che si rivelano sempre illusioni. Le illusioni, tipiche della gioventù, devono essere "alimentate" dall'innocenza, e per essa non sembra esserci spazio nella filastrocca, e neppure nella vita reale dopo che si ha sperimentato il disinganno derivante dalla caduta degli ideali e dei sogni che consentivano, nell'età dell'innocenza, di fare grandi progetti e di perseguirli a costo di ogni sacrificio.

> L'innocenza sembrava non aver spazio nella storia, era estranea a quella burla divina (*ibidem*, 75).

La perdita dell'innocenza, e la sua "irrecuperabilità", sembrano implicare necessariamente la presenza del male, un male onnipervasivo e non scongiurabile, perpetrato da un Dio a sua volta burlato:

> Dio indubbiamente approvava il fatto che noi ridessimo di lui. Gli dava modo di sapere quello che *noi* sapevamo: ovvero che mentre lui si trastullava con le nostre vite e ci conduceva a caso attraverso il labirinto, altre forze più potenti si prendevano gioco di lui e lo ridicolizzavano. Le stelle, rigide dopo il loro lungo walzer, si beffavano del Suo limitato potere (*ibidem*, 76).

Sembra dunque avere poca importanza capire dove risiede l'origine della "burla", anche perché si potrebbe innescare una inutile ricerca all'infinito; tutto ciò che è concesso di scoprire a Philby su se stesso e sugli ignari componenti del club è che:

> Eravamo prigionieri della vita che ci era stata decretata. Percepivamo la nostra agonia e ci veniva concesso solo un breve soggiorno, per quanto futile. Ci era concesso di presagire il piano di Dio e di aggiungere la nostra risata alla sua. Questo in se stesso era male, ma di una specie che alleviava molta parte del dolore (*ibidem*, 75-76).

È tuttavia chiaramente sottinteso una "chiamata in causa" del lettore che – sembra far capire il narratore – non può sentirsi distaccato o addirittura escluso, perché anche lui fa parte della "burla", è una pedina di un gioco le cui regole sono fisse e mutevoli al tempo stesso, proprio come quelle che regolano lo sviluppo della storia. Come accade quasi sempre nei racconti di Rooke il lettore non viene coinvolto direttamente ma entra involontariamente in un *labirinto* che si spalanca davanti a lui, che è quello del racconto ed al contempo quello della sua vita, ed anche dell'esistenza in generale. Realismo e metaromanzo si mescolano e si fondono per dare luogo ad una forma ibrida in cui al lettore viene impedita una identificazione diretta con i personaggi e le situazioni, e quindi una assoluta "credulità", ma gli viene d'altro canto scardinato ogni sistema di difesa fondato sulla "distanza" dal testo, proprio perché quel testo, nel momento stesso in cui testimonia la *fictionality of fic-*

tion, induce a cercare dentro quella finzione una realtà più "vera" di quella fittizia a cui ci si è assuefatti.

L'intreccio di base è di una assoluta semplicità e si incentra sulla improvvisa e inspiegabile sparizione di Adolfo, un membro del club, sulla quale vengono fatte le più fantasiose congetture, che di per sé hanno poca rilevanza, ma che costituiscono una spia per qualificare il carattere dei singoli componenti: ciascuno infatti "filtra" avvenimenti di cui conosce poco o quasi niente attraverso il setaccio dei propri pregiudizi, delle proprie frustrazioni, delle proprie colpe inconfessate. Tutti si vantano di sapere – e soprattutto di capire – le ragioni per cui Adolfo è sparito, sulla base dell'idea precostituita che ciascuno di loro si era fatto di lui, e sparano sentenze lapidarie da cui non è risparmiata Orfa, sua moglie, che viene sempre descritta come una figura sfuggente, comunque non inquadrabile e che, in virtù di ciò, può celare chi sa quali misteri. Non è così per Philby, come emerge chiaramente dalle sue riflessioni:

> Non è nella mia natura cercare di capire ciò che non si deve capire. Era l'effetto di essere stato senza far niente troppo a lungo. Era perché non avevo più il vecchio Adolfo che mi propinava le sue ridicole fantasie, le sue spacconerie piene di boria, le sue allegre impennate, i suoi stratagemmi, le sue interminabili storie sull'incantevole e incantata Orfa. Mi mancava la sua capacità di entusiasmo, la sua facilità di trovare la bellezza anche nella più banale e fetida pozzanghera, pascolo o prato in cui ci si poteva imbattere camminando con lui (*ibidem*, 77).

Dunque "ciò che non si deve capire" di fatto coincide con ciò che non si può capire: Philby lo sa bene, come sa bene ciò che gli manca di Adolfo, vale a dire la sua capacità di recepire e godere la bellezza nelle forme e nelle manifestazioni in cui essa si presenta, senza andare a cercare ciò che non esiste, o che per lo meno esiste soltanto nelle astrazioni della mente che hanno il potere di creare un paraocchi che impedisce di vedere le cose più immediate, più semplici, e proprio per questo intrise di vitalismo e di armonia. Ancora una volta ci troviamo davanti all'idea della "magia" nascosta tra le pieghe del quotidiano, che risulta sfuggente e indecifrabile solo per chi ha disimparato a *guardare* semplicemente la realtà che ci circonda.

Per tutto il racconto si avverte un senso di finitudine, di disfacimento, regolato inflessibilmente dallo scorrere inesorabile del tempo; Philby ricorda quando ebbe per la prima volta questa sensazione in gioventù quando, vicino allo "Stagno Nero", il padre gli aveva detto:

> La carne imputridisce. È questo il punto di arrivo anche per un giovane, buono o cattivo che sia (*ibidem,* 88).

ed anche il solo ricordo lo fa tremare; nonostante tutto egli nutre una sorta di compiacimento per la decadenza, il disfacimento, che egli non ammette, ma che era stato colto da Adolfo, che infatti gli aveva detto:

> Disfacimento e bellezza, nella tua mente vanno di pari passo. più passa il tempo più è vero. Ma tu sei romantico, Philby: ti da piacere considerarli come una coppia amorosa (*ibidem,* 81-82).

Inconsciamente Philby coltiva nei recessi della sua coscienza un *cupio dissolvi,* che in qualche modo placa in lui l'angoscia derivante dalla paura di agire, di cambiare, di trovare, o per lo meno cercare, una dimensione diversa da quella in cui vive, ossia il limbo di una quotidianità soffocante che convive – forse addirittura coincide – con il suo inferno interiore. Non a caso il suo incontro unico e finale con Orfa – non importa se reale o immaginato – si conclude con un'immersione mortifera forse nello stagno senza fondo, comunque in un viaggio regressivo teso al recupero di una innocenza perduta, la cui perdita è accettata a livello razionale ma non a livello inconscio, come traspare chiaramente da queste ultime parole:

> Il mio sogno si frantumò come una finestra, NO! gridai, con orrore e cercai di tirarmi indietro ma la sua forza era irresistibile, lei mi trascinava sempre più in fretta, sempre più giù attraverso piani ristagnanti e repellenti oltre ogni dire ed io piangevo, sprofondavo con lei, urlando che ero *innocente, innocente!,* mentre tutto il male di mille giorni m'incalzava appresso (*ibidem,* 92).

Un senso di morte permea anche il racconto "È il cuore che va curato", nel quale Rooke mescola abilmente molti generi, a partire dalla *detective story* per finire nel "gotico". Ma lo fa naturalmente alla sua maniera: questa mescolanza di elementi disparati ha diverse funzioni che si alternano fra loro senza confluire verso uno scopo finale preciso. O meglio, forse uno ce n'è ed è quello di confondere le idee al lettore e… al narratore stesso che, paradossalmente – pur non esistendo ortodossamente in qualità di tale essendo i racconti affidati ai personaggi stessi – diviene *in absentia* un personaggio alla ricerca di sè e del significato di una realtà che continua perennemente a sfuggirgli. L'ossatura del racconto è semplicissima ed è incentrata sulla sparizione di due bambini da una chiesa durante la predica e sul conseguente tentativo di capire dove siano finiti attraverso le parole dei vari personaggi. Tutti, tranne due, hanno visto *qualcosa* comparire e poi sparire: il postino la definisce "come una ruota che girasse vorticosamente, fatta d'oro" (*ibidem,* 203), una suora parla di "una corrente d'aria" (*ibidem,* 204), Orson la identifica con la morte e così via, mentre il predicatore, naturalmente, vede in tutto ciò l'opera del diavolo, concludendo così la sua argomentazione:

> È così che si riconosce l'opera del diavolo, voglio dire, proprio perché non la si riconosce. Non è possibile. Non lo sarà mai (*ibidem,* 206).

Significativa sembra essere la testimonianza dell'infermiera che assiste la madre dei bambini la quale, pur essendo a letto in punto di morte, esce per lottare con una creatura mostruosa e misteriosa, per poi ritornare sul letto a morire. Ma la "ricostruzione" dell'infermiera ha dei punti morti in corrispondenza di svenimenti che rendono confusa la sequenza dei fatti: appunto, sono fatti oppure frutto di fantasie, di materializzazioni di paure ataviche o di suggestioni deliranti, come potrebbe essere il cavallo bianco visto? da diversi personaggi? E le macchie rosse di sangue che più mani di vernice bianca non riescono a cancellare?

Il riferimento al ritorno del padre dei bambini, che sarebbe venuto a rapirli, sembrerebbe far rientrare la storia nei binari della logica, ma Rooke lo fa restare abilmente a livello di ipotesi, un'ipotesi che non smentisce le altre. Non sono sufficienti neppure le affermazioni lapidarie del dottore ("Lasciamo che Tory e i suoi figli riposino in pace") (*ibidem,* 220) a diradare i dubbi alla fine della vicenda. Le diverse versioni dei fatti darebbero adito ad una interpretazione in chiave di *detective story*, con colorazioni orrifiche tanto da richiamare alla mente" I delitti della Rue Morgue" di Edgar Allan Poe. Ma vi è una differenza sostanziale: mentre il racconto di Poe si sviluppa sul filo dell'incredibile e dell'impossibile per trovare alla fine una risposta logica pur se imprevedibile, in questo racconto non esiste mai una netta separazione fra le due dimensioni, dato che immaginazione e realtà si mescolano continuamente dalla prima all'ultima riga. Poe, nella prima parte della storia, non chiede affatto al lettore una "sospensione di incredulità"; anzi rinfocola sempre più la sua diffidenza e il suo stupore, per stupirlo ancor di più alla fine, dimostrandogli come tutto avesse una logica chiarissima. Rooke, al contrario, esige subito la "sospensione di incredulità", e il narratore nascosto fa un patto di complicità con il lettore, invitandolo a percorrere assieme a lui il cammino del racconto alla ricerca di una risposta che... non c'è.

Alla conclusione della storia l'"incredulità" perde ogni senso, perché lo perde lo stesso concetto di "credibilità" della realtà, una realtà eternamente sfuggente, sostanziata di aspetti oscuri, insondabili, che la ragione tenta invano di neutralizzare relegandoli nella sfera dell'inverosimile. La vanità del tentativo di catturare il significato di una realtà che resta comunque indecifrabile dagli strumenti della ragione è inconsapevolmente ribadita dal predicatore quando afferma:

> È così che si riconosce l'opera del diavolo, voglio dire, proprio perché non la si riconosce. Non è possibile. Non lo sarà mai.

È chiaro che per lui l'inafferrabilità diviene un elemento confortante, perché è riferita a qualcosa di preciso (il diavolo), riconoscibile proprio grazie ad essa. Ma il narratore nascosto sembra volerci dire che non solo l'opera del diavolo non è riconoscibile ma la stessa realtà, non solo quella *fictional* del racconto, ma anche quella in cui si vive ogni giorno, che da sempre si cerca di interpretare. Una ricerca destinata inevitabilmente a trovare una risposta nella... morte, che non a caso incombe su tutto il racconto che termina con l'affermazione arrogante del dottore, piena di una sicumera involontariamente grottesca:

> Facciamola finita subito con queste storie (*ibidem,* 220).

Poco prima abbiamo saputo che è giunto a queste conclusioni, basandosi su un responso di analisi del sangue che non gli è mai arrivato. Di fatto le sue sono anche e soprattutto le parole del narratore nascosto, che invita il lettore- complice a ritornare alla sua quotidianità, aggrappandosi alle sue "protettive" illusioni, pur se temporaneamente frastornato dal dubbio – prontamente rimosso – che forse sono effettivamente tali.

Nell'opera di Rooke neppure il mondo dell'infanzia è risparmiato dalla solitudine e dalla alienazione; non troviamo però concessioni al patetico; anzi, i bambini si comportano da adulti – indubbiamente meglio degli adulti – affrontando situazioni difficili con coraggio e determinazione, senza abbandonarsi allo sconforto e alla rinuncia. Emblematico in tal senso è il racconto "L'unica figlia", che descrive il viaggio di una bambina in cerca del padre, su suggerimento della madre gravemente malata. Durante il viaggio in autobus inizia a ricordare tutte le raccomandazioni della madre e soprattutto a programmare un piano di azione . Scesa ad un crocevia, si incammina per un sentiero, in base alle indicazioni ricevute: quì inizia la sua odissea, silenziosa, dimessa, priva di eventi eclatanti, se non le peripezie di un percorso difficoltoso, che implica una lotta per la sopravvivenza fisica e psicologica. Questa bambina non cerca soltanto il padre, ma anche una qualsiasi ragione che le dia il senso di esistere, di "aspettare qualcosa". Non vuole scrollarsi di dosso i ricordi – per quanto tristi possano essere – ma non vuole neppure che essi inglobino tutta la sua vita.

Il viaggio nel bosco alla ricerca del padre diventa un viaggio nell'ignoto, pieno di insidie, ma che rappresenta comunque qualcosa di nuovo, una spinta verso un futuro che, per quanto incerto possa essere, *deve* essere diverso dal passato. La sua condizione di totale abbandono è espressa chiaramente nelle sue riflessioni:

> Nessuno sapeva se lei era viva o morta (*ibidem,* 166).

Si trova circondata da un'atmosfera di immobilità assoluta, mortale: "Tutto era così tranquillo. Una tranquillità che pareva morte". Ma anche se la voce comincia a tremarle e capisce quanto arduo sarà il cammino, esce in una risata trattenuta e forse per questo esplosiva, pur se "controllata" da una (chissà fino a che punto inconsapevole?) autoironia.

Oltre a dovere affrontare un cammino accidentato e pericoloso, la bambina deve prepararsi anche all'eventualità di non essere riconosciuta dal padre, o addirittura rifiutata.

Come spesso accade nei racconti della raccolta che hanno per protagonisti dei bambini, i ricordi che essi hanno della famiglia e dei rapporti fra i genitori sono contraddistinti da sensazioni di grigiore e di squallore, da un'atmosfera malsana in cui ad una malattia fisica – di cui spesso è vittima la madre – corrisponde lo sfacelo psicologico e morale. Anche quando la bambina vede finalmente il padre in piedi su un carro, tozzo, tutt'altro che seducente, non può credere che fossero rivolti a lui i pensieri della madre quando diceva:

> "Quell'uomo mi ha sussurrato cose all'orecchio che mi porterò fino alla tomba". Penso qualche volta a quello che mi diceva e mi si rizzano ancora i capelli. Avrebbe potuto far uscire gli occhi dalle orbite ad una mummia (*ibidem,* 171).

Anche questo è un tema ricorrente nell'opera di Rooke; scorre a volte in modo sotterraneo, altre volte è palese, come in questo caso ed anche nel racconto "Non cantarmi canzoni d'amore e io non ti rivolgerò preghiere", dove Judy, parlando di Crow, dice:

> Accipicchia, accipicchia, certo che sa come GUARDARE! pensava; Se muoio domani so che posso entrare nella tomba sapendo che sono stata GUARDATA una volta nella mia vita. Mi ha tolto i vestiti di dosso e ha visto tutto quello che ho.

Anche per quanto riguarda Crow sappiamo che l'avvenenza, la gentilezza e il fascino non sono doti in cui eccelle; ciononostante riesce a fare colpo su di lei. Questi due atteggiamenti hanno in sostanza una radice comune: il desiderio insopprimibile di evadere da una realtà avvilente, da una condizione di alienazione e di abbruttimento. Questo desiderio diviene una vera e propria esigenza che spinge queste donne umiliate a cercare nell'immaginazione l'opportunità di realizzare una femminilità che sia qualcosa di più e di diverso dalla semplice funzione riproduttiva. Ma più che di immaginazione è forse opportuno parlare di deformazione della realtà, che viene interiorizzata ed amplificata, irradiata e abbellita dalla luce di un dolore sublimato che conferisce alle situazioni e alle persone contorni nuovi, che di fatto sono frutto di proiezioni di aspirazioni frustrate.

Va comunque sottolineato che Rooke affronta questo tema con sottile, studiata ambiguità; infatti non si limita a descrivere questi tentativi di evasione per suscitare un sorriso compassionevole, ma al contrario insinua in noi il sospetto che proprio quei sogni potrebbero *essere* la realtà, una realtà *guardata* con occhi diversi, con lo scopo di catturare la bellezza negli interstizi della quotidianità, purché ci si liberi dai paraocchi imposti dall'abitudine e dal ripetersi monocorde degli automatismi dei gesti e delle parole. Paradigmatico in tal senso è il racconto "Una pezza di tela bianca" in cui *la comune stoffa magica* che lo sconosciuto porta con sè è metafora della magia nascosta nelle pieghe del quotidiano.

Il tema della evasione, legata alla insoddisfazione delle condizioni di vita, è il *leitmotiv* di un altro significativo racconto: "Narciso allo specchio" che dà il titolo alla raccolta. La storia ruota appunto attorno al tema del narcisismo, che sembra essere il tratto distintivo del carattere della protagonista Nikki Newhouse, alimentato anche dai continui apprezzamenti sulla sua bellezza che ha ricevuto fin da quando era bambina. Il suo narcisismo si manifesta in maniera smaccata nell'incontro con il suo primo ragazzo, Ed Flobert, che la copre di complimenti. Ma, dato che Rikki ama soprattutto se stessa, si stanca presto di lui: lo trova "scialbo e monotono" ed è convinta di meritare molto di più. Quando poi, dopo avere con sorpresa constatato di non avere la fila di pretendenti che si aspettava incontra Ed con una donna, bella, ricca e affascinante, inizia a crollarle addosso il mondo fittizio che si era creata:

> Adesso era come se ogni specchio in cui si rispecchiava si fosse incrinato e si fosse frantumato in un milione di pezzi (*ibidem*, 118).

Ma è proprio questa delusione a offrirle l'occasione per una trasformazione e una crescita di coscienza. Inizia con una rimozione costruttiva, stravolgendo il ricordo della storia con Ed, autoconvincendosi e quasi costringendosi a vederlo come un bugiardo ingannatore che aveva approfittato della sua innocenza e ingenuità; nel fare ciò cerca un punto di forza e una riprova nei luoghi comuni attraverso i quali si esprime la madre:

Tesoro, questo ti dimostra che tutti gli uomini sono dei serpenti! (*ibidem*, 119).

A testimonianza del persistere di rimasugli del suo narcisismo è il timore della vergogna che proverebbe nell'eventuale incontro con la nuova donna di Ed, che ai suoi occhi rappresenta la "Bellezza Assoluta", ossia ciò che ella avrebbe sempre voluto incarnare. Poi la narrazione subisce un improvviso scarto temporale, per cui la ritroviamo, alcuni anni più tardi, con un uomo assolutamente comune e con due figli. A questo punto si è già completata la sua crescita interiore, frutto di una metamorfosi che nasce dai frantumi dello specchio che le aveva rimandato quella immagine di "Bellezza Assoluta" in cui voleva a tutti i costi riconoscersi. Ma il racconto non si chiude semplicemente con una acquisita, matura rassegnazione alla naturale imperfezione delle cose; con una subitanea e imprevedibile "impennata" il narratore fa riapparire la parola Bellezza, con l'iniziale maiuscola, associata non più ad "Assoluta" ma a "Perfetta". A questo punto il tono non è più ironico, Tantopiù che si avverte la partecipazione del narratore stesso che, tramite Nikki, ricorda che, mentre l'assoluto non può e non deve esistere, la "Perfezione" è l'elemento costitutivo primario della realtà comune, quella semplice "dell'amore dato e ricambiato": una *imperfezione perfetta* appunto, così come lo è la vita stessa, una volta liberata dai fronzoli delle astrazioni idealistiche e falsate delle sovrastrutture della mente. Nella spontanea e reciproca donazione di sé risiede quella magia capace di restituirci una quotidianità stimolante, vitale.

Inoltre, miracolosamente, si risolve anche la rimozione, che aveva costituito la prima tappa nel processo di ricostruzione di Nikki; l'"incantevole" donna di Ed esiste davvero lì nello specchio, mescolandosi con lei: fondendosi formano un'unica immagine, questa volta sì corrispondente a quella della "Bellezza Perfetta", che si materializza non in aspirazioni astratte o in uno specchio deformante reso tale da chi lo guarda, ma in una donna in carne ed ossa che si abbandona tra le braccia dell'uomo che ama.

In riferimento al tema del sogno che assume le connotazioni della chimera, il racconto "Il ragazzo di Moogradi e la donna con la mappa di Kolootopec" può essere considerato paradigmatico. Tutta la vicenda prende le mosse da una mappa posseduta da tre non precisati individui: essa indica (o indicherebbe) la strada per raggiungere un luogo a tutti sconosciuto: il fantomatico Kolootopec. Accompagnati da un ragazzo che dovrebbe fungere da guida (una guida a dir poco inesperta) si imbattono in un gruppo di guerriglieri rivoluzionari che li fanno prigionieri, sospettando che essi celino chissà quali segreti o complotti. Il racconto si snoda sulla falsariga di scambi di battute fra il *desperado* Raoul e il ragazzo di Moogradi tali da suscitare reminiscenze beckettiane, se non fosse per l'abilità del narratore nel persuadere il lettore che non esiste l'assurdità, se non nella convinzione della sua inesistenza, o comunque della netta demarcazione fra essa e e la cosiddetta lucida normalità. La chiave di lettura del racconto va cercata nelle sfaccettature che assume il verbo "pretend": esso infatti significa sì fingere, ma anche "voler far credere che" e, in forma intransitiva, "aspirare a". Quando il ragazzo di Moogradi dice:

> Hanno una mappa, una mappa che pretende di indicare dove si può trovare Kolootopec.

un ufficiale ribatte:

> Pretende... non conosco questo termine. Cosa significa 'pretende', e com'è che un ragazzo di Moogradi usa questo termine sconosciuto? (*ibidem*, 242).

Non è per ignoranza che l'ufficiale non comprende, ma perché è condizionato da una visione pragmatica della realtà, per cui le cose esistono oppure no; ad esempio è proprio questo e solo questo che vuole sapere a proposito delle truppe dell'esercito che starebbero dando loro la caccia. Il ragazzo di Moogradi – forse grazie alla condizione di miseria e di dolore in cui è sempre vissuto – è invece già stato "contagiato" dalla "bacchetta magica" dei sogni irrealizzati e molto probabilmente irrealizzabili, delle speranze vane che hanno però un senso nel loro intrinseco potere di spingere gli uomini a inseguirle perennemente. Egli è perfettamente convinto che Kolootopec non esiste, ma asseconda i tre sconosciuti nella ricerca, non solo per la magra ricompensa promessagli ma perché – forse inconsciamente – avverte che non vi sia null'altro (di meglio) da fare.

Se fino a metà del racconto le diverse sfumature semantiche del verbo "pretend" sono in qualche modo differenziate, nella parte finale si mescolano e si confondono, diffondendo sulla vicenda un alone inquietante e al tempo stesso curiosamente rassicurante. Infatti, man mano che la storia procede, si ha la sensazione che ben poca importanza hanno la differenza e la differenziazione fra l'autoinganno, la mistificazione inconsapevole o finalizzata e l'anelito delirante verso qualcosa che altro non è che una chimera. Quello che conta sembra essere la volontà di uscire da un immobilismo reale o psicologico che si cristallizza in inerzia, rassegnazione o in cieco e velleitario fanatismo, come quello dei guerriglieri ad esempio. Non a caso il racconto si conclude con questi ultimi che si aggregano ai tre stranieri alla ricerca di Kolootopec, anche se questo luogo, come si deduce dai pensieri che attraversano la mente assopita del ragazzo:

non era che il miraggio di una folle immaginazione (*ibidem, 252*).

Come ho già sottolineato, l'aspetto metanarrativo emerge spesso nell'opera di Rooke in maniera più o meno palese. "Il racconto di Deacon" consiste sostanzialmente nella estensione e nella ripetizione sotto forme diverse di un quesito che lo scrittore pone a se stesso – ma anche al lettore – sui meccanismi che presiedono alla creazione artistica e sulla sua stessa funzione. Lo spunto gli viene fornito dalle discussioni con la moglie, che gli rimprovera l'eccessiva rudezza dei suoi scritti, spronandolo a "mettere un pò di commedia" per attirare il pubblico[2]. È una divagazione, perché la *fabula* è (o dovrebbe) essere incentrata sul... piede che gli fa male. Ma così non accade, perché il protagonista – narratore non vuole limitarsi a descrivere sequenze di avvenimenti; sente l'esigenza di inventare, *creare*: è la moglie stessa a ricordargli che in fondo "è lui il grande parolaio". Questo racconto, che in realtà viene fatto "a due mani" data la partecipazione della moglie che lo rimbrotta di continuo, diviene a sua volta un pretesto per riesumare rancori repressi, insoddisfazioni, insomma tutto l'universo variegato e angusto della vita di coppia, con tutte le contraddizioni e i conflitti di cui è inevitabilmente costellato: rancori mescolati a sensi di colpa, rimpianti di occasioni perdute, autoflagellazioni, tentativi di "armistizio" e così via. *Déjà vu* insomma, come dice il narratore, che però sembra voler ribadire che, se è vero che tutto ciò che ci scorre sotto gli occhi è *déjà vu* nel meccanismo inesorabilmente ripetitivo del vivere, ciò non deve accadere nel momento creativo che, in quanto tale, ha la funzione di inventare, di *creare* appunto qualcosa che prima non c'era, o se c'era, esisteva sotto forma diversa. Nella storia la moglie riveste anche il ruolo di un pubblico virtuale che si aspetta storie realistiche a lieto fine, condite anche di sesso, che però non deve essere reso "insulso" o "disgustoso", e di soldi, dato che è un argomento di comune interesse. A suo giudizio nei racconti scritti dal marito ci sono "troppi *forse*", troppi "*non ne sono sicuro*" considerate da lei come "parole extra", dato che le piacciono "le sem-

---

[2]   Molto opportunamente Keith Garebian definisce "The Deacon's Tale" come: "a satire-within-a satire, where Rooke's delight in studying the creative writer's attitude to fiction rubs against the character's mundane pressures in a strained marriage".

plici proposizioni dichiarative" (*ibidem,* 105). Prendendo spunto da queste scher-maglie il narratore – a cui si associa palesemente lo scrittore Rooke – fa una implicita difesa della sua visione della narrativa e dell'arte in generale, ponendo l'accento su quella che a suo giudizio dovrebbe esserne la funzione, ben diversa da quella che un pubblico virtuale, incarnato per l'occasione dalla moglie, vorrebbe che fosse. I *forse,* i *non sono troppo sicuro, le* "parole extra" costituiscono l'ossatura delle sue storie; da esse non scaturisce alcuna certezza nè sulle cosiddette verità assolute e neppure su crismi assiomatici e aprioristici che possano presiedere al processo creativo. Questo addirittura viene posto davanti agli occhi del lettore nel momento stesso del suo costruirsi, ed è avvertibile il tacito invito a esserne partecipi, come lo si fa con un gioco, con un enigma, che si rivelerà senza soluzione. Questo approdo precario e sconcertante che contraddistingue la ricerca sul piano metanarrativo si ripropone anche per quel che riguarda la risposta ai quesiti esistenziali che i vari personaggi, il narratore, lo scrittore e i lettori si sono posti. Grazie ad un abilissimo gioco ad incastro, realismo, metanarrativa, *romance,* si fondono per creare una forma espressiva che sfugge a qualsiasi classificazione, proprio perché nessuna componente prevale sull'altra, schiacciandola; al contrario assistiamo ad una sorta di interazione dialettica fra disparati elementi da cui prende corpo il *realismo magico* di Rooke che, può essendo sommariamente inquadrabile nel grande e labile contenitore del postmodernismo, è in grado di ritagliarsi uno spazio per sè, del tutto particolare.

Il racconto "Arte" è una riprova della validità delle osservazioni di Deacon. In sostanza consiste nella descrizione della creazione di un quadro, anche in questo caso calata in un contesto di vita quotidiana, per cui la *fabula,* che risulta volutamente frammentaria, in realtà è il pretesto – ma solo fino ad un certo punto – per riproporre il quesito sulle problematiche del processo creativo. Ma anche in questo caso non viena data una risposta esaustiva, come è facilmente desumibile dalle riflessioni del narratore:

> La paura che incombe su di te è come una maledizione. Ogni giorno pensi di esserti rasserenato e di aver capito i motivi della tua suscettibilità e vulnerabilità, e poi succede qualcos'altro. Ma non penseresti mai di essere tu stesso il responsabile.
> La pittura a olio è più resistente. O Gesù santo, perché mai non siamo stati dipinti a olio? (*ibidem,* 184).

Bibliografia

GAREBIAN, Kate, *Leon Rooke and His Works*, Toronto, ECW Press.

GORJUP, Branko, *I mondi immaginari di Leon Rooke*, Introduzione a ROOKE, Leon, *Narciso allo specchio,* a cura di GORJUP Branko, traduzione di VALENTE, Francesca e PEZZINI, Carla, Como - Pavia, Ibis, 1995.

ROOKE, Leon, *Narciso allo specchio*, a cura di GORJUP, Branko, Como - Pavia, Ibis, 1995.

From Mother Tongue to Mother Earth
Dore Michelut's Friulan–Canadian Writing

ANNA PIA DE LUCA

Ancestry, nationality, individualisation, self-expression, the conflict between the urge to express one's inner feelings and the pressures to conform, to belong to a structured cultural otherness – these are all central to ethnic writing in Canada. Joseph Pivato has stated that Italian-Canadian writers have attempted to translate the lost language of their origins, of their emotions into the new English culture "without loosing the authenticity of the original experience" (Pivato J. 1987, 74). But to what extent is cultural awareness or phenomenological truth related to language and its self-conscious construction? For Jacques Lacan, it is the language system which gives us our identity yet structural linguistics has pointed out that there exists a gap between language and the world where experience takes place. As Pam Morris has aptly put it, "our sense of 'reality' is produced by the grid of meaning we impose on the continuity of experience. Words do not reflect, they construct our sense of self and the world" (Morris P. 1993, 137).

Julia Kristeva, a French feminist critic influenced by the theories of Lacan, has further advocated the importance of our pre-Oedipal phase of physical sensations, a stage she calls "semiotic" and which constitutes the basis of all language aquisition. Identity, for Kristeva, becomes a dialogical process which takes place on the "threshold" between the semiotic language of sensations and the symbolic language of definition acquired after the Oedipal crisis (Kristeva J. 1986, 92). Thus language, to acquire meaning, must take both the semiotic and the symbolic phases into consideration. As a consequence, our identity can never be fixed but in constant process since the two phases continuously overlap in various degrees throughout our lives.

In the light of Kristeva's theories, I wish to argue that ethnic writing in Canada, as in any other country, especially writing which must confront two different languages simultaneously, undergoes the same type of process where semiotic sensations of taste, touch, smell, rhythm etc. are to be translated and redefined in order to acquire meaning in a world structured by words.

Knowing oneself through language where meaning is never stable, therefore, has its difficulties. These are analysed by the Italian-Canadian writer, Dore Michelut, both in her early collection of poems and in an article entitled "Coming to terms with the Mother Tongue" published in Tessera in 1987. Michelut, fluent in both Italian and English, having studied at the Universities of Florence and Toronto, confronts the difficulty of dealing simultaneously in two languages that are grammatically and syntactically opposed and where each language seems to belong to distinct psychic zones giving the speaker the sense of two identities. "What was lived in Italian", she writes, "stayed in Italian, belonging to it completely. And vice versa". And when these languages are transferred onto a white page Michelut symbolically envisions herself as a card player shuffling "two different sets of cards" where "each deck played its own game with its own rules". It is when she begins writing poetry, however, first in one language, then another, that this separation seems to blur. She sees these early poems as dialectic, each piece coherent and complete while still recognising the conception of the other. She writes: "It could 'see' where the other broke off and how far it continued into itself toward its own satisfaction. Together, both constituted the whole bracket that was the extent of my experience of that poem" (Michelut D. 1987, 66-67).

In the series of poems entitled *Double Bind,* in her collection *Loyalty to the Hunt*, published in 1986 after her return from Italy, Michelut comes face to face with the harrowing effects of her split personality and her renewed sense of displacement once back in Toronto. As the three poems unfold we also realise that we are experiencing the painful process of creative birth, physically, psychologically and linguistically. In the title poem, her sense impressions of Friuli, which surface like "campane che osservano il dimenticare", become nightmares: "la notte si spiega dall'utero di mia nonna, mi lega, aggroviglia nomi e tempo, è la mia voce, urla il dolore di donne dilaniate che si vestono l'anima di carne" (Michelut D. 1986, 32). Female flesh becomes the topos where the linguistic fetus and suffering are situated. Her own umbilical cord has not yet been severed and she is unable to give body to her voice. She searches for equivalents, for categories as in *The Third Voice Gives Birth*. Here she tries to give voice "al preciso agro del diospero. L'inglese impazzisce: borbotta, mi spinge verso strade desolate". The unvoiced Friulan term for the persimmon tree, *cacar,* is harsh and grating, like the bitter-sweet tongue-twisting taste of its fruit, indescribable but the perfect 'objective correlative' binding taste and mother tongue, a double bind. Not finding categories, her fractured world becomes imprisoned within the surreal frame of a de Chirico painting where images overlap the borders in suspension, where time is bent and where cultures interact. "O Susanna tal biel cjastiel di Udin with the tanti pesciolini e i fiori di lillà don't you cry for the deer and the dead buffalo" (*ibidem*, 35). Coming to terms with her mother tongue, the Friulan language and its culture, with that suppressed part of her that she describes as "circumscribed private territory" is devastatingly painful and unsettling. In the last poem of the section *A Story*, probably the most emblematic, language as place and body, takes on a series of symbolic meanings. For the young emigrant, on her return journey, the cold sounds formed on the palate shock her teeth like icy well water. But what seeps into her mouth is also the sad taste of tales, oral tales, connected to the lives of the Friulan people, at home and abroad. "Cjamini in chiste lenghe dai murs bagnats cun trist, cal filtre ta le me bocje, ca mi bat sui dinc' come aghe glazze di laip". The town has been emptied of its inhabitants, customs have changed, for the old women are in church without kerchiefs, a young couple are wearing jeans and the singing, which imaginatively seems to come from a choir, in reality is but a duo between the "muni" and a "befane". The only other sounds heard are those of the girgling whirlpools in the River Stella behind the sacristy where all speech seems to be swallowed and carried piecemeal, one would assume like the immigrants and their language, downstream towards the Adriatic and the world. "A si sint i gorcs dal flun Stele davor la sagrestie ca inglutisin la fevele e ca la partin vie pal mont a tocs." What remains is but fragmented memory of sounds, of nursery rhymes, sounds resembling the girgling whirlpools, liquid sounds flowing, like the river Stella, from the mouths of the storytellers and probably repeated by mother long ago, "Buligon, buligon / Une piore e un cjastron/ Pi sot a lavin/ Pi biele a la cjatavin" (*ibidem*, 37-38). Feminist critics, such as Joan Lidoff, have suggested that fluid conceptions of relationship between self and other or between the inner and outer self, may be an inborn trait of feminine sensibility (Lidoff J. 1986, 44).

Of the other poems in the collection, entitled *Letters*, written in memory of her family in Canada, the one dedicated to her mother *Mamè* is both moving and sinister. As Joseph Pivato has already underlined in his critical work *Echo*, in Michelut's poetry "the image of mamma has a reality beyond the myth" (Pivato J. 1994, 95). Mother here is a dead shadow, "Satin cold, clutching rosary dreams where your left breast used to be. You are still life, wine dregs placed under sand". But though at rest, the sounds of mother's body, of "those ancestral lies you taught me" still haunt her and confuse her as they appear reincarnated in nature. "Is that cicada on the screen door you, Mamè ... Are you that fly on the wall?". The bitterness felt by

Michelut, however, goes beyond maternal loss. It encompasses the fear of forfeiting that semiotic language, that silent and private female space of sensation that according to Kristeva links mothers to daughters in the pre-verbal phase of existence and precedes the symbolic phase of patriarchal language acquisition. "If you are dead, how do you erase the footprints? I cannot follow. I do not understand" (Michelut D. 1986, 51-52).

In the light of these poems, we could term Michelut's experiences with different languages, including the Friulan, dialogical, where different socio-linguistic, gender, culture and class experiences argue for meanings that she herself underlines in her essay, are never stable: "Because writing holds words in time, it is possible to return and 'tame' their meaning" (Michelut D. 1987, 71). But to return means to reconstruct, to recreate, even to redefine since the cognitive process is always conditioned by a particular moment in time and by the particular context of our ever changing existence. The past in relation to the present can only be expressed as historical construct. In fact, in the third poem of the series entitled *About Flight*, where the narrating voice sees self as "rock-absorbed" from "holding the breath as weight until interiors solidify" Michelut concludes:

> The burden is heavy, but you can find Her where it really matters: underneath,
> in small Classic print, if you squint, you can read the label: *Artifact*
> (Michelut D. 1986, 14).

Ouroboros, published four years later, in 1990, extends some of the themes of these earlier poems and in a Heideggerian light they could be seen as an assertion of Michelut's notion of the multiple and temporal experience of Being. Michelut writes: "The education I've received has taught me that everything worth knowing is written, and what isn't written must be added to a written body to become known. It follows that to know myself I must write myself" (Michelut D. 1990, 55). In this work Michelut attempts to give some shape and form to her life by presenting a mixed-genre journal of memories, reflections, poems, tales, scattered dreams and bits of conversation recording a year's pilgrimage through time, space, language and self. She writes herself through memory but as she ironically acknowledges in her afterword *The Book that Ate Me*, memory can be deceptive for in its reconstructed form it becomes "what had been, was again, but differently" (*ibidem*, 137). Though the work is presented in what seems a chronological order of 'happenings' with specific entry dates, the events and impressions narrated move timelessly and comment not so much on her sense of alienation or difference but rather on her experience of woman as writer moving towards the painful process of creation and co-creation, of writing and reading self. "I grant the text my time", she writes, "become the audience the writer creates, because I want to participate in the power that makes the writer (per)form" (*ibidem*, 66).

The journal begins in January 1988 and includes the dream sequence *Revolution* where the narrating voice speaks of the upheaval of time, of "a global disaster" where "months would not succeed one another to form a yearly cycle". The dream metaphorically shows Michelut as the creative artist giving form to chaos, reorganizing and encoding meaning from the primordial confusion of events and thoughts, shaping them into orderly time sequences.

> Like the old Rosetta stone, the new calendar was a decoding device.
> Dots, dashes and graphs combined and recombined into all sorts of geometric forms so that each month had the time to become a complete, distinct entity while remaining inseparable from the whole (*ibidem*, 12).

Michelut's journal also becomes a frame for an autobiographical voice that Marlene Kadar in her *Essays on Life Writing* would define as specific female autobiography since the feelings and thoughts expressed question and challenge the female past but also permit her to search for alternatives. As underlined by Shirley Neuman in an article in the same book: "Gender, sexuality, attitudes about our bodies and socio-economic class all figure crucially in the autobiographer's representation of self, whether that self is conceived as socially constructed or as forged in determined individualistic resistance to social forces" (Neuman S. 1992, 222). And in such autobiography it is evident that the 'I' narrating 'self' will always be at the crossroads of such categories.

Within this framework, the cultural palimpsests are present in various degrees to inform us of Michelut's double vision as ethnic writer, her double bind as female, but above all of her rewriting of self as 'new' from the fractured selves of memory. In particular, the work underlines the importance of nature, and the predominance and pull of the female world identified not only in her absent mother Dirce, but also her sister Paola and a host of female friends, including Anne Marie Alonzo with whom Michelut had been composing renga, a form of writing where "desire for the Other will have been appeased" (Michelut D. 1990, 34). But above all I have found a constant obsession in her dream sequences with the old and wrinkled Friulan *befana*, both earth-mother and witch, the dispenser of life-giving gifts but also the cunning hag, sorceress of the underworld. "In women, I find myself" she writes, "my identity. A woman confirms, supports, maintains, recognizes. Women and I form a seamless fabric: a woman's body gives me birth and feeds me, nurtures me, adds to me, but no female is the Other that completes me" (*ibidem*, 16).

The image of the "seamless fabric" continues in her dream sequence *The Space-Time Machine* where Anné builts herself an elevator to "fit her body exactly, like a second skin. To withstand the great pressure of time and space, the outside surface had to be seamless" (*ibidem*, 83). At the end of her dystopic journey Anné reaches what Annis Pratt has defined as the "green-world archetype". When females "encounter the limitations placed on their full development within society, the green-world memory erupts with the power of a struggle for personal authenticity" (Pratt A. 1981, 22). Within this imagined world, fantasies of lovers appear, projections of female needs and desires to counterbalance their difficult relationship with males in the real world. Anné finds "a man waiting for her seated at a table which was covered with a white tablecloth. It was the only object amid dense, green fields that extended all the way into the horizon" (Michelut D. 1990, 84). Even in *Festoons*, another dream sequence, the female voice sees an evergreen tree "decorated for a special occasion with tendrils of pale green hanging moss". She then wades across the brook in baptismal preparation to meet her lover on "a mossy hill" (*ibidem*, 91). Undoubtedly her unconscious attachment to the tastes and sounds of Friuli is externalized in these green-world dreams. In another entry she says: "Furlan, a carpet of emerald moss in a twilight world" (*ibidem*, 99). That women flee from enclosure by moving into an imaginary world, is not, as Pratt underlines, "escapist but strategic, a withdrawl into the unconscious for the purpose of personal transformation" (Pratt A. 1981, 174). Within this world of nature, the female archetype metamorphoses to become one of its elements. "In the distance I could see a white mountain which I knew was my destination [...]. The breeze surrounded me and entered my lungs as breath. The barren whiteness was alive. Every sense was alive. I was the mountain" (Michelut D. 1990, 123).

But Michelut's final reconciliation, her coming to terms with the natural world of cyclic growth and death, with fragmented self in a cultural and linguistic duality, even with the tensions between a reasoning self overcome by angry sentiment, is through the memories of her lost mother. Here the mother-daughter relationship seems to re-enact patterns of the archetypal tripal goddess: virgin maid, nurtering mother and crone or *befana*. We first meet Dirce, Michelut's mother, as a young girl working the fields and like Persephone, on the point of being abducted. The story is one of the many told by the grandmother who like Demeter does everything in her power to try to save the girl from the clutches of the local landlord. "Quant ch'a to mari a veve cutuârdis ajns a lavorave pal cont tai cjamps còme ducju. Un dì, a no mi ven dôngje e a mi dîs ch'a il fatôr ai stave davôr. A si saveve ch'al veve ruvinat pì di ne fantate ... Chel macaco a no mi ruvinave la fie. E no!" (*ibidem*, 17). The story of the mother's near rape is re-enacted by the daughter when Dore is sexually harrassed on a beach in Mexico. Her reaction, instead of being fearful in the face of danger is one of courage resembling the grandmother's for she angrily slaps the abductor. She writes: "Only afterward did I realize that the whole sequence had happened in Furlan. I wanted never to forget that feeling when my body had known *exactly* what to do" (*ibidem*, 23).

New feminist theories, especially after the writings of Nancy Chodorow, argue that the separation between mother and daughter is a prolonged and complex process, the influences of which remain in a woman's adult life. Joan Lidoff underlines that the "wish to identify yet to distinguish oneself as separate is colored with the ambivalent wishes for fusion and tensions over assertion and autonomy that are prominent features of feminine aesthetic style" (Lidoff J. 1986, 44). In *Tre Union Stop*, Michelut tries to assert her autonomy. She tells her mother, "I don't like your surfaces. I hate them". But the mother dying of breast cancer simply replies, "My surface is flat and hardens soft areas in the body...You'll come to respect them in time" (Michelut D. 1990, 78). The journal infact, abounds with lessons from mother who re-surfaces throughout *Ouroboros* at crucial moments. In the poem entitled *The Earth*, mother's memory is celebrated. "You populate me; I complain that you are never quiet. But I listen, so I bought a live, large rabbit". And like the crone *befana*, often the town mid-wife or healer who controls life and death, Michelut with trepidation proceeds to kill the animal. "How to do it properly; take a life and thank it at the same time. Hit swiftly, precisely, cleanly. How many times did I pick it up by the ears and set it down again before your voice came back". Michelut then meticulously describes the proceedure of skinning, gutting, soaking, seasoning and cooking the meat, each passage performed like a ritual analogous to witchcraft and as mother had taught her. When all is done, friends are invited. "As I made polenta, I told them the story of you and the rabbit". And in a final bodily communion with mother, she concludes. "We feasted" (*ibidem*, 79-80).

To completely understand the strong physical and mystical bond that unites the two women we can read the entry for September 1988. Michelut writes: "When will I understand death, Mother? Take your reverence of Christ for instance: Christ is dead, yet we are to 'eat' from his long-dead body. I eat and his mystical body grows". In this light, the poem *The Earth* can be seen as an act of transubstantiation which occurs between mother and daughter and which underlines the importance, not only of the mother-daughter relationship, but above all of the re-enacting of female experience through the generations.

As suggested earlier, the crone *befana* also becomes an integral part of the archetypal tripal goddess rebirth journey. Michelut describes them as cackling, toothless old women in voluminous black gowns capable of leading the initiated into the underworld, the world of the unconscious. Their stories interact and fuse with other female stories in a progressive crescendo underlining the protagonist's growth within the totality of female experience. In *La Vecchia Signora*, Michelut's friend Marzia metamorphoses into "her grandmother, the one who used to give the cat birth control pills to spare it the pain of getting pregnant". Together the two women dance "at tremendous speed" but Michelut's lament – "Every step of mine broke through the ground, which was glass. My feet were bleeding. The pain was excruciating" (*ibidem,* 41) – reveals her crucial initiation into the world of creation. As Susan Gubar has pointed out in an article published in Elizabeth Abel's *Writing and Sexual Difference*, the image of blood in female literature could be read as a symbol for female anxiety about authorship and creativity which is "often experienced as a painful wounding" (Gubar S. 1982, 78).

The silent space of Italian-Canadian writers is one stocked with oral tales of the past which would be lost and forgotten if not fixed on paper. The desire, mixed with anxiety, to transmit these tales is the theme of Michelut's dream sequence, *Lesson III* where the narrating voice finds herself in a dark, surreal, rainy courtyard filled with the smells and sounds of humid earth. Here the sharp eyes of the old woman pierce "through a face of weathered wrinkles" and though "Everything was dark in front of her", the younger woman notices that "where she walked, I could see, as if she cast her own light". Hypnotized and "uneasy" she is lead towards "a slope on the left side of a pit" filled with water into which the old woman descends to snatch and hold up "a dead rat by the tail". Amused at the young woman's fear, she swings the rat "like a pendulum" in the protagonist's face. "I know you like stories", she taunts, "You're of the family, child, so I'll tell you a *strup*. What's the matter you sissy, afraid of a little *strup*" (Michelut D. 1990, 88-89). Michelut's 'baptism' and 'initiation' into the 'family' of females involved in the art of storytelling where tales deform and are deforming (the Friulan term *strup* means avalanche) is here evident.

In a similar manner the dream sequence *Ouroboros,* which gives the title to and concludes the whole collection is revealing and brings Michelut to the end of her quest for creative authority. The protagonist, Ariadne, a maidservant who has lost her job, is eased of the "dreadful pain in her addomen" by her grandmother, "a bawdy woman" who "enjoyed a cat and mouse game". At the beginning the young girl is reluctant to undergo an internal examination but gradually calms down as the older woman explores her inner body from her "womb" up to her "heart" with eyes that "seemed blind – such was the strength of her inward gaze". To the question "Why all this pain?", the grandmother's answer is emblematic. "Inside you have two snakes. Up to now they have been eating your entrails. That's what's causing the pain. But now they have finally started biting their own tails. That's good; that's the way it should be" (*ibidem*, 127-128). As Lynne Van Luven has pointed out in her interview with Michelut, *Ouroboros*, taken as a whole, not only becomes "an externalization of the author's internal explorations" but above all it becomes "a challenging disquisition on the *process* of writing itself" (Van Luven L. 1992, C6).

Significantly, Robert Graves in his *The White Goddess*, notes that Ariadne is the daughter or younger self of the ancient Cretan Moon-Goddess Pasiphaë, the old matriarchal Triple Goddess who shines to enable Theseus to return safely from the Cretan labyrinth (Graves R. 1961, 99, 106). For Michelut, she becomes the universal female goddess of light who directs her through the dark maze of linguistic understanding and truth. She is the mystery which links female writers, regardless of ethnic origin, in their unconscious appropriation of archetypal patterns and it is through this very mystery, this mystical female bind that Michelut begins her rebirth journey to discover her own powers of creative engendering.

Works cited

GRAVES, Robert, *The White Goddess*, London, Faber and Faber, London 1961.

GUBAR, Susan, *The Blank Page and the Issues of Female Creativity*, in ABEL, Elizabeth (ed.), *Writing and Sexual Difference*, Chicago, University of Chicago Press, 1982, p. 73-93.

KADAR, Marlener (ed.), *Essays on Life Writing: From Genre to Critical Practice*, Toronto, University of Toronto Press, 1992.

KRISTEVA, Julia, *The Kristeva Reader*, MOI, Toril (ed.), Oxford, Blackwell, 1986.

LIDOFF, Joan, *Virginia Woolf's Feminine Sentence: The Mother-Daughter World of "To the Lighthouse*", "Literature and Psychology", 323, 1986, p. 43-57.

LEEMING, David and PAGE, Jake, *Goddess: Myths of the Female Divine*, New York and Oxford, Oxford University Press, 1994.

MICHELUT, Dore, *Coming to Terms with the Mother Tongue*, "Tessera", 6, 1987, p. 65-71.

MICHELUT, Dore, *Ouroboros; The Book that Ate Me,* Laval, Éditions Trois, 1990.

MICHELUTTI, Dorina, *Loyalty to the Hunt*, Montreal, Guernica, 1986.

MORRIS, Pam, *Literature and Feminism,* Oxford, Blackwell, 1993.

PIVATO, Joseph, *Constantly Translating: The Challenge for Italian-Canadian Writers*, "Canadian Review of Comparative Literature", March 1987, p. 60-76.

PIVATO, Joseph, *Echo: Essays on Other Literatures*, Toronto, Guernica, 1994.

PRATT, Annis, *Archetypal Patterns in Women's Fiction*, Brighton, The Harvester Press, 1981.

VAN LUVEN, Lynne, *Journeying through Language*, "Edmonton Journal", Sun. Jan.19, 1992, C6.

Une ville, des mémoires
Les aurores montréales de Monique Proulx

ANNE DE VAUCHER

Point de rencontre, carrefour, noeud fluvial ou maritime, la ville est par excellence un palimpseste mais aussi un vaste horizon d'attente. Les villes nord américaines où les vagues d'émigrations ne sont pas si anciennes, apparaissent encore aujourd'hui dans toute leur multiplicité, tant dans l'espace géographique, très juxtaposé, que dans les comportements collectifs et les langues qui s'y pratiquent. De ce point de vue Montréal est depuis ses origines une ville cosmopolite. Mais il faudra beaucoup de temps avant qu'on puisse parler d'une expression littéraire cosmopolite, en raison des stéréotypes culturels qui accompagnent généralement la figure de l'étranger, surtout quand une communauté se sent encore vulnérable et menacée.

Depuis vingt ans toutefois, la littérature québécoise a connu des transformations, elle est plus ouverte, "plus libre", et joue à la fois sur la tension identitaire et sur cette hétérogénéité qu'apportent les immigrants, comme le soutient Pierre L'Hérault (*Fictions* 1991, 56). Aujourd'hui *Les aurores montréales* de Monique Proulx sont un témoignage éclairant de cette modification de l'horizon culturel et littéraire du Québec.

Cette québécoise *de souche*, originaire de la ville de Québec mais montréalaise d'adoption et de coeur, crée des récits d'émigration qui en reflètent la réalité multiethnique: ce sera l'objet de ma deuxième partie intitulée *Montréal, en couleur: La prise de parole*. Enfin l'auteure va très loin dans l'analyse et, par le biais de la fiction, elle représente la transformation en acte de l'identité québécoise grâce/ ou à cause de ces nouveaux venus, de toute race et de toute couleur. Dans un Montréal éclaté, *Quelle aurore pour demain?* sera mon propos final.

Montréal, terre d'asile et d'exil

Depuis toujours Montréal est une ville cosmopolite, multiethnique comme on préfère dire aujourd'hui, en termes d'anthropologie. De la fin du XVIIIème siècle à nos jours, elle a été peuplée par des vagues successives d'émigration provenant de toutes les parties du monde: des Noirs, à la suite de la guerre de Sécession, des Écossais, des Anglais, des Irlandais chassés par la grande famine, puis au début du XIXème siècle, des Juifs de l'Europe centrale, des Chinois, puis des Italiens, (quatre importantes migrations de 1880 à 1985), des Grecs, des Portugais, des Haïtiens, des Juifs du Maghreb, des Vietnamites, aujourd'hui des Coréens. Sans oublier, bien évidemment, l'exode continuel des Canadiens-français vers Montréal qui, après la deuxième guerre mondiale, aura des conséquences très importantes.

Cosmopolitisme depuis toujours source de conflits dans les institutions, à l'école, surtout, divisée entre deux religions et deux grandes langues nationales, mais aussi dans la géographie même de la ville: en effet l'île de Montréal est partagée en deux par le Boulevard Saint-Laurent, frontière urbaine, linguistique, anagraphique, mais aussi lieu d'ancrage des immigrés dans l'attente de rejoindre leurs communautés, c'est pourquoi il se nommera aussi *Boulevard*, ou *Couloir de la colonie*, *Boulevard des émigrants*, ou encore *La Main*, en anglais.

C'est dans *Alexandre Chenevert* (1954) de Gabrielle Roy, roman de l'aliénation à la ville, que le protagoniste enregistre pour la première fois la diversité humaine qu'offre au regard le Boulevard Saint-Laurent:

> Et puis, à marcher dans ce quartier, il voyait du neuf: des visages syriens, des inscriptions en yiddish; d'étranges faces brunes qui paraissaient arriver tout droit du Levant; des viandes fumées, des mets singuliers [...]; des vieillards à barbes longues, avec des calottes noires d'où sortaient des flots de chevelure : s'il ne voyageait pas, du moins il entrevoyait des races, l'immigration des pays surpeuplés (Roy G. 1954, 121).

Une forme d'exotisme donc, une invitation au voyage à la vue de ces visages étrangers qui ne vont cesser de se diversifier au fil des années, ce qui fait dire à François Hébert dans son livre Montréal, "Le Boulevard Saint-Laurent mène plus rapidement qu'un Concorde à Lisbonne, à Naples, en Ukraine, en Grèce, en Slovénie, au Chili" (Hébert F. 1989, 89).

Ce lieu babélique devient donc le *topos* de la jeune littérature québécoise. Toutefois l'immigré y restera pendant longtemps un figurant silencieux, un comparse éphémère qui peut repartir comme il est venu, éternel métèque, au sens grec, bien sûr. Déraciné, pauvre, inculte, en marge de la société québécoise, il ne se raconte pas, il n'écrit pas, sauf quelques lettres aux parents restés au pays d'origine. Il est "hors de l'histoire, hors de la cité" (Memmi A. 1972, 93). Rares sont les écrivains québécois qui s'y intéressent pour en faire un héros de roman, à quelques exceptions près: Yves Thériault, avec *Aaron*, Réjean Ducharme avec *L'avalée des avalées* et Lise Gauvin avec ses *Lettres d'une autre* où une jeune persane prend la parole et s'exprime sur son pays d'accueil.

Toutefois il existe des signes précoces d'un cosmopolitisme littéraire à Montréal. Ce sont ces "gens du Levant", juifs de la Diaspora dont la très forte conscience identitaire s'accompagne d'une solide culture biblique, qui commencent à donner forme à leurs récits de vie situés presque toujours dans les ghettos juifs de Montréal, (Saint-Laurent, Saint-Urbain, Van Horn). Le poète A. Mosè Klein, juif ukrainien, contemporain de Gabrielle Roy, fait figure de précurseur où il voit en Montréal une utopique nouvelle Jérusalem où les deux langues seraient réconciliées (*Rocking chair*, 1948). Mais c'est surtout à Irving Layton, Norman Levine, Léonard Cohen et Mordecai Richler que nous pensons. Ils sont publiés en anglais, or, au nom du séparatisme des cultures et des langues ils sont totalement ignorés des francophones, surtout dans les années 1963-1980, où toutes les forces intellectuelles sont engagées dans la bataille de la francisation des institutions, dans l'élaboration d'une littérature nationale et dans la construction d'un projet ambitieux, celui de mythifier Montréal dans tous les domaines de l'art. À ce projet participe, avant la lettre, un émigré russe venu de France qui commence à publier dès 1964, (*La jument des Mongols*, 1964 et *Le Grand Khan*, 1968) comme écrivain francophone et non pas comme écrivain immigré; c'est Jean Basile, plus connu comme journaliste que comme romancier, mais aujourd'hui on pourrait dire, avec Dominique Garand, qu'il a été un précurseur de cette écriture migrante, surtout dans son roman autobiographique *Le piano trompette* (1983).

Au lendemain du premier referendum sur l'Indépendance, en 1980, la situation change, la littérature québécoise jusqu'alors circonscrite à sa recherche identitaire s'ouvre à l'hétérogène par trois brèches: "Celle de la critique du discours nationaliste, celle de l'écriture immigrante et celle de l'écriture au féminin" (L'Hérault P. 1991, 57).

De jeunes écrivains de langue française, bien que nés ailleurs, s'engagent à donner la parole à des cultures submergées depuis toujours par cette énorme Amérique anthropophage, sans jamais être reconnues. Ce sont les Italo-québécois qui se démontrent les défenseurs les plus ardents de cette récupération des *cultures immigrées*: Marco Micone, Fulvio Caccia, Antonio d'Alfonso, Lamberto Tassinari qui écrivent dans des revues écrites en plusieurs langues, lieu de rencontre et d'échange de plusieurs cultures – la plus connue est "Vice Versa" – mais aussi sur la scène et à l'écran.

Enfin, venant du Québec, d'une ethnie annihilée depuis près de 500 ans, au point de se sentir étrangère à son pays, s'élève la voix d'un presque amérindien, Robert Lalonde, qui commence à publier dans les années 1980.

Mais ce phénomène littéraire est à peine signalé dans les premières anthologies ou guides de littérature québécoise: Lise Gauvin et Gaston Miron ne citent que Jean Basile et Marco Micone (Micone M. 1989, 39 et 397) et rien n'est mentionné dans les histoires littéraires. Est-ce en raison de cette identité francophone si difficile à circonscrire, si vulnérable encore, au point de ne pas pouvoir faire place à une expression "autre"? La littérature au Québec est plus qu'ailleurs travaillée par l'idéologie.

C'est donc grâce aux travaux de Pierre l'Hérault, Sherry Simon, Robert Schwartzwald, et Alexis Nouss, de l'Université Concordia (*Fictions de l'identitaire*, 1991) et à ceux d'un groupe de chercheurs de l'université de Montréal (*Montréal imaginaire*, 1992) que s'affirme l'existence d'un authentique fait littéraire, de la présence et de la vitalité d'une *écriture migrante*, (ou immigrante, selon Pierre L'Hérault) témoignage d'un *métissage* littéraire d'une grande modernité où subsistent les thèmes traditionnels de l'exil mêlés à des problématiques plus typiquement québécoises ou plus largement américaines (Nepveu P. et Harel S. 1992; L'Hérault P. 1991). Un des exemples-clef est *La Québécoite* de Régine Robin, de 1983, juive ukrainienne, née à Paris et française de formation, roman-collage d'une grande nouveauté sur le plan de l'écriture et de la représentation de l'espace urbain.

Au cours de cette dernière décennie, l'écriture migrante se diversifie encore: je ne citerai, parmi tant d'autres, que la jeune chinoise, Ying Chen, qui écrit une autobiographie, *L'ingratitude*, et Neil Bissoondath, né à Trinidad qui publie en 1995 un essai sur le multiculturalisme, *Le marché aux illusions*. Si le livre reste l'instrument privilégié, le cinéma n'est toutefois pas en reste: un italo-québécois, Paul Tana, a tourné trois films sur le thème de l'immigration italienne: *Caffè Italia. Montréal* (1985), *La sarrasine* (1992) et *La déroute* (1998). Radio Canada signalait ces jours-ci la sortie d'un film d'une réalisatrice québécoise d'origine musulmane qui s'intitule *Rupture* et qui traite de la condition des femmes musulmanes à Montréal.

Il suffit donc que l'immigré possède bien l'instrument linguistique et la culture de son pays d'accueil pour qu'il sente l'exigence d'écrire, pour donner libre cours à sa mémoire, et donner un visage, une voix à ces "gens du silence" qu'ont été ses pères, et une description à ces quartiers ethniques qui sont les siens. C'est dans ce climat fervent et fécond de cosmopolitisme littéraire que se situent *Les aurores montréales* (1996) de Monique Proulx.

Montréal en couleur. La prise de parole

Ces 27 nouvelles ne sont pas écrites au hasard puis recueillies en volume, elles sont l'objet d'une "édification patiente échelonnée sur dix ans", divisées en cinq parties, portant des titres "en couleur", chacune d'elles est précédée d'une lettre écrite par un immigrant dont la couleur correspond à celle de sa peau. Exception faite pour la nouvelle *Gris et blanc* qui ouvre le recueil où un jeune latino dit que le gris est la couleur de la mer à Montréal mais aussi la *couleur nationale* (Proulx M. 1996, 9), les autres sont l'emblème du métissage.

Monique Proulx confie donc à des immigrés, un latino, chilien ou mexicain, une chinoise (*Jaune et blanc*), une québécoise d'origine italienne (*Rose et blanc*), un noir haïtien (*Noir et blanc*), enfin à une amérindienne (*Rouge et blanc*) le soin d'enchasser ses récits et de raconter chacun sa vie et ses rêves à Montréal. La dernière lettre *Blanc*, est celle d'une francophone qui entame un dialogue avec un anglophone de Montréal, au lendemain du référendum de 1995.

Monique Proulx "se met dans la peau du monde" [sic], ("Le Devoir", mars 96) toutes les races étant représentées dans son livre, c'est là la nouveauté au plan narratif comme au plan structurel. Cette architecture si volontaire a une triple valence: la charpente du recueil est donc chevillée par ces récits en couleur, comme l'est la société de Montréal par toutes les ethnies qui la composent, comme l'est la littérature québécoise par l'apport des écrivains d'origine étrangère. C'est pourquoi ses nouvelles-cadre sont dédiées aux auteurs venus d'ailleurs: Ying Chen, chinoise, Marco Micone, Pierre Foglia, italiens, Denys Laferrière, haïtien, et Patrick Cady, français de France.

A l'intérieur de cet enchassement, 22 nouvelles y font écho par de subtils effets de résonance. On y trouve les Québécois de souche, inquiets de leur existence dans cette ville en mosaïques, de leur identité qu'ils sentent fragile (*Oui or no*), de leur nationalisme peut-être vain (dans la nouvelle éponyme *Les aurores montréales* et *Blanc*). Mais aussi des thèmes plus traditionnels du récit bref, mis à jour dans un contexte français d'Amérique: le passage de la campagne à la ville (*Le futile et l'essentiel*), des familles et des couples en crise (*Léa et Paul*, par exemple), des hommes inconsistants et papillonneurs, des *Madame Bovary*, made in Québec, des adolescents grandis trop vite et sans idéaux, exposés à la drogue, un clochard qui observe la société et fait un adepte d'un prof d'université, las d'une vie grise et tenté par la marginalité (*Sans domicile fixe*). Désarroi de la vie, intermittence du bonheur, présence de l'insolite qui déchire le quotidien, vague à l'âme et dérive le long des rues d'une ville pourtant riche, confortable et dont le seul point d'ancrage est le Mont- Royal. Si la montagne a perdu son sens sacré, elle reste le lieu de la méditation pour l'écrivain qui, au-dessus de la ville, peut refaire le monde et peut "sentir peu à peu un étranger s'installer dans son esprit, et aimer cet étranger" (Proulx M. 1996, 163).

Mais revenons aux lettres d'exil, forme la plus élémentaire mais porteuse d'authenticité, où l'on retrouve toutes les constantes anthropologiques de l'écriture migrante, à savoir l' arrivée en ville de l'immigré, sa perte de la notion de l'espace, sa sensation d'être hors-lieu, (La Cecla F. 1995, 93), son mutisme, soit par ignorance de la langue ou des langues nationales, soit par une histoire de silence et de peur qu'il porte en lui de son pays natal (faim, misère, guerre, persécutions, dictature politique). *Étranger à lui-même* – je reprends, en le modifiant quelque peu, le titre de l'ouvrage de Julia Kristeva (1988) – oscillant entre l'ici et l'ailleurs, il témoigne de ce terrible et tragique entre-deux de l'exilé.

Brève ou détaillée, pauvre ou redondante, la représentation de Montréal va s'identifier à son regard, à sa mémoire, à sa double identité. Souvent il perçoit un profond décalage entre la ville nord-américaine dont il a rêvé, pleine de gratte-ciels et de tours et la ville réelle, la mer grise, nordique, les avenues sans horizon, hostile par son climat, son paysage glacé, les gens indifférents qui le frôlent dans les rues interminables mais ne le voient pas. Ce sont les témoignages du petit *latino* de *Gris et blanc*, mais aussi du jeune italien du *Figuier enchanté* de Marco Micone.

Rarement il voit Montréal dans sa globalité et dans son immensité – l'île, la montagne, le fleuve – comme les auteurs québécois. Ses coups d'oeil sont brefs, sa vue partielle et fragmentée: une rue, un carrefour, quelque maison basse et profonde, avec les escaliers tournants et "la galerie" (la terrasse), des magasins, une école grise, où l'impact est terrible en raison des deux réalités linguistiques du Québec, lieux du quotidien où il tente de s'orienter mais où il peut aussi se perdre. C'est ce que note la jeune chinoise de *Jaune et blanc*, dans une lettre à sa grand-mère:

> J'ai tenté d'avancer dans ce magasin [Canadian Tire] comme je l'aurais fait dans la rue Nanjing au milieu d'une cohue. Mais comment avancer lorsqu'il n'y a aucun point de repère, comment savoir dans quelle direction porter ses pas? Alors je suis restée immobile, le coeur serré par l'effroi, pendant que les clients affluaient à l'intérieur, me contournaient sans me voir, fonçaient avec détermination là où il leur fallait aller, là où les attendaient une destination et un objet précis. Je n'ai connu d'angoisse plus grande qu'à ce moment-là, grand-mère, à ce moment où Montréal m'est apparu comme une énigme indéchiffrable dont les clés et les codes pour survivre m'échapperaient à jamais (Proulx M. 1996, 54).

Il faudra un certain temps pour que l'immigré retrouve son identité, son sens de l'orientation et l'usage de la parole. Pour survivre, il cherchera à *refonder* son villa-ge, en reconstituant sa famille, pour retrouver son point de repère, "la sua mente lo-cale" (La Cecla F., 93), recréant ses institutions, ses rites religieux, ses habitudes ali-mentaires, ses comportements, parlant de nouveau sa langue d'origine.

Ce n'est qu'après cette longue phase d'appropriation de l'espace qu'il pourra di-re enfin: "J'ai trouvé mon milieu à Montréal", Montréal devient alors "l'ici", et "l'ailleurs" est le lieu d'origine, et ce, non sans déchirement. Puis ce sera la con-quête de l'espace car il doit prouver à lui-même et aux autres, à ceux de son pays d'origine, qu'il a réussi: toutefois "Le chemin de la richesse est un chemin froid" (Proulx M. 1996, 8) dit le petit *latino* mais il est sûr de pouvoir le parcourir.

D'autres lettres sont l'expression de la deuxième génération, celle des enfants d'immigrés, nés à Montréal et apparemment intégrés, qui s'assument et assument sans vergogne leurs doubles origines. Ils peuvent se permettre d'avoir une mémoi-re, ce qui semble un luxe pour les gens pauvres et ignorants, remarque Francine Noël (Noël F. 1984, 485). Souvent ils veulent apprendre la langue de leurs pères, pour mieux saisir le sens d'une subjectivité profonde qu'ils perçoivent en eux mais ne reconnaissent pas dans leur pays d'adoption. Ainsi le discours de la jeune italo-québécoise de *Rose et blanc*, dans sa lettre d'amour à son professeur d'italien – la lettre est dédiée à Marco Micone:

> Il y a des moments où surgit sans crier gare ce que je suis bien forcée d'appe-ler mon "italianité", comme une bouffée de chaleur que j'aurais envie de bou-ter dehors à coups de pied. Je ne sais pas ce que me veut ce fantasme irritant, moi qui ne suis jamais allée en Italie et qui ai toujours détesté les pâtes, je ne sais pas quelle partie de mon cerveau il continue de hanter, mais plus je nie son existence, plus il s'agrippe et me fait mal. Ne ris pas, Ugo Lagorio, notre fruit ce sont les figues, les figues qui fendent au soleil et dont le jus est plus sucré que leurs patisseries, nous n'y pouvons rien si nous avons la mémoire des fi-gues dans le sang et un besoin de passion qui crève de froid, mais qui survit (Proulx M. 1996, 97).

La mémoire génétique franchit donc impunément les générations et reste une territorialité insoupçonnée.

Le discours de la différence peut porter à des situations de racisme latent que l'auteure développe en jouant sur les doublets. Tantôt ce discours est traité de façon dramatique comme dans *Rouge et blanc*, où la jeune amérindienne tente le suicide parce qu'elle ne peut plus supporter de ne pas exister dans sa propre ville mais ne veut pas pour autant rentrer à la réserve:

> Je ne retourne pas à Kanahwake. Je reste à Montréal, dans cette vieille Hoche-
> laga où vivaient mes ancêtres blottis aux flancs de la montagne. Je choisis d'in-
> filtrer ceux qui n'en finissent plus de nous conquérir [...] Je veux nous voir com-
> me ils nous voient. Je veux mettre leurs yeux froids dans mes yeux pour regar-
> der ce que nous sommes devenus, sans baisser les yeux, sans m'effondrer (*ibi-
> dem*, 194).

Reconquête du territoire et de la mémoire, substitution identitaire: être colonisé est une blessure qui ne se cicatrise jamais. Tantôt le discours est traité avec humour comme dans *Noir et blanc*, où le chauffeur de taxi haïtien témoigne d'une
émigration réussie ("je suis bien à Montréal") dans une ville qu'il juge "politically
correct", à condition d'y vivre sans recueillir les inévitables provocations. Par contre ses enfants et sa femme, inconditionnels de MalcomX, chef des "Black
Panthers" y voient partout des effets de racisme. Deux points de vue opposés qui
dénoncent toutefois une marginalité latente.

Le genre de la nouvelle se prête particulièrement à cette vision polyédrique du
réel, à l'expression du passage, du transitoire, du multiple et du fragmentaire dont
le quadrillage urbain est l'image topographique.

Il reste toutefois une question de fond. Dans ce royaume de Babel qu'est devenu Montréal au cours de ces dernières années, l'expression de ralliement des francophones "Montréal français", est-elle encore plausible aujourd'hui? Où se situe
l'identité francophone par rapport à l'altérité? Où en sont les deux solitudes? La
réponse en est donnée dans la nouvelle éponyme.

Montréal éclaté. Quelle aurore pour demain?

Les aurores montréales (*ibidem*, 157-168) mettent en scène un jeune nationaliste
québécois de 16 ans, écrivain en herbe, partagé entre son père, francophone de
souche qui habite le plateau du Mont-Royal et sa mère dont l'ami est chilien et qui
habite un quartier multiethnique (Snowdon, probablement), tient un magasin
"chez les Anglais" et fait ses commissions "chez les Italiens". Dans son livre il la
surnomme Iouniverselle. Il accumule des notes qui montrent le "spectacle désolant
du nouveau Montréal", et il entend défendre le "'Montréal français' contre les
Envahisseurs" (*ibidem*, 160), symbolisé par une bande de loubards grecs qui
sillonnent l'avenue du Parc, en roller skate, (patins à roue alignées!) en terrorisant
les gens.

Son livre prendra le titre de *Les aurores montréales* car cette ville , dit-il, est comme les aurores boréales – le jeu de mots est évident – c'est une sorte de météore, "qui n'arrête pas de changer et qui additionnne tellement de nouveaux visages que l'on perd toujours celui qu'on croyait enfin connaître" (*ibidem*, 164). Mais Laurel est déjà condamné au multiculturalisme par ses papilles, il adore les baklavas à l'eau de rose et à la crème de pistache que fait le syrien de l'avenue du Parc, et les sushis des japonais du restaurant Mikado.

La fin du récit se joue sur la surprise, car Monique Proulx connaît bien la technique de la nouvelle et les subtilités de la rhétorique: le chef des loubards que Laurel appelle Soufflaki (paronomase de "souvlaki", encore une référence alimentaire!) s'approche de Laurel et lui dit, un sourire sur les lèvres: "Bienvenue à Montréal". Comment? C'est donc l'étranger qui accueille maintenant le québécois de souche? Les langues fourchent, Laurel répond en anglais, *What?*, les rôles sont inversés, l'altérité se confond avec l'identité francophone, se modèle dans les formules codées de la langue. Laurel jette son cahier rouge à la poubelle: "Il faut repartir à zéro!" (*ibidem*, 168).

Dans ces récits d'immigration pointe çà et là, la réflexion politique, habilement ménagée et située dans les nouvelles enchâssées, de façon à créer un effet d'échos très subtil: "Pourquoi, se demandent un homme et une femme *souverainistes*, ces gens venus d'ailleurs ne se glissent-ils jamais dans la peau des Québécois et leur nient-ils l'existence du petit pays qui leur a tout donné?" (*ibidem*, 176-177). Cette interrogation brève et lancinante, parfois renversée et vue du côté immigré ("ils [les québécois] sont les seuls à pouvoir conquérir le sol qui leur appartient déjà", *Jaune et blanc, ibidem,* 56) constitue le fil rouge qui relie les nouvelles et donnent un sens politique à la matière romanesque. Le message est clair, la réponse est aux immigrés qui devraient participer au destin d'un Québec indépendant.

Dernière instance mais non la moindre, celle des deux solitudes *blanches* [sic] qui pendant si lontemps ne se sont jamais confondues. La fougueuse histoire d'amour de *Oui or no* entre Nick Rosenfeld de Toronto et Éliane de Montréal, en plein référendum 1995, n'est qu'une métaphore aussitôt dévoilée: Nick représente le grand pays, (la confédération canadienne) elle, le petit pays, le Québec, de même *Blanc* qui est la dernière lettre adressée par une jeune francophone montréalaise à Mr Murphy, un montréalais anglophone moribond avec lequel elle tente de parler. Le "I am sorry" de Nick, au lendemain du référendum, et le serrement de main de Murphy avant de mourir sont autant de tentatives qui symbolisent la fin des deux solitudes et le début d'un dialogue.

Quant à l'immigré il continue à osciller entre deux mondes, "in bilico" (Micone

M. 1988), entre la mémoire de son pays d'origine, l'expérience du départ, blessure difficile à cicatriser, et celle de l'intégration dans la culture d'accueil. Toujours hybride, en marge du monde, "étranger", il est devenu plus riche intellectuellement, plus conscient de l'aspect transitoire des cultures immigrées, davantage ouvert à leur échange réciproque qui peuvent se féconder réciproquement et durer dans le temps (Micone M. 1996, 398-403).

Montréal, ville porteuse des mémoires du monde entier.

Montréal, enjeu multiple, vivant, volubile, mutant, mais pacifique et toujours "politiquement correct". C'est peut-être là qu'est sa spécificité car toutes les mégalopoles de la postmodernité ont aujourd'hui ces mêmes caractéristiques de mutation, de brassage de populations, de transitoire, de dissolution, mais aussi de vandalisme et de violence.

Certes, l'identité française en Amérique du Nord – expression chère à Gaston Miron – n'est plus ce qu'elle était il y a trente ans et la littérature québécoise en est la preuve évidente. *Les aurores montréales* posent à nouveau la question : que veut dire "Montréal français" aujourd'hui? Le recueil de Monique Proulx se situe sur cette arête fragile où il faudrait gommer les différences au nom de la tolérance, "recommencer à zéro", s'excuser, dire "I am sorry", se serrer la main, prendre une nouvelle page blanche et écrire une nouvelle histoire du Québec:

> John , je serai comme vous une page blanche sur laquelle rien n'a encore été écrit (Proulx M. 1996, 239).

Est-ce possible? Montréal est un observatoire privilégié en cette fin de siècle. Mais le malêtre qui transparaît le plus souvent de ces textes n'est pas seulement la prérogative des auteurs nés ailleurs, c'est aussi la condition de l'écrivain qui se situe toujours en marge de la société, sur le Mont-Royal, dans une territorialité imaginaire où le futur reste à inventer.

Bibliographie

BASILE, Jean, *La jument des Mongols*, Montréal, Édition du Jour, 1964.

BASILE, Jean, *Le Grand Khan,* Paris, Grasset, 1968, Montréal, L'Hexagone, 1989 (coll. Typo).

BASILE, Jean, *Les voyages d'Irkoust*, Montréal, HMH, 1970.

BASILE, Jean, *Le Piano-trompette*, Montréal, VLB, 1983.

CESERANI, Remo, *Lo straniero*, Bari, Laterza, 1998 (Temi letterari), 80p.

GAUVIN, Lise, MIRON, Gaston (éds.), *Ecrivains contemporains du Québec depuis 1950*, Paris, Seghers, 1989, 580p.

GAUVIN, Lise, *Lettres d'une autre*, Montréal-Paris, L'Hexagone-Le Castor astral, 1984, Montréal, L'Hexagone, 1987 (coll.Typo), 152p.

HÉBERT, François, *Montréal*, Seyssel, éditions du Champ Vallon, 1989 (coll. des villes), 110p.

KLEIN, A. Moshe, *Montréal, The Rocking Chair and Other Poems*, Toronto, Tyerson Press, 1948.

KRISTEVA, Julia, *Étrangers à nous-mêmes*, Paris, Fayard, 1988, 294p.

LA CECLA, Franco, *L'uomo senza ambiente*, Bari, Laterza, 1995 (3ème éd.).

L'HÉRAULT, Pierre, *Le récit littéraire des années quatre-vingt et quatre-vingt-dix*, "Voix et images", Printemps 1998, 69, p. 501-514.

L'HÉRAULT, Pierre, *Pour une cartographie de l'hetérogène: dérives identitaires des années 1980*, in *Fictions de l'identitaire au Québec*, Montréal, XYZ (Etudes et documents), 1991, p. 53-114.

MEMMI, Albert, *Portrait du colonisé*, précédé du *Portrait du colonisateur*, [1957], Montréal, L'Étincelle, 1972.

MICONE, Marco, *Déjà l'agonie,* in *Trilogia*, Montréal, L'Hexagone, 1996 (coll. Typo).

MICONE, Marco, *Le figuier enchanté*, Montréal, Boréal, 1992.

MICONE, Marco, *La culture immigrée comme dépassement des cultures ethniques, Memoria e sogno. Quale canada domani?* Atti del X Convegno Internazionale Italiana di Studi Canadesi, Venezia, Supernova, 1996, p. 398-403.

NEPVEU, Pierre, MARCOTTE, Gilles (éds.), *Montréal imaginaire. Ville et littérature*, Montréal, Fides, 1992, 426p.

NOËL, Francine, *Maryse*, Montréal, VLB, [1983], 1987, Leméac, 1994, 446p.

PROULX, Monique, *Les aurores montréales*, Montréal, Boréal, 1996, 246p.

ROBIN, Régine, *La québécoite*, Montréal, Québec/Amérique, 1983.

ROY, Gabrielle, *Bonheur d'occasion*, Montréal, Pascal, 1945.

ROY, Gabrielle, *Alexandre Chenevert*, Montréal, Beauchemin, 1954.

L'imaginaire migrant de Jean Basile

Dominique Garand

Considérations générales

Avant d'aborder la manière dont la superposition de cultures contribue à l'épaisseur signifiante de la démarche créatrice d'un Jean Basile, il me paraît essentiel de réfléchir un court moment sur la manière dont cette réflexion mérite d'être orientée. Mon interrogation contribuera peut-être à préciser quelques-uns des enjeux posés par le thème qu'ont choisi les organisateurs de ce colloque.

Que cherchons-nous à savoir et à comprendre au juste? Si nous adoptons un point de vue particularisant, il s'agira d'analyser comment l'exil et le déracinement ont pu influer sur l'écriture de certains auteurs, en insistant sur la manière dont ils ont récupéré des éléments de leur culture d'origine. De là, nous pouvons ouvrir notre réflexion sur des considérations plus générales touchant notre "post-modernité", dont l'un des caractères essentiels résulte précisément d'une situation mondialement généralisée de *migrations*, d'*échanges*, de *déplacements*. Cela, on le sait très bien, ne va pas sans remettre radicalement en question les découpages nationaux de la littérature.

Si telle était la seule et unique question traitée, nous aurions tout le loisir de nous pencher sur les parcours littéraires d'auteurs tels que Joyce, Nabokov, Beckett, Lautréamont, Gombrowicz, Conrad, Rushdie et de nombreux autres. Or, le fait de circonscrire notre corpus à la seule littérature canadienne fait intervenir un tout autre régime de questions, articulées cette fois non plus seulement autour d'œuvres particulières, mais également autour de l'*institution* qui en assume la diffusion et la valorisation. Malgré vingt-trois ans passés en Argentine, Gombrowicz est considéré comme un auteur polonais. Pourquoi? Parce que son œuvre a été écrite en polonais et publiée par des éditeurs de langue polonaise. Conrad et Rushdie, eux, sont classés parmi les écrivains britanniques et Lautréamont, né à Montevidéo, est pour tous un écrivain français. Louis Hémon aussi est un écrivain français, mais une œuvre de lui, la fameuse *Maria Chapdelaine*, est inscrite au *Dictionnaire des œuvres littéraires*

125

du Québec (DOLQ), pour des raisons qui sont évidentes à tous: non seulement a-t-elle été écrite au Québec et traite-t-elle d'un sujet canadien, mais son influence a été telle sur les écrivains québécois qu'elle est devenue le modèle d'un genre. Bref, le croisement des cultures dans l'interprétation que l'on fait de textes littéraires produits par des immigrés, est un phénomène relatif. Il n'est pas facile de débrouiller ce qui rend le fait significatif dans certains cas et paraît assez insignifiant à d'autres moments pour être complètement négligé. La question, en tous cas, crée un étrange symptôme lorsqu'on la situe dans le cadre de la littérature québécoise car cette littérature n'a pas, comme la française ou l'anglaise, un pouvoir d'assimilation très élevé, étant elle-même très peu affirmée à l'échelle mondiale. C'est ainsi que les écrivains d'origine étrangère installés au Canada rendent volontiers visible leur "étrangeté" et qu'on a tôt fait de présenter cette littérature comme "multi-ethnique".

Il faut en outre se prévenir contre un mirage en ce qui concerne la littérature *canadienne*: celle-ci, en fait, n'existe pas en tant que telle. Ce qui existe, c'est, d'une part, la littérature canadienne anglaise, d'autre part, la littérature québécoise. Cette observation ne m'est nullement dictée par une volonté forcenée de maintenir ces deux littératures dans leur solitude respective, mais simplement par la plus stricte observation de la réalité institutionnelle. Il n'y a pas que deux langues au Canada, que les citoyens de ce pays seraient libres de parler indifféremment et alternativement comme bon leur semble. Quand un écrivain nouvellement arrivé au Canada choisit une langue, il choisit du même coup une culture, une histoire, une tradition littéraire, un réseau institutionnel. Écrire en français, cela signifie que votre texte sera publié par un éditeur francophone, qu'il sera diffusé auprès d'un public francophone, qu'il sera évalué par des critiques francophones dans des journaux et revues francophones. Et vous me comprendrez, je crois, si je vous dis qu'en Italie, par exemple, il existe très peu d'affinités entre les centres d'études québécoises et les centres d'études canadiennes-anglaises. Cela, du reste, ne relève pas d'une quelconque mauvaise volonté mais bien d'une réalité institutionnelle qu'aucun œcuménisme ne saurait surmonter.

L'auteur que j'ai choisi de présenter, Jean Basile, a quant à lui taillé sa place dans l'univers culturel du Québec. Sa démarche m'intéresse autant pour la dimension existentielle qu'y impose le déracinement, que par ses incidences institutionnelles. On peut en effet se demander, à partir de l'aventure créatrice de Basile, dans quelle mesure la culture québécoise a su s'ouvrir à une démarche telle que la sienne. Inversement, on peut vérifier jusqu'à quel point la culture québécoise a pu *inspirer*

cette même démarche, la permettre en quelque sorte, autant d'un point de vue institutionnel (par la publication/réception) que d'un point de vue créatif. En d'autres
termes, je tenterai de définir ici un modèle fondé sur la notion d'*échange*.

La dialectique entre le don et l'accueil

La question de l'échange peut être envisagée de deux manières: du point de vue du
don ou de l'*accueil*. Le don: l'écrivain apporte avec lui un bagage culturel dont il fera profiter la communauté qu'il choisit, posture qui peut donner lieu à différents types d'énonciation, de la mélancolie de l'exil à l'affirmation d'une origine autre (et,
ce faisant, garante d'originalité). L'accueil: l'écrivain tente d'intégrer la culture du
pays d'accueil, de la faire sienne, soit par identification, soit par volonté de s'intégrer, soit par souci de se l'approprier, voire de la transformer en y injectant sa propre singularité. Cette dernière posture peut occasionner une lecture "autre" de
l'histoire et de la société du pays d'accueil, mais seulement jusqu'à un certain point,
comme j'essayerai de le montrer plus loin. Dans le cas de l'accueil comme de celui
du don, nous sommes en présence d'un dialogue entre cultures, dont l'interface est
un sujet plus ou moins identifié, façonné, interpellé par l'une ou par l'autre.

Il faut en outre prendre soin de ne pas limiter notre examen aux œuvres elles-
mêmes, mais l'étendre également aux processus de réception: cette "différence"
qu'apporterait le regard de l'œuvre a-t-elle été effectivement perçue et, si oui, de
quelle manière?

Vous vous doutez bien que le facteur d'étrangeté n'est pas toujours l'élément dominant, soit dans l'écriture, soit dans la lecture que l'on fera des œuvres. Si la question
est nettement thématisée chez un Naïm Kattan par exemple (ce qui entraîne inévita-
blement une prise en considération de la question de la part de la critique), d'autres
textes, comme ceux de Jacques Folch-Ribas ou de Ying Chen, pour n'en nommer que
deux, font souvent oublier cette dimension. Ils demandent à être lus comme des textes littéraires, point final, sans faire intervenir des considérations inter-culturelles.

Le cas de Jean Basile est très intéressant parce que cet auteur a exploré à la fois
la dimension du don et celle de l'accueil. Et il ne l'a pas fait uniquement en tant
qu'écrivain, son activité de ce point de vue s'étant étendue sur plusieurs formes
d'interventions culturelles. On peut dire de Basile qu'il a *adopté* le Québec, plus
particulièrement Montréal; il en a fait son lieu, le territoire de sa recherche existentielle aussi bien qu'artistique.

Autre fait notable: il n'y a pas de nostalgie chez lui, sinon peut-être de ses parents. Pas non plus de volonté exprimée de retourner là-bas, en France ou en Russie, à tel point que plusieurs ont ignoré les origines étrangères de Jean Basile. Quant au Montréal de Basile, il est en partie son *invention*. Il ne l'a pas adopté tel quel, il a aussi cherché à y inscrire une mythologie, un regard, une voix, qui prennent leur source en différents lieux.

Bref, et aussi curieux que cela puisse paraître, Basile a été un *cosmopolite enraciné*.

Mais l'autre question se pose aussi: le Québec a-t-il adopté Jean Basile? En tant que citoyen, certainement, et d'une manière très visible puisqu'il a occupé au "Devoir" et à "La Presse", la fonction très convoitée de journaliste culturel. Du point de vue de la création et de l'imaginaire profond, c'est autre chose. Admiré au tout début, il a été un peu boudé par la suite. Mais les raisons de cette fermeture ne tiennent sans doute pas toutes dans ses origines; elles sont peut-être factuelles (un critique, en général, surtout s'il est sévère comme l'était Basile, attire la hargne), elles sont peut-être esthétiques (la qualité de ses textes n'est pas reconnue unanimement), ou même morales (Basile, dès les années soixante, affichait une sexualité que plusieurs qualifieraient de "divergente"). La question, ici, ne saurait être vidée.

Éléments biographiques

Jean Basile Bezroudnov (1932-1992) est né à Paris où il a passé, si l'on excepte quelques intermèdes, les trente premières années de sa vie. Son père avait quitté la Russie à la suite de la prise de pouvoir par les bolchéviques. Ingénieur de formation, il s'était converti en peintre décorateur. La mère de Basile était française, possiblement la fille naturelle de Jean-Baptiste Vincent, le compositeur de la célèbre chanson "Le temps des cerises". Elle exerçait le métier de couturière et mourut assez jeune, en 1940. Basile l'a donc assez peu connue mais il en a conservé un souvenir très vif. Quant à son père, il s'embarqua pour le Canada avec son fils et c'est à Joliette qu'il mourut, en 1969.

La première éducation de Basile se déroula à l'école russe de Meudon, qui accueillait les fils d'exilés. Les références aux personnages rencontrés et aux événements vécus dans cette école sont nombreuses dans l'œuvre de Basile, surtout dans *Le piano-trompette*. Pendant l'Occupation, Basile fut évacué en Bretagne; c'est alors qu'il s'initia ardemment à la littérature, qu'il avait commencé à découvrir au chevet de sa mère mourante, en compagnie de qui il lisait le *Sans famille* d'Hector Malot, titre qui deviendra emblématique dans l'imaginaire de l'écrivain.

Son activité littéraire commence très tôt puisque dès l'âge de 16 ans, il fonde une revue d'inspiration gidienne, intitulée *Prétexte*. Ce projet est interrompu pendant la guerre d'Indochine alors que Basile est affecté aux Transmissions. Au début des années cinquante, il fonde une autre revue, *Juventus*, qui milite pour la révolution homosexuelle tout en s'opposant à la pédérastie grécisante qui régnait alors dans ce milieu. Toute cette période qui précède l'arrivée de Basile au Canada (début des années soixante) est narrée de façon plus ou moins transposée dans *Le piano-trompette*, puis de manière plus directement autobiographique dans *Keepsake* (posthume).

Peu après son arrivée au Canada, plus précisément en 1962, Jean Basile décroche un poste de correcteur d'épreuves au "Devoir". Il s'étonnera plus tard qu'on lui ait accordé cette fonction alors qu'il démontre une "dangereuse étourderie" quand il lit une copie (Martin R. 1989, 9). Son véritable talent se situe du côté du journalisme. Aussi, "Le Devoir" lui fait-il confiance jusqu'à lui proposer, après un certain temps, la responsabilité des pages culturelles (cinéma, musique, littérature). On peut voir en Basile, avec Jean-Éthier Blais, l'un des plus fameux critiques littéraires des années soixante au Québec. Et aussi l'un des plus redoutés...

Sa carrière journalistique prend une autre orientation à partir de 1970, avec la fondation de la revue "Mainmise", fondée en compagnie de Christian Allègre et de Georges Khal, qu'il dirigera à leurs côtés jusqu'en 1973. Le premier numéro de "Mainmise" paraît le 20 octobre 1970, en plein cœur des événements d'octobre. Malgré l'absence de contenu directement politique dans la revue et une relative indifférence aux questions nationales, ses directeurs la percevaient tout de même comme "révolutionnaire", au point de craindre qu'on ne vînt les emprisonner, ce qui fait dire rétrospectivement à Christian Allègre qu'ils ne manquaient pas de naïveté! (Allègre C. 1998).

Révolutionnaire, "Mainmise" l'est certes à sa manière, mais cette activité ne vise pas les pouvoirs politiques. Contrairement à *Parti pris*, par exemple, la revue n'entend pas dénoncer le colonialisme, ni même l'impérialisme culturel et politique. En fait, sa philosophie ne repose en rien sur une lecture marxiste de l'histoire (ce qui lui fut reproché par les militants de l'époque). Son opposition au monde du politique et à l'*establishment* est dictée par une volonté de libérer l'individu de ses servitudes pour qu'il puisse développer son potentiel créateur. Cette aspiration s'affiche donc comme "contre-culturelle", philosophie dont la revue "Mainmise" est devenue le symbole le plus frappant au Québec.

La revue avait pour devise: "Organe québécois du rock international, de la pensée magique et du gay sçavoir". Les sujet traités étaient nombreux: philosophie, éducation, agriculture, alimentation, médecine, musique, sexe (un texte du no 2 portait sur l'orgasme féminin, ce qui a entraîné la démission de Basile du "Devoir"), mystique, communauté, drogue, etc. Alors que la plupart des militants pour la libération du Québec cherchent des solutions dans l'affirmation d'une identité à reconquérir, "Mainmise" affiche un parti pris nettement internationaliste: "Nous croyions très fermement au fait qu'une culture n'évolue, ne devient forte, ne devient elle-même qu'en se confrontant à d'autres cultures, qu'en s'assimilant des éléments extérieurs, en les faisant siens, en les moulant dans son esprit propre" (*ibidem*, 1998). Ignorant toute forme de protectionnisme frileux contre "l'invasion de la culture américaine", la revue ouvre donc toutes grandes ses portes aux influences californienne et française. Même si ses directeurs sont plutôt favorables à l'indépendance du Québec, ils se montrent hostiles à la fois au nationalisme et au marxisme-léninisme. Cette hostilité peut sans doute s'expliquer par l'expérience européenne des trois directeurs. Dans le cas de Basile, cela ne fait aucun doute: il était le fils d'un russe chassé par le bolchévisme et cette idéologie anti-individuelle lui faisait horreur, lui lecteur de Tourgueniev, Tolstoï, Tchekhov, Proust, Gide, Huysmans et Durrell.

Signes hétéroculturels

Un seul survol des titres de Basile permet de repérer les traces des diverses cultures à partir desquelles se déploie sa *singularité* – j'insiste sur ce mot, j'y reviendrai dans ma conclusion. Par exemple, les signifiants russes sont mis en évidence dans la trilogie des années soixante, par ailleurs intitulée "Amor-Roma". Dans *La Jument des Mongols* (1964), Basile s'amuse avec évidence à exploiter la polysémie du mot "mongol" en québécois. On sait qu'en français, outre le fait de désigner un peuple, le mot mongol identifie une maladie, la trisomie (quoique l'on dise maintenant plutôt: mongolien). Par dérivation, les Québécois appellent "mongoles" les personnes bêtes (en italien, on dirait: *sciocche*), ou encore, celles qui s'amusent à jouer l'idiotie (le *bischeri* des Florentins). C'est le cas des personnages principaux de ce roman, intelligents mais aussi écervelés, et la jument est clairement identifiée dans le texte au personnage d'Armande, qui meurt en partie sacrifiée par l'irresponsabilité chronique des autres protagonistes. Ce titre inscrit donc un élément de distanciation de l'auteur à l'égard de ses personnages, que l'on serait par ailleurs tenté de tenir pour des porte-parole de sa pensée. Ce titre associe également, en un même signifiant, des références russe, française et québécoise.

C'est aussi le cas avec les deux autres romans de la trilogie, soit *Le Grand Khan* (1967) et *Les voyages d'Irkoutsk* (1970). Dans les deux cas, les rapports avec la diégèse sont assez flous. *Le Grand Khan* représente le narrateur tel qu'il s'imagine dans ses fantasmes de grandeur, et *Les voyages d'Irkoutsk* l'errance des protagonistes, stimulée par l'absorption de drogues hallucinogènes, qui font alors une entrée massive dans l'univers romanesque de Basile (au moment même où il commence à en faire la promotion dans "Mainmise"). La Russie reviendra de façon affirmée dans le dernier texte publié du vivant de Basile, *Adieu... je pars pour Viazma!* (1987). Il s'agit d'une pièce de théâtre largement inspirée de Tchekhov. Ce texte est un collage de citations refondues en un univers théâtral assez cohérent. Ce livre se veut en outre un dernier hommage de Basile à son père. C'est toutefois dans le dernier roman de l'écrivain, *Le piano-trompette*, publié en 1983, que la Russie s'impose comme une source vive d'imaginaire. Ce roman précède toutes les théories sur le métissage et l'hybridation mais il en constitue l'un des exemples les plus éclatants. Voici un extrait de ce que nous donne à lire le texte en quatrième de couverture:

> Comment peut-on être tout en même temps Russe d'origine, Français de culture et Québécois de nationalité? C'est la question que se pose M. Barnabé, le personnage central de ce roman. Celui-ci serait-il l'éternel métèque, l'éternel étranger sans patrie contre qui toutes les forces jettent leur dévolu?
> Il y en a pour tous les goûts dans cette joyeuse épopée à travers les âges: Raspoutine, Fulcanelli et, bien sûr, un vieux chamane esquimau, Khara Girgan, mais aussi Marcelline, la tenancière de l'Hôtel Tropicana, Tatqatsa la toute jeune, les Costauds du Faubourg à m'lasse, les Voyageurs transparents et bien d'autres encore qui se sont donné rendez-vous dans Montréal devenue banalement l'Île, en proie à la décomposition et à la défenestration alors qu'elle est lentement envahie par les cochons.

Il est à noter, et cet extrait l'atteste, que l'altérité ne repose pas entièrement sur la référence russe, ni même française. En fait, Basile nous entraîne bien au delà des questions strictement nationales et linguistiques, en une narration qui juxtapose également différentes temporalités. Ce double dépaysement (national-linguistique et temporel) est posé dès les premières pages:

> Jambon pointe le doigt dans la direction de M. Barnabé.
> – Et toi, qui es-tu? hurle le père C.

M. Barnabé rougit de honte. Il ne sait pas. Il ne tient pas tellement à le savoir.
Je suis Russe, bredouille le Fils d'encouragement.
Un immense soupir de soulagement ébranle l'atmosphère paisible du réfectoi-
re.
L'un des plus graves problèmes de M. Barnabé est son accent. Il ne sait jamais
lequel prendre. Il en essaie un, puis un autre. Généralement le résultat est dé-
plorable. C'est ainsi qu'il n'a pas de véritable identité. Il va et vient. Nul havre
ne l'accueille où il serait tout à fait chez lui.
C'est un métèque.
Bien avant le Grand Gel, déjà adulte et citoyen honorable de son nouveau pays,
il s'asseyait parfois à la taverne Régis. Devant un verre de bière, il tentait de
prendre part à la conversation. Il essaie de parler selon les lois de l'élocution
particulière du milieu.
Son rêve est d'être comme tout le monde.
L'assistance se tord de rire. La piètre tenue de ses jurons et de ses blasphèmes
font qu'il est recalé à l'examen. Il est rouge de honte. Il avale une gorgée de bière et souhaite rentrer sous terre.
Mais ce n'est pas la première expérience de ce genre. À huit ans déjà, il a provo-
qué un accès d'hilarité collective dans une voiture de seconde classe du métro pa-
risien, à la station Javel. Il a dit le mot "merde" en roulant le "r" comme Tolia son
honorable père et palefrenier du Prince Heureux. L'effet est irrésistible.
À cette époque lointaine, le Fils d'Encouragement aurait donné gros pour être
aussi français que les Dupoint et les Durand. Mais ce n'est pas si simple (Basile
J. 1983a, 19).

Pour mieux clarifier la question de la temporalité, voyons de manière plus systématique comment s'entrecroisent l'espace et temps de ce roman qui, d'ailleurs,
est défini par le narrateur comme une *saga*.

1) Comme on l'a vu dans l'extrait précédent, la narration alterne sans problème,
dans le compte rendu de la vie de M. Barnabé (dit aussi le "Fils d'Encouragement"), de l'enfance à l'âge adulte.

2) Le point de vue narratif lui-même (le "je" narrateur) se situe dans une sorte
d'extra-temporalité: c'est l'ange gardien de M. Barnabé qui transcrit, depuis le ciel,
les sons tirés du piano-trompette (p. 403).

3) Dans la diègèse, un personnage tel que Raspoutine traverse les âges: on suit
son périple depuis la Russie jusqu'à Montréal.

4) Montréal même n'est pas le Montréal d'aujourd'hui mais celui d'une époque
ultérieure, celle d'après le "Grand Gel": l'opposition est constante dans le roman,
entre l'avant et l'après ce cataclysme naturel.

Ces quelques considérations méritent d'être situées dans le cadre plus large de l'œuvre complète produite par Basile, qui manifestement, depuis ses tout débuts, explore
et développe la forme de l'*hybridation*. De celle-ci, nous relevons cinq catégories:

1) Les *signifiants référentiels* chez Basile renvoient à des univers culturels multiples: la Russie, la France, le Québec, l'Italie à travers Pasolini, la culture amérindienne (chamanique en particulier), etc. Il importe de préciser que ces références ne constituent pas qu'une seule liste d'intérêts variés mais qu'elles se juxtaposent, s'entrecroisent.

2) Les *signifiants intertextuels*: le travail de la citation est systématique chez Basile, qui d'ailleurs le déclare ouvertement dans la préface à l'édition française de *La jument des Mongols*: "Un point de détail qui a tout de même son importance: j'use de citations que je ne mets pas entre guillemets comme il est coutume de le faire" (Basile J. 1966a, 8). Certains de ses livres, comme *Adieu... je pars pour Viazma!*, sont directement inspirés de l'œuvre d'un autre écrivain.

3) Le *métissage générique*: utilisation du dialogue théâtral dans la trilogie, publication d'un *Journal poétique* (1965), projet d'un livre resté inachevé que Basile décrivait en ces termes: "Par bravade, je me suis lancé dans un trois mille pages. Ce devait être un immense roman, qui se terminerait, pensais-je, par une immense pièce de théâtre, le tout entrecoupé d'un immense journal et d'immenses intermèdes poétiques, comme l'apparition de Vénus sur le Saint-Laurent, en face de la maison de Gatien Lapointe qui en mourait d'une crise cardiaque, etc." (Martin R. 1989, 24).

4) Le *métissage linguistique et stylistique*: insertion du joual et de l'italien dans *Iconostase pour Pier Paolo Pasolini*, différents niveaux de langage dans *Le piano-trompette*; l'écriture de Basile cherche également à se faire rencontrer, d'un point de vue stylistique, le bas et le haut, le populaire et l'élitiste, ce qui correspond bien à la philosophie prônée par *Mainmise*, qui accordait au rock autant d'importance, sur le plan culturel, qu'à tout autre type de musique "savante".

5) Le *téléscopage spatio-temporel* dans *Le piano-trompette*.

À cela pourrait s'ajouter, sur le plan thématique, une mise en scène de la sexualité assez déroutante au regard des paramètres habituels, surtout dans *Le piano-trompette* où la plupart des personnages sont bisexuels. Dans toute l'œuvre de Basile, on voit alterner des scènes homosexuelles et hétérosexuelles, de telle sorte qu'il devient difficile de le classer dans une catégorie. Il s'agit véritablement d'une sexualité polymorphe.

Dans ce qui précède, j'ai insisté sur la dimension du *don*, c'est-à-dire sur les différentes manières dont Basile a intégré dans son écriture son expérience française et ses origines russes, pour ainsi les offrir au lecteur québécois[1]. J'ai évoqué également

---

[1]   Le lecteur virtuel de Basile, sauf pour ses premiers romans publiés également en France, est québécois. Les livres des éditeurs québécois des années soixante jusqu'aux années quatre-vingt, en effet, n'étaient pas distribués en France.

d'autres types d'identifications, entre autre à Pasolini. En parlant de "Mainmise", il a aussi été question de l'influence américaine. La biographie de Basile montre bien en outre à quel point il a fait sa place dans les institutions québécoises. Quelques mots s'imposent donc à ce stade-ci pour rendre compte de la dimension *accueil*, que l'on pourrait tout aussi bien appeler *appropriation*.

Peu d'écrivain immigré a autant intégré, exploré, ingéré la culture québécoise, que ne l'a fait Jean Basile. Bien sûr, la question linguistique ne posait pas vraiment un problème, malgré les petits incidents dus à l'accent. L'appropriation de Basile a touché le *territoire* et l'*histoire*. Du côté du territoire, c'est l'appropriation de la topographie montréalaise qui ressort avec le plus d'évidence, à un point tel que Basile a déjà été considéré comme le "romancier de Montréal". Certains passages de ses romans sont dignes d'une anthologie; c'est d'ailleurs le destin qu'ils connurent puisqu'on les retrouve dans deux grands choix de textes sur Montréal publiés au début des années quatre-vingt-dix (Larue M. et Chassay J. F. 1989; Fredette N. 1992)[2]. Parlant des raisons qui l'avaient conduit à donner autant de place à Montréal dans ses textes romanesques, Basile fait bien ressortir la dialectique entre le don et l'accueil dont son œuvre offre le témoignage:

> À cette époque, on considérait que Montréal n'avait rien d'intéressant, que c'était une ville ennuyeuse et morne.
> Moi, j'avais tout de suite adoré Montréal, alors Montréal devint mon "lieu". Ce fut une déclaration d'amour en quelque sorte. Et j'écrivis *La Jument des Mongols*. J'étais tellement fier de Montréal que, lors de la publication de ce roman chez Grasset, j'insistai pour que l'on écrive sur la couverture que j'étais né à Montréal, ce qui n'était pas vrai. Pourtant, ce ne fut pas un mensonge non plus puisque c'est à Montréal que je suis né romancier (Martin R. 1989, 20).

Ainsi, la reconnaissance par Basile de ce que le pays adopté a pu apporter à sa vie s'accompagne d'une volonté déclarée de le mettre en valeur et d'amener ses ha-

---

[2] Pour qu'on se fasse une idée du ton employé pour décrire Montréal, j'ai sélectionné cet extrait parmi d'autres du même genre: "Je me dis dans mon berceau de mousseline que Montréal est un terrain de chasse comme un autre, que je pourrais bien y installer mon Safari de la rue Saint-Jacques au boulevard Métropolitain et voyant ceci comme dans un kaléidoscope, tournant l'appareil optique d'un centième de tour, tout changeant, puis, examinant avec une attention plus grande les modestes ou les grandes variations, voir par exemple la Place Ville-Marie sur la gare Windsor ou au contraire le Reine Elizabeth et le CIL de quelques milles distants et des bâtiments comme des visages et des gestes, tout se mêlant dans un grand mouvement, ou bien commençant par le détail, pour imiter le peintre de fresques fétichiste des pieds et finissant celui du cent troisième personnage étant bien obligé de dessiner le reste [...]" (Basile J. 1967, 40). En maints passages de ce livre, arpenter Montréal acquiert pour le narrateur valeur de symbole pour son acte d'écriture en cours.

bitants à le considérer d'une autre manière, ce dont témoigne également l'inscription, en exergue au *Grand Khan*, du seul passage de l'œuvre de Proust où il est question des Canadiens français: "Quelques-uns réclamaient surtout des Canadiens, subissant peut-être à leur insu le charme d'un accent si léger qu'on ne sait pas si c'est celui de la vieille France ou de l'Angleterre". Mais ce qui était pour Basile un clin d'œil complice n'eut pas l'heur de plaire aux lecteurs québécois, qui n'apprécièrent pas que le soldat canadien, déjà dégradé au rang de "chair à canon", fut également évoqué en tant que "chair à plaisir" des pédérastes parisiens (voir Basile I. 1992).

Ailleurs, l'appropriation passe par la citation d'écrivains québécois comme Ducharme et Aquin. De fait, "naître à Montréal comme romancier" ne doit pas être pris qu'au pied de la lettre mais bien en un sens institutionnel: Basile est un écrivain québécois dans la mesure où son œuvre s'est taillée une place au sein de l'univers culturel québécois, publiée par des éditeurs québécois et commentée par les journaux québécois. Citer Aquin et Ducharme, c'est aussi s'inscrire dans une démarche, revendiquer une filiation, à tout le moins une parenté. Les références littéraires de Basile ne se limitent certes pas au corpus québécois, pas plus que celles de Ducharme ou d'Aquin, mais leur inscription dans le corps du texte est une manière de signaler une complicité. C'est toutefois dans *Joli tambour* (1966) que l'appropriation historique se manifeste avec le plus d'évidence. Il s'agit d'une pièce de théâtre inspirée d'un livre de Raymond Boyer, *Crimes et châtiments au Canada français du 17e au 20e siècles*. La pièce met en scène un jeune homme qui, condamné assez injustement, se voit offrir, pour racheter sa faute au lieu de monter sur l'échafaud, d'officier dans le rôle peu convoité de bourreau. La préface du livre ne laisse aucun doute sur la volonté de l'auteur d'engager avec le Québec un dialogue complice. On y retrouve également la même dialectique qui avait guidé Basile à propos de Montréal: d'une part, l'histoire du Québec lui fournit la matière première de son œuvre, d'autre part, il se propose d'une certaine manière, grâce au regard neuf qui est le sien, de révéler aux Québécois des aspects de leur propre histoire qui leur avaient échappé:

> Ce livre [l'ouvrage de Boyer] m'a révélé d'une façon péremptoire que l'histoire du Québec recèle des trésors propres à la littérature et que l'on n'a pas assez exploités. Plus particulièrement, le peuple québécois, trop souvent figé dans une attitude conventionnelle, jaillit, à la lecture de ce livre, hors de son cadre étroit et éclate d'un dynamisme, d'une joie de vivre, d'autant plus curieux que Raymond Boyer ne nous y entretient que de délinquants, de juges, de gardiens. [...]
> J'y ai trouvé, surtout, une jointure possible qui me permettait de réaliser un vieux rêve. À savoir d'écrire une pièce de théâtre dont le matériel serait purement québécois sans condescendre au folklore, qu'il soit ancien ou moderne (*Joli tambour*, 9-10).

Le propos, on le voit, conjugue la reconnaissance (le fait de *nommer* l'être de l'autre, d'en découvrir la valeur) et la provocation (l'amener à se voir autrement, transformer le rôle qu'il s'est donné dans le récit de son histoire). L'"attitude conventionnelle" des Québécois, la condescendance dans le folklore, sont le fait d'une démarche historique qui avait dominé jusqu'alors, celle d'un abbé Groulx par exemple, qui avait cherché à gommer la composante "délinquante" de l'esprit québécois pour ne magnifier que son héroïsme et sa "noblesse".

En réalité, le dialogue que Basile a tenté d'instaurer avec le lectorat québécois s'est soldé en grande partie par un échec. Surdité de ce lectorat ou impuissance de l'œuvre à le conquérir? Je ne saurais en décider. Pour Basile, la déception fut amère et il l'interpréta comme un refus des Québécois de se laisser transformer par le regard de l'autre. L'enthousiasme démontré initialement par l'écrivain à prendre part à l'aventure québécoise cèdera la place à une désidentification. Il en résultera *Le piano-trompette*, roman qui présente un Montréal ravagé par un cataclysme et dans lequel les Québécois, parqués dans un Faubourg à M'lasse de misère, sont dénommés "les Costauds" et font figure d'ignorants analphabètes. Le héros, quant à lui (M. Barnabé) fait partie du "clan" des Métèques. On comprend alors pourquoi ce roman a pu plaire à des critiques hostiles à la dimension "identitaire" du nationalisme québécois et promoteurs d'un "cosmopolitisme" fondé sur le métissage et l'esprit migrant (Harel S. 1989, 209-244).

L'imaginaire migrant (conclusion)

Que conclure de ce parcours? J'ai parlé plus haut de "singularité". Il faut en effet remarquer que le métissage poussé très loin dans l'œuvre de Basile ne dérive pas de mots d'ordre idéologiques et n'est en fait accompagné d'aucun discours justificateur (comme c'est le cas, pour donner un exemple assez clair, chez Régine Robin). Le piège du multi ou trans-culturalisme, en effet, serait, tout en prétendant combattre un credo, de chercher à en imposer un autre beaucoup plus pernicieux. La posture de Basile est à la fois plus déterminée et plus ingénue: elle consiste à mettre de l'avant la spécificité de son histoire personnelle, à se créer une personnalité à travers les expériences, les lectures, les influences, pour faire de la vie un acte créatif qui se renouvelle sans cesse. Ce mouvement, Basile l'effectue aussi bien sur le plan sexuel que politique ou culturel. Son homosexualité, par exemple, emprunte la voie de la transgression à la manière d'un Genet, d'un Gombrowicz ou d'un Pasolini. D'où certaines prises de position contre les mouvement gays qui veulent normaliser cette pratique, en faire un clone de la relation hétérosexuelle traditionnelle (voir Basile J. 1983b, 11-18).

Le *migratoire* chez Basile n'est pas la figure d'un déracinement mais bien la figure d'une liberté sans cesse rejouée. Il n'est pas refus d'occuper un lieu ou de revendiquer une origine, mais affirmation d'une volonté de s'inventer, en rompant s'il le faut avec une identité passée. Basile a choisi le Québec et la langue française comme lieux d'accomplissement d'un projet visant à y inscrire de l'Autre. Il ne joue pas l'Autre contre l'identité québécoise mais il les met en contact. Il a cherché à être lui-même, dans son corps et dans sa voix, le lieu de ce contact, ce qui rend son œuvre irrécupérable, justement parce que singulière.

Ce projet a-t-il réussi? Oui et non. La réussite d'une œuvre littéraire tient à la fois à ses qualités intrinsèques et à la disposition des lecteurs à en percevoir la valeur. Marquée par une forme d'inachèvement, parfois brouillonne, faisant alterner les tours de force stylistiques et une certaine lourdeur narrative, l'écriture de Basile n'a pas vraiment réussi à s'imposer. Pourtant, ses qualités sont nombreuses, son audace et sa richesse, indéniables. Quoique son jugement ait pu être en partie dicté par l'amitié qu'il portait à Basile, Jean-Éthier Blais le présente comme un romancier dont l'influence est attestée: "[...] dans le cas de Jean Basile, l'action directe sur le milieu montréalais a connu un immense retentissement. Jean Basile s'est volontiers fait le propagandiste des idées les plus avancées de la nouvelle génération d'hommes qui apprennent à penser. A-t-il cru à la naissance d'une civilisation, fait d'acide et de liberté? J'en doute fort, ne serait-ce que parce que ses œuvres démontrent qu'il est l'homme de mouvements multiformes. Il y a chez ses personnages une ironie sous-jacente et un désenchantement qui lui interdisent de sombrer dans la foi totale en quoi que ce soit" (Éthier-Blais J. 1979, 22). Rétrospectivement, on observe que la reconnaissance accordée à Basile a reposé sur des considérations plutôt thématico-idéologiques que formelles et stylistiques: représentation poussée de l'univers urbain et du milieu "contre-culturel", parti pris pour le météquat et le métissage culturel, etc.

La participation à des "mouvements multiformes" est peut-être ce qui a nui le plus à la postérité littéraire de Basile. Il était difficile pour un lectorat soumis à une représentation assez rigide de l'écrivain de bien comprendre la démarche d'une personnalité mouvante comme celle de Basile, qui intercalait entre des œuvres littéraires aux ambitions, on peut le dire, assez élevées, des ouvrages sur le taoïsme, sur la cocaïne, sur le sexe ou sur le tarot des amoureux. Il était d'autant plus difficile de le cerner qu'il pratiquait volontiers l'auto-ironie, inquiet au point de remettre constamment en question ses engouements, ses fixations. Comme il l'avouait avec amertume à Raymond Martin, il était aux yeux de tous un journaliste, un militant de la contre-culture, mais rarement un écrivain à part entière: "Quand on me voit, on dit toujours: "Ah! "Le Devoir..." ou "Ah! Mainmise...", ou maintenant "Ah! *La Presse*". On ne dit jamais: "Ah! *Le Piano-trompette*" ou "Ah! *Les Mongols...*" C'est vexant!" (Martin R. 1989, 19). De même, ils sont peu nombreux à savoir que les paroles de l'une des pièces les plus fameuses du groupe de rock québécois Offenbach, "Promenade sur Mars", ont été tirées du recueil de Basile, *Journal poétique*. Ce poème se termine sur des mots qui synthétisent d'ailleurs avec justesse un leitmotiv de son œuvre, le caractère fuyant de la beauté et de la vérité sur soi, l'état d'exil par rapport à ce que l'être porte en lui de plus cher. L'énonciateur de ce poème "espionne de la fenêtre" la "promeneuse avec son chien" et conclut qu'elle se meut dans un autre univers que le sien, "où l'homme que je suis// quoi qu'il en pense n'a pas accès// ni de près// ni de loin" (Basile J. 1965, 89). Voilà qui résume également le rapport de Basile, jusqu'à ce jour, à la célébrité littéraire.

Bibliographie

ALLÈGRE, Christian, "Correspondance personnelle avec Dominique Garand", avril 1998.

BASILE, Jean, *Lorenzo*, Montréal, Éd. du Jour, 1963, 120p.

BASILE, Jean, *La Jument des Mongols*, Montréal, L'Hexagone, [1964] 1988 (Typo), 26, 224p.

BASILE, Jean, *Journal poétique (1964-1965)*, Montréal, Éd. du Jour, 1965, 95p.

BASILE, Jean, *La Jument des Mongols*, Paris, Grasset, 1966a, 224p.

BASILE, Jean, *Joli tambour. Pièce en dix-neuf tableaux*, Montréal, Éd. du Jour, 1966b (Théâtre), 168p.

BASILE, Jean, *Le grand Khan*, s. l., Les éditions Estérel, 1967, 288p.

BASILE, Jean, *Les voyages d'Irkoutsk*, Montréal, HMH, 1970, 176p.

BASILE, Jean, *Le piano-trompette*, Montréal, VLB, 1983a, 408p.

BASILE, Jean, *Iconostase pour Pier Paolo Pasolini. Discours poétique sur les gays, le féminisme et les nouveaux mâles*, Montréal, VLB, 1983b, 116p.

BASILE, Jean, *Adieu... je pars pour Viazma! Tragi-farce, d'après des récits de Tchékhov*, Montréal, L'Hexagone, 1987 (Théâtre), 156p.

BASILE, Jean, *Keepsake I*, Montréal, VLB, 1992.

BOYER, Raymond, *Les crimes et les châtiments au Canada français du XVIIe au XXe siècle*, Montréal, Le Cercle du livre de France, 1966, 542p.

ÉTHIER-BLAIS, Jean, *Les Carnets de Jean Éthier-Blais*, Montréal, "Le Devoir", 24 février 1979, p. 22.

FREDETTE, Nathalie (éd.), *Montréal en prose: 1892-1992*, Montréal, L'Hexagone, 1992, 507p.

HAREL, Simon, *Le voleur de parcours. Identité et cosmopolitisme dans la littérature québécoise contemporaine*, Longueuil, Le Préambule, 1989 (Collection l'Univers des discours), 320p.

LARUE, Monique, CHASSAY, Jean-François, *Promenades littéraires dans Montréal*, Montréal, Éditions Québec/Amérique, 1989, 276p.

MARTIN, Raymond, *Interview de Jean Basile*, "Mœbius" (*La solitude*), 39, Hiver 1989, p. 5-27.

Palimpsestes, métissages, frôlements
Textes immigrants et littérature québécoise

Alessandra Ferraro

En 1989 dans son essai *Le roman mémoriel* Régine Robin se demandait quelle serait dans dix ans le contenu du concept de *littérature québécoise*. Elle poursuivait en écrivant:

> Imaginons, en effet, que l'institution littéraire (assez fermée) accepte de publier une quinzaine d'écrivains francophones mais pas québécois au sens ethnique du terme. Imaginons la situation où, au milieu de la production québécoise ambiante, il y ait sur le marché les textes de:
>> Un ou deux Haïtiens
>> Un ou deux Français
>> Un Belge
>> Un Suisse
>> Un juif marocain
>> Un Libanais
>> Deux Vietnamiens
>> Un Italo-québécois francophone
>> Un ou deux Latino-américains francophones.
> Imaginons, un instant que ce phénomène devienne massif, à Montréal, où, à petite échelle, il a déjà commencé. On ne peut pas savoir à l'avance ce que ce phénomène donnerait mais à coup sûr, des thématiques autres, des formes autres, des transformations linguistiques, lexicales, parfois même syntaxiques, une hybridité culturelle affirmée, de nouveaux conflits, de nouveaux problèmes y compris de nouveaux types d'écritures, la formation peut-être d'un nouvel imaginaire social (Robin R. 1989a, 178-179).

Or, avec quelques ajustements pour ce qui concerne les pourcentages et les régions d'origine des nouveaux écrivains, la prévision de Régine Robin s'est accomplie. La question se pose alors de redéfinir aujourd'hui la notion de *littérature québécoise*. En effet on assiste de plus en plus à la publication d'oeuvres d'écrivains issus de pays éloignés du Québec par langue, culture, histoire. Des revues telles que "Vice Versa", "Dérives", "La parole métèque" et "Ruptures" ont eu et parfois continuent d'avoir un rôle stimulateur dans la définition du débat sur la transculture et des maisons d'éditions telles que Guernica, Nouvelle Optique et VLB, ont contri-

141

bué à la diffusion de nouveaux auteurs *ethniques*. Des termes tels que "pluralisme" (Beaudoin R. 1991, 84), "québécité plurielle" (Resch Y. 1994, 235-241), "hétérogénéité" (L'Hérault P. 1991, 53), "atopie et hétérophonie" (Kwaterko J. 1995, 53-54) et "multiculturalisme" reviennent constamment dans la présentation de la littérature québécoise des dernières années.

La récurrence de termes qui soulignent tous la notion d'altérité renvoie à la conception d'une culture ouverte aux apports autres. À celle-ci s'oppose la vision d'une civilisation québécoise monologique véhiculant des valeurs endogames.

Les échos de la querelle entre les défenseurs d'une littérature autochtone et les tenants d'une hybridation nous parviennent par bribes, d'une façon dispersée, car elle a lieu dans les revues culturelles, dans les maisons d'édition, dans les conférences, dans les rencontres d'écrivains et dans les jurys des prix (Robin R. 1989b).

Grâce à la publication d'une de ces conférences, nous apprenons par la plume de Monique LaRue qu'il y a des intellectuels au Québec qui devant "une génération toute récente d'écrivains immigrants <qui> écrit des oeuvres qui n'ont rien à voir avec ce qu'on a toujours appelé la littérature québécoise, des oeuvres qui ne s'inscrivent d'aucune manière dans son histoire, dans la logique de son développement <ont l'impression> qu'une menace pèserait [...] sur l'identité d'une littérature québécoise distincte" (LaRue M. 1996, 8-10).

La romancière dénonce point par point ces craintes et invite à imaginer une littérature québécoise qui "se délest<er>ait, sans la nier pour autant, de son identité ethnique <et qui> dev<iendrait> vraiment un monde, un lieu d'où surgissent tous les points de vue et où s'exprime la diversité en français en Amérique, <qui> serv<irait> de tremplin à des écrivains comme Sergio Kokis, Ying Chen ou David Homel!" (*ibidem*, 28).

La phase vécue actuellement par la culture québécoise et que Monique LaRue décrit d'une manière efficace de l'intérieur peut mieux être comprise si l'on adopte un point de vue extérieur et une perspective plus ample et si l'on compare la tension à laquelle est soumis le champ littéraire québécois à d'autres phénomènes d'époques antérieures.

L'interaction entre cultures différentes qui est d'ailleurs en train de se vérifier au sein de plusieurs littératures nationales en langues "majeures" se base sur le mécanisme d'intégration d'éléments nouveaux qui modifient à leur tour aussi bien la culture d'origine que la culture d'accueil[1].

---

[1] L'analyse appliquée par Lotman(1992) aux grands courants européens (Renaissance, Classicisme, Baroque, Lumières) aide à interpréter la situation actuelle. En réaffirmant la conviction qu'un organi-

Ce qui est nouveau par rapport aux grands mouvements du passé c'est que les textes immigrants d'aujourd'hui ne sont pas des classiques appartenant à d'autres traditions: ils sont en effet produits dans les marges de ces mêmes aires culturelles et se situent en porte-à-faux entre deux ou plusieurs cultures[2]. Devant ces textes, considérés au début comme *autres*, étrangers à son propre domaine, la culture nationale peut avoir des attitudes opposées: d'un côté elle peut les rejeter en raison de leurs caractéristiques allogènes (c'est l'attitude de l'intellectuel cité par Monique La Rue); de l'autre elle peut essayer d'entreprendre un dialogue, de projeter l'image de l'autre dans ses propres textes, de mettre en mouvement des mécanismes de traductions des nouvelles traditions culturelles. Ce dialogue à son tour va modifier le texte immigrant qui se présenterait alors "comme une construction polyglotte susceptible d'une série d'interprétations au point de vue de langages différents, intérieurement conflictuelle et en mesure de révéler dans un nouveau contexte des significations complètement nouvelles" (Lotman I. 1992, 128-129; c'est nous qui traduisons).

Les mécanismes dialogiques mis en lumière par Lotman ne sont pas seulement à la base des macroorganismes culturels; ils sont déterminants aussi dans les textes artistiques en tant que microorganismes générateurs de signification. Au niveau textuel nous croyons pouvoir identifier les opérateurs de l'interaction culturelle dans deux catégories principalement: l'interdiscursivité et l'intertextualité. Il s'agit de catégories dont les frontières sont perméables, qui peuvent être présentes en même temps ou séparément et qui forment un chassé-croisé à l'intérieur duquel se déplacent les textes. À travers l'analyse des stratégies dialogiques liées aux phénomènes interdiscursifs et intertextuels nous nous proposons d'analyser le type de relations qu'il existe entre texte littéraire immigrant et texte littéraire québécois et son fonctionnement.

Notre corpus sera formé par une vingtaine de romans, récits, poèmes et pièces théâtrales qui ont le plus marqué la scène littéraire québécoise dans les vingt dernières années, et que nous avons choisis aussi bien parmi des textes québécois que parmi des textes immigrants.

---

sme culturel s'atrophie dans l'isolement et en l'absence d'un partenaire, il constate qu'un texte étranger entrant en contact avec une culture cohérente met en branle un mécanisme dynamique qui agit en modifiant les deux agents du dialogue. Tout comme un organisme vivant – et Lotman ne cache pas que ses recheches ont été inspirées par la biologie –, le corps culturel intègre dans son tissu les nouveaux textes en les tranformant et en se modifiant à son tour.

[2] Il s'agit de textes appartenant à des littératures doublement "mineures" au sens employé par Deleuze et Guattari (1975), des textes qu'une minorité écrit dans une langue majeure. Car si la langue d'écriture, le lieu et la maison d'édition sont souvent les mêmes que ceux de la culture hôte, leurs codes sont différents.

Nous commencerons par l'examen du phénomène le plus répandu dans notre corpus: *l'interdiscursivité*. Nous entendons par là les relations que chaque texte entretient avec les discours enregistrés dans la culture de référence (Segre C. 1982).

Nous passerons ensuite à considérer *l'intertextualité*, mécanisme se définissant par une relation de coprésence entre deux ou plusieurs textes littéraires, l'un dans l'autre (Genette G. 1982, 8). À l'intérieur de cette catégorie une place à part sera consacrée à *l'hypertextualité*, la relation unissant un texte à un texte antérieur sur lequel il se greffe, relation qui, selon Genette, serait le type véritable du palimpseste (*ibidem*, 11-12).

Si le recours à l'intertextualité peut reléver d'une esthétique où le dialogisme joue un rôle marginal, l'adoption des procédés hypertextuels présuppose un choix qui considère l'interaction comme *la* stratégie dominante.

L'interdiscursivité

À partir des années 80, en parallèle à l'avènement d'une littérature urbaine et montréalaise, on assiste à une floraison de textes traversés par une multiplicité de langues (hétéroglossie), de discours (hétérologie) et de voix différentes (hétérophonie)[3].

Il me semble que le premier numéro de "Vice Versa" pourrait être considéré avec le recul comme le jalon marquant le début d'une nouvelle phase de la littérature québécoise. En effet la naissance de "Vice Versa" en 1983 est emblématique: le choix de publier une revue en trois langues (français, anglais, italien), tout en ayant le mérite de déplacer et dédramatiser la tension anglais-français qui a toujours parcouru la société québécoise, vise à introduire la communauté italienne en tant que partenaire actif dans la culture du Québec. Comme le déclarait l'année dernière Lamberto Tassinari: "L'italiano è come terzo polo, come lingua che rompe la dualità in Canada e rappresenta tutte le altre lingue e identità, escluse dalla comunicazione ufficiale.[...] L'italiano è una provocazione per dire che il modo migliore per raggiungere gli altri è di farlo attraverso la lingua".[4]

Il ne s'agit plus seulement pour les auteurs de mettre en scène un "conflit de co-

---

3 Pour l'explication de ces concepts on renvoie à l'étude de Bakhtine *Stylistique contemporaine et roman* [*Slovo v romane* 1934-35], in *Esthétique et théorie du roman* (1978). Nous utilisons cependant la traduction donnée par Todorov des termes *raznorecie* (hétérologie), *raznojazycie* (hétéroglossie) et *raznogolosie* (hétérophonie) (Todorov T. 1981, 88-89).

4 Entrevue accordée par Lamberto Tassinari à Chiara Canzutti, étudiante d'Udine qui fait son mémoire de maîtrise sur "Vice Versa" (été 1997).

des" qui renvoie aux tensions sociales comme le faisaient par exemple les textes de Bessette ou de Tremblay (Belleau A. 1986, 149-217), mais de représenter un véritable spectacle des langues, des dialectes, des idiolectes, de positions idéologiques représentant des gens d'origine différente présentes dans l'espace québécois ouvert de plus en plus à l'autre.

L'hétéroglossie

Pendant les années 80 plusieurs textes font état de la nouvelle situation culturelle en reproduisant à leur intérieur *l'interaction linguistique*.

C'est aussi à cause de l'existence au Québec d'un contexte linguistique tout à fait particulier[5] que la problématique de la langue occupe une place importante dans le texte littéraire et revèle par là l'existence d'une conscience linguistique aiguë chez les auteurs.

Au moins quatre oeuvres renvoient explicitement aux problèmes de langue et font état de cette conscience linguistique: le mot *Babel* est le titre d'un poème d'Antonio D'Alfonso où le poète s'interroge sur son identité en porte-à-faux sur quatre univers culturels:

> Nativo di Montréal
> élevé comme Québécois
> forced to learn the tongue of power
> vivì en México como alternativa (D'Alfonso A. 1984, 201).

Babel est également le titre d'une pièce de Micone écrite en quatre langues si l'on compte le dialecte de la Molise parlé par les parents; on retrouve le mot *Babel* aussi dans le récit de Monique Bosco *Babel opéra*, où, devant l'arrivée de nouveaux immigrants au Canada est évoquée la possibilité "d'édifier une Babel enfin fraternelle où chacun aura enfin le droit de vivre selon les lois de son coeur, toutes origines confondues" (Bosco M. 1989, 93). Ce nom est présent aussi dans le premier titre du roman de Francine Noël *Babel prise deux* où le personnage principal, une ortophoniste, est aux prises au quotidien avec les troubles de langage dont sont affectés quelques patients québécois.

Le titre du roman de Régine Robin *La Québécoite*, révèle également la grande at-

---

[5] Il me semble nécessaire de souligner que, à la différence d'autres situations post-coloniales ou de frontière, au Québec le choix d'écrire en français pour un immigrant ne va pas de soi et demande une décision préalable de s'insérer au sein de la société québécoise.

tention de cet auteur envers les problèmes linguistiques: en ayant recours à ce mot-valise qui amalgame à *québécois* la notion de silence (en utilisant l'adjectif *coite*), ce silence auquel seraient voués les immigrants – parmi lequels on compte l'héroïne –, Robin souligne que l'identité québécoise est habitée et transformée par la parole immigrante tout comme *québécoise* se mue en *québécoite*: "Pas de lieu, pas d'ordre./ Mémoire divisée à la jointure des mots/ Les couches muettes du langage brisées/ La parole immigrante en suspens entre / deux HISTOIRES" (Robin R. 1993, 152).

Le théâtre et le cinéma en particulier ont exploité le plurilinguisme de plusieurs façons car, là où le texte écrit dans une langue étrangère est opaque, la récitation lui rend – grâce au recours à la gestualité et à l'icônicité – sa trasparence. En outre le caractère éminemment dialogique de ces formes artistiques permet de représenter d'une façon plus efficace les tensions idéologiques et culturelles qui dominent cette production littéraire. C'est parce qu'ils se servent aussi de codes extratextuels qu'un film comme *La Sarrasine*, dont le scénario est en dialecte sicilien et en parler vernaculaire, a été accepté par le public québécois et qu'on a pu représenter *Le Cerf-volant* de Pan Bouyoucas où la mère parle grec (Kurtösi K. 1995).

Non seulement le texte migrant a eu accès à la scène et au plateau, mais aussi le texte québécois est habité par la parole de l'autre, par des langues étrangères comme dans *Ne blâmez jamais les bédouins* de Dubois et *La trilogie des dragons* de Robert Lepage. Dans le texte de René-Daniel Dubois par exemple, les personnages de l'Italienne Michaela, de Weulf, dont l'origine germanique perce dans le français écorché qu'il parle et du Québécois Flip incarnent "trois civilisations se fondant par trois êtres de nationalités différentes parlant chacun une langue où il ne leur reste de place que pour l'accent, c'est-à-dire que pour exprimer leurs étrangetés que désormais ils refusent" (Lelièvre J.-M. 1984, 18).

Même si la conscience linguistique de ces auteurs et l'acception de la notion de *babélisme* sont différentes, la problématique de la langue en tant que lieu de la diversité s'avère fondamentale dans leurs oeuvres. Il s'agit dans chaque cas de définir sa propre identité dans un univers traversé de plus en plus par une différence linguistique renvoyant à une altérité culturelle.

L'hétérophonie et l'hétérologie

Si les exemples qu'on vient de citer posent d'une façon problématique la question de la langue en soulignant soit le deuil de la langue et de la culture maternelle de la part des immigrants soit une conflictualité linguistique qui cache des tensions plus profondes, il y a des auteurs qui affrontent cette question d'une façon ironique teintée de satire, comme par exemple Dany Laferrière ou Flora Balzano.

Dany Laferrière exerce une action de corrosion sur les stéréotypes et sur les lieux communs concernant les rapports raciaux. Dans son premier roman les clichés sur les races sont présentés sur un ton mi-ludique mi-satirique à travers le récit des relation sexuelles entre des Blanches anglophones de la bonne bourgeoisie montréalaise et des intellectuels haïtiens sans le sous; d'ailleurs le titre à lui-seul – *Comment faire l'amour avec un Noir sans se fatiguer* – indique que l'auteur utilise des stratégies parodiques.

Dans *Soigne ta chute* de Balzano, l'écriture est dominée par la diversité des langages enregistrés en milieu urbain, tous régis par l'oralité; la narratrice, une actrice, n'arrive pas à décrocher un rôle car elle a un accent français et imagine un dialogue avec le metteur en scène qui lui a réfusé sa part: "Ah puteu borgneu, je le mord ou je le moreu pas? Je suis pas uneu chienneu je suis pas. Ni une p'tite Française. Je suis née d'un père moitié italien moitié espagnol et d'une mère moitié polonaise moitié corse, en Algérie pendant la guerre. [...] J'ai immigré au pays des géants, je le sais bien, pas besoin de tourner et retourner la toise dans la plaie. Est-ce que je me promène, moi, avec mon mètre à mesurer, *t'es t'un grand Canadien, toé*!?" (Balzano F. 1992, 35).

Le caractère exemplaire de la situation, la charge dans l'évocation de ses origines métisses, le jeu de mots entre "petite Française" et "grand Canadien" et les effets typographiques, montrent que la voix du narrateur pénètre dans la parole du metteur en scène et s'empare de son discours pour le tourner au ridicule.
Il nous semble que dans ces cas l'hétérophonie renvoie à une représentation stéréotypée et superficielle de la diversité et que l'altérité s'épuise dans un jeu ludique où les cultures ne font que se frôler.

Il en va différemment dans quelques romans québécois où le discours de l'immigration est assumé à travers la représentation de l'autre en tant que personnage principal. Il ne s'agit pas tellement de mettre en scène la diversité culturelle en ayant recours à une interpénétration de langues ou de voix différentes; dans *L'hiver de Mira Christophe*, dans *Une histoire américaine* de Godbout, ou encore dans *Le Souffle de l'Harmattan* de Sylvain Trudel par exemple l'infirmière haïtienne Mira, l'Éthiopienne Térounech et Habéké, le jeune africain ami du narrateur, sont porteurs de valeurs et de problématiques authentiques.

Godbout, l'un des auteurs le plus sensibles aux changements sociaux, dans son dernier roman *Le temps de Galarneau* représente une société québécoise de plus en plus métissée et semble suggérer que cette *invasion tranquille* de gens venus d'horizons divers a métamorphosé la façon de penser de la part des Québécois. Le héros du roman – le même Galarneau du roman paru en 1967 – ne cherche plus à affirmer son identité québécoise; il a épousé dans un mariage blanc une Cambodgienne survécue aux persécutions de Pol Pot et l'accueille dans son appartement montréalais ainsi que ses trois enfants et son fiancé hongrois. Lui, il décide de quitter le Québec pour tenter l'aventure interplanétaire: "Nous serons les premiers Québécois, depuis Jacques Cartier, à entreprendre un vrai voyage, je veux dire à mettre le cap sur une terre inconnue. Celle où nous sommes nés, il faut bien l'avouer, ne nous appartient déjà plus. Stie" (Godbout J. 1993, 186). Avant de partir il confie à sa nouvelle famille le soin de s'occuper du Québec; il écrit à Paulo, son ami et le frère de Catherine: "Adieu Paulo! [...] Je te laisse la responsabilité de la famille, de l'économie, de la société. Nous avons fait la révolution tranquille, à vous la transformation du même nom" (*ibidem*, 180).

Dans la différence de positions idéologiques et esthétiques on peut remarquer que le recours à l'interdiscursivité est toujours dicté par un acte conscient de la part des auteurs qui, à travers la mise en acte de stratégies différentes, expriment l'hétérogénéité des voix dont est composée la société québécoise et traduisent l'hybridation croissante de l'espace social.

L'intertextualité

La deuxième catégorie de procédés exprimant une relation dialogique entre textes est l'intertextualité. Le véritable dialogue entre cultures est à l'oeuvre quand au niveau littéraire on convoque des textes, on cite des passages, on fait allusion à d'autres oeuvres d'autres cultures. L'intertextualité devient ainsi l'un des principaux opérateurs du métissage. L'intertextualité étant un phénomène constitutif de la littérature, nous nous bornerons à cerner quelques occurrences significatives dans le contexte de la littérature québécoise des vingt dernières années. On n'envisagera que des situations où le repérage de l'intertexte ne demande pas d'efforts d'interprétation excessifs de la part du lecteur.

Il est évident que la culture d'accueil exerce une force d'attraction forte par rapport aux textes immigrants qui se caractérisent par leur indéfinition car ils se trouvent dans un entre-deux entre plusieurs langues et cultures. Les exemples de la présence d'un intertexte québécois au sein du texte migrant sont nombreux. Nous en citerons trois qui nous paraissent exemplaires de différents degrés d'intertextualité, allant d'un degré de dialogisme faible à une relation d'interaction constitutive du texte.

L'écrivain *nègre* du roman de Laferrière est en train de lire les auteurs maudits de la littérature québécoise, Nelligan et Aquin; Marco Micone récrit le poème-manifeste *Speak White* de Michèle Lalonde; le personnage d'Aurora dans *Une femme à la fenêtre* de Zagolin partage des traits en commun avec Maria Chapdelaine.

Si les citations de Laferrière de l'intertexte québécois fonctionnent comme une sorte de clin d'oeil au lecteur québécois et peuvent être mises sur le compte d'une *captatio benevolentiae* et ne témoignent que d'un frôlement de deux univers culturels, il en va différemment pour les autres auteurs. Zagolin, avec son roman "qui se voulait au départ la chronique d'un double déracinement, l'un migratoire, l'autre existentiel, <s'est> insérée spontanément dans une thématique essentiellement québécoise" (Zagolin B. dans ces actes) en donnant un exemple de métissage littéraire auquel d'ailleurs se rapprochent d'autres textes de l'exil (Lequin L., Verthuy M. 1996, 1-12). C'est là à notre avis, quand deux imaginaires appartenant à deux cultures différentes fusionnent spontanément dans un texte qu'un métissage culturel authentique s'opère.

Cependant pour un grand nombre d'auteurs néo-québécois l'intégration à la culture d'accueil est encore en train de se faire, comme le témoignent les oeuvres de Marco Micone. Le poème *Speak What* de l'auteur d'origine italienne montre dès le pastiche du titre que le dialogue avec les poètes québécois est encore en cours dans le but de créer un Pays qui pourrait être habité par tous, les immigrants et les Québécois.

La récriture de *Speak White* de Michèle Lalonde de la part de Micone correspond à un véritable palimpseste. Si en effet Micone reprend strophe par strophe les principales thématiques abordées dans le poème des années Soixante, la visée est changée puisque le message polémique passe au deuxième plan. *Speak White* était le cri de révolte d'un peuple colonisé qui voulait devenir maître chez lui, tandis que *Speak What* est un appel de détresse de la part des gens du silence qui veulent eux-aussi habiter le Québec. Dans le poème de Micone le partenaire du dialogue change; les Québécois ne sont plus le peuple exploité chanté par Lalonde, mais les détenteurs de la langue et du pouvoir:

> comment parlez-vous
> dans vos salons huppés

vous souvenez-vous du vacarme des usines
and of the voice des contremaîtres
You sound like them more and more

speak what now
que personne ne vous comprend (Micone M. 1992, 85).

À eux s'adressent des centaines de gens venus de loin depuis des Pays où la guerre et la pauvreté dominent et à qui la parole fait défaut. Cependant l'appel de Micone n'est pas seulement polémique car il vise à une intégration des peuples différents dans la société québécoise:

imposez-nous votre *langue*
nous vous *raconterons*
la guerre, la torture et la misère
[...]
et vous *parlerons*
avec notre *verbe* bâtard
et nos *accents* fêlés
du Cambodge et du Salvador
du Chili et de la Roumanie
de la Molise et du Péloponnèse
jusqu'à notre dernier regard (*ibidem*).

La problématique de la langue est encore une fois au centre de l'attention de Micone qui en souligne la centralité en tant qu'instrument de communication et en même temps d'exclusion. En invitant les Québécois à se rappeler du temps où ils devaient se taire eux-aussi, il envisage la langue française comme le vecteur pour instaurer un dialogue entre peuples.

Une partie de la culture québécoise a répondu à l'appel lancé par Micone. C'est le cas de Francine Noël qui a repris en exergue de son roman une strophe de *Speak What* en instaurant ainsi un dialogue avec ces gens du silence, dialogue doublé par la thématique du roman qui met en scène la diversité linguistique de l'univers montréalais et la problématique des communautés ethniques. Le titre choisi par l'auteur pour la deuxième version *Nous avons tous découvert l'Amérique* ne fait qu'expliciter le message d'ouverture et de métissage qui était peut-être occulté dans le titre originaire *Babel, prise deux*.

L'autre réponse à l'appel de Micone est donnée par Monique Proulx car dans son dernier recueil chaque nouvelle est dédicacée à un auteur d'origine étrangère qui vit au Québec: Ying Chen, chinoise, Marco Micone et Pierre Foglia, italiens, Dany Laferrière, haïtien et Patrick Cady, français. Ces dédicaces ne sont pas seulement la manifestation de l'estime que l'auteur nourrit envers ces intellectuels et du respect vers les thématiques qu'ils chérissent: Monique Proulx opère de véritables palimpsestes; dans ses lettres elle reprend et modifie des personnages et des symboles faisant partie de l'univers de Ying Chen, Marco Micone et Dany Laferrière. La jeune chinoise de *Jaune et blanc* prolonge la narration que la narratrice de *La Mémoire de l'eau* avait interrompu en arrivant en Amérique: la perspective se déplace donc de la Chine au Nouveau Monde et la grand-mère devient la destinataire d'un récit qui se passe en Amérique et dont la petite-fille est la protagoniste. Dans *Noir et blanc* la lettre destinée à Malcom X, écrite par un chauffeur de taxi haïtien aborde le thème du racisme entre Noirs et on y cite l'exemple de Laferrière écrivain pour vanter l'absence de racisme dans la société montréalaise; le pastiche du titre du roman de l'écrivain d'origine haïtienne constitue encore un clin d'oeil au lecteur:

> Regarde notre frère Dany , qui est un roi à Montréal. Notre frère Dany a le même âge que moi et que toi juste avant que tu te fasses flinguer. Il a écrit ce livre *Comment se fatiguer dans le noir avec un nègre* que je lirai très bientôt un jour (Proulx M. 1996, 143).

Enfin dans *Rose et blanc* dédicacée à Micone une étudiante d'origine italienne envoie une lettre d'amour à un personnage qui, comme Micone, est professeur d'italien. Elle aborde des sujets que Micone a placé au centre de ses pièces, comme le problème du choix de la langue et le conflit de générations et enfin elle cite la figue: "nous n'y pouvons rien si nous avons la mémoire des figues dans le sang et un besoin de passion qui crève de froid, mais qui survit" (*ibidem*, 97). L'allusion intertextuelle au *figuier enchanté*, qui incarne le symbole de la mémoire chez les immigrants italiens, est ici évidente.

Si donc la récriture de *Speak White* a engendré au niveau textuel une réponse dialectique, on ne peut pas oublier que le poème de Micone a suscité d'autres réactions dans la culture québécoise car son auteur a été accusé de plagiat (Robin R. 1994) et d'"avoir détourné *Speak White* de son sens originel" (Micone M. 1996b, 22).

Dans un article dont le titre – *Le palimpseste impossible* (1996b) – a sollicité ma curiosité, Micone répond à ces accusations. Le sens de l'adjectif "impossible" que l'auteur utilise renvoie à deux sortes d'impossibilités: d'un côté il affirme qu'en littérature "il n'y a pas de véritable palimpseste" car l'écrivain se nourrit naturellement des formes et des sujets qui l'ont précédé; de l'autre il semble faire allusion à une impossibilité érigée par une certaine culture québécoise qui ne voudrait pas une intégration complète des immigrants:

> Il n'y a pas de meilleure preuve d'intégration pour un écrivain immigrant que de récrire un classique de la littérature d'accueil. Il est par conséquent désolant de

constater qu'au Québec on puisse à la fois reprocher à certains immigrants de se tenir en marge de la société et à d'autres de trop s'intégrer! Le Québec étant lui-même un paradoxe, faut-il s'en étonner? Je caresse néanmoins le projet de faire parler à chacune des belles-soeurs de Tremblay une langue différente. Chaque personnage serait incarné par une comédienne qui aurait déjà joué le même rôle dans son pays d'origine. Peut-on imaginer métaphore plus appropriée du Québec moderne? Cette fois-ci, cependant, j'attendrai que l'auteur de l'oeuvre originale me le demande! (*ibidem*).

Au delà de la proposition provocatrice de Micone, il me semble que l'intertextualité joue actuellement un rôle important au sein de la littérature québécoise et qu' en inscrivant le nouveau texte dans une filiation d'oeuvres, elle devient le principal agent du métissage littéraire qui est en train de s'accomplir.

Pour revenir à la question initiale posée par Robin, on peut constater que le sens du syntagme *littérature québécoise* est en train de changer.

À travers les frôlements, métissages et palimpsestes, des textes provenant d'horizons différents vont s'intégrer à la littérature québécoise et celle-ci va naturellement se métamorphoser. On ne parlera plus de "textes immigrants et littérature québécoise", comme je l'ai fait dans mon titre, mais de *littérature québécoise* tout court.

Bibliographie

Textes

BALZANO, Flora, *Soigne ta chute*, Montréal, XYZ éditeur, 1992 (Romanichels poche).

BOSCO, Monique, *Babel-opéra*, Laval, Éd. Trois, 1989.

BOUYOUCAS, Pan, *Le cerf-volant*, Montréal, Céad, 1990.

CHEN, Ying, *La mémoire de l'eau*, Montréal, Leméac, 1992.

D'ALFONSO, Antonio, *Babel*, in *Quêtes. Textes d'auteurs italo-québécois*, présentation par CACCIA, Fulvio et D'ALFONSO, Antonio, Montréal, Guernica, 1984, p. 201.

DUBOIS, René-Daniel, *Ne blâmez jamais les Bédouins*, Montréal, Léméac, 1984.

GODBOUT, Jacques, *Une histoire américaine*, Paris, Seuil, 1986.

GODBOUT, Jacques, *Le temps des Galarneau*, Paris, Seuil, 1993.

LAFERRIÈRE, Dany, *Comment faire l'amour avec un nègre sans se fatiguer*, Montréal, VLB, 1984.

LALONDE, Michèle, *Speak White* [1968], Montréal, L'Hexagone, 1974.

LEPAGE, Robert, *La trilogie des dragons*, "Jeu", 45, 1987, p. 37-210 (il n'existe pas de texte de la pièce mais seulement un compte-rendu dans cette revue).

MICONE, Marco, *Babele*, "Vice Versa" (Fiction), 26, 1989a, p. 30-32.

MICONE, Marco, *Speak What?*, "Jeu", 50 1, 1989b, p. 84-85.

MICONE, Marco, *Le Figuier enchanté*, Montréal, Boréal, 1992a.

MICONE, Marco, *Trilogia. Gens du silence* [1982]. *Addolorata* [1984]. *Déjà l'agonie* [1988], Montréal, VLB, 1996a. Préface de L'HÉRAULT, Pierre, p. 7-18.

NEPVEU, Pierre, *L'hiver de Mira Christophe*, Montréal, Boréal, 1986.

NOËL, Francine, *Nous avons tous découvert l'Amérique*, Montréal-Arles, Leméac-Actes Sud, 1992 [première version *Babel prise deux*, Montréal, VLB, 1990].

PROULX, Monique, *Les aurores montréales*, Montréal, Boréal, 1996.

RAMIREZ, Bruno, TANA, Paul, *La Sarrasine*, Montréal, Boréal, 1992.

ROBIN, Régine, *La Québécoite* [1983], Montréal, Typo, 1993.

TREMBLAY, Michel, *Les Belles-soeurs*, Montréal, Holt, Rinhart et Winston, 1968.

TRUDEL, Sylvain, *Le Souffle de l'Harmattan*, Montréal, Quinze, 1985.

ZAGOLIN, Bianca, *Une femme à la fenêtre*, Paris, Laffont, 1990.

Oeuvres critiques

BAKHTINE, Mikhaïl, *Esthétique et théorie du roman*, Paris, Gallimard, 1978.

BEAUDOIN, Réjean, *Le roman québécois*, Montréal, Boréal, 1991.

BELLEAU, André, *Surprendre les voix*, Montréal, Boréal, 1986.

DELEUZE, Gilles, GUATTARI, Félix, *Kafka. Pour une littérature mineure*, Paris, Minuit, 1975.

GENETTE, Gérard, *Palimpsestes. La Littérature au second degré*, Paris, Seuil, 1982.

LA RUE, Monique, *L'arpenteur et le navigateur*, Montréal, Fides-Cétuq, 1996.

LELIÈVRE, Jean-Marie, *La tragique histoire des enfants de panique*, in DUBOIS, René-Daniel, *op.cit.*, p. 7-19.

LEQUIN, Lucie, VERTHUY, Maïr (éd.), *Avant-propos*, in *Multi-culture, multi-écriture. La voix migrante au féminin en France et au Canada*, Paris, L'Harmattan, 1996, p. 1-12.

L'HÉRAULT, Pierre, *Pour une cartographie de l'hétérogène: dérives identitaires des années 80*, in *Fictions de l'identitaire au Québec*, Montréal, XYZ, 1991, p. 53-114.

LOTMAN, Jurij, *La semiosfera. L'asimmetria e il dialogo nelle strutture pensanti* [1985], Venezia, Marsilio, 1992.

KURTÖSI, Katalin, *Dialogue interlingue dans le théâtre québécois*, "Cahiers francophones d'Europe Centre-Orientale", (*Y-a-t-il un dialogue interculturel dans les pays francophones?*), 5-6, 1995, p. 277-289.

KWATERKO, Jòzef, *Extra-erritorialité et identité: sur quelques stratégies textuelles du roman québécois actuel*, "Cahiers francophones d'Europe Centre-Orientale", (*Y-a-t-il un dialogue interculturel dans les pays francophones?*), 5-6, 1995, p. 291-300.

MICONE, Marco, *Le palimpseste impossible*, "Jeu", 80, 1996b, p. 20-22.

RESCH, Yannick, *Littérature du Québec*, Vanves, Édicef-Aupelf, 1994.

ROBIN, Régine, *Le roman mémoriel: de l'histoire à l'écriture du hors-lieu*, Montréal, Le Préambule, 1989a (L'Univers des discours).

ROBIN, Régine, *Des nouveaux jardins aux sentiers qui bifurquent*. Postface in *La Québécoite*, cit., p. 207-224.

ROBIN, Régine, *Speak Watt*, "Spirale", 132, avril 1994, p. 3-4.

SEGRE, Cesare, *Intertestualità e interdiscorsività nel romanzo e nella poesia*, in (a cura di) PACCAGNELLA, G. e PACCAGNELLA, I., *La parola ritrovata. Fonti e analisi letteraria*, Palermo, Sellerio, 1982, p. 15-28.

TODOROV, Tzvetan, *Mikhaïl Bakhtine. Le principe dialogique*, Paris, Seuil, 1981.

Minority Dramaturgy
The Italian–Canadian Cultural Palimpsest

DOMENICO PIETROPAOLO

In his foreword to a popular manual for reading playscripts, Michael Langham re-calls that the eccentric director Barry Jackson used to read plays backwards, by ob-serving them on stage and imagining them back in the book (Langham M. 1983, 7). This way he could always discover with ease what changes had been introduced into the original text and what other layers of meaning had been added to it by the artists who staged it. Jackson's method of reading is most appropriate to dramatur-gical criticism, which is concerned with the analysis and interpretation of the trans-formational process undergone by the script on its way to becoming a material aes-thetic object. Dramaturgical criticism should not be confused with dramaturgical practice, which is instead the preparation of the script for a particular staging. Dra-maturgical criticism is the study of the dramaturgical process, reconstructed and interpreted in a retrospective reading of the performance text. My purpose in this paper is to examine the degree to which the palimpsestic model can be fruitfully ap-plied to the study of script preparation for the staging of dramatic works con-cerned with the status of a cultural minority, and my method will be to consider, in light of the constellation of ideas suggested by the title of the conference and in the empirical context of the Italian Canadian community in Ontario, first the dra-maturgical process itself and secondly, reading backwards from the performance text, the manner in which ethnicity can be palimpsested into a production des-tined principally for the cultural majority, as illustrated in two recent productions. The dramaturgy of new play development and the dramaturgy of productions mounted exclusively for minority audiences involve issues, both technical and ide-ological, of a different nature that locate them outside the scope of the present pa-per, the prime assumption of which is instead that productions which deal with the situation of the minority but which are intended for the dominant community are worthy of separate examination and are especially relevant to the theme of the pre-sent conference.

Although as an aspect of professional theatre practice production dramaturgy is a highly developed and sophisticated activity, whether or not it is carried out by someone called a dramaturge, as a free-standing field in the academic curriculum it has yet to achieve the status enjoyed by adjacent disciplines, such as dramatic theory and theatre history. One reason for this is that the materials which fall in its domain, or the materials in which the dramaturgical operation is recorded, are not within easy access, remaining as they do in the private archives of professional theatres. These materials are the dramaturgical protocol submitted to the director before the rehearsal period, and the production book, complete with script, production details, and rehearsal reports. The dramaturgical protocol is largely preparatory to production, providing as it does textual and contextual materials that may or may not enter the production. But the production book is a record of how the production was actually developed and includes such information as textual additions, excisions, modifications, staging directions, as well as reports of rehearsal developments, including textual and interpretative changes, all in light of a production concept and in response to ideas of effective performance. The study of the production book with an eye to understanding script preparation is an important part of a sub-discipline of dramaturgy which we could call dramaturgical philology, since, like literary philology, it is largely concerned with the text itself and is susceptible of rigorous treatment. In addition to the exegetical task of interpreting the different parts of the dramaturgical transformation of the text, dramaturgical philology should also have the editorial responsibility of making available, in reliable diplomatic form, the production book itself and ancillary documents in which the process of script development is recorded. However, until such time as the general discipline of dramaturgy achieves a systematic configuration in the academic curriculum, philological dramaturgy will have to remain an unfulfilled desideratum.

It is common in discussions of the art of drama to speak of the different "components" that form the multimedial body of a play, but that term has the inconvenience of suggesting that the constituent parts of the staged play (language, design, blocking, lights, gestures, etc.) can coexist side by side. The process in which the promptbook is compiled makes plain the fact that the "components" are actually "layers" superimposed on the same page. In the case of scripted drama, first comes the playwright's text, then the dramaturgical alterations inscribed directly onto it, then the designers vision of the space, light, and sound in which the stage action is to unfold, and these too are inscribed as separate layers on the already layered script. The structure of a production book, which records in detail the material process followed in the creation of the intended aesthetic object which is the performance itself, is representative of creative thought in general. We do not normally think in temporal sequences of concepts, but in clusters of ideas and layers of images, although these ideas and images, are reduced to linear form by critical discourse, "as pieces of clothing that are actually worn one over the other must be strung side by side on the clothesline" (Langer S. 1951, 77). It is our need to discuss artistic creation in a rational manner, reducing its form to logical syntax, that makes us transform layers into components, changing the vertical structure of superimposition into the horizontal one of adjacency.

From the perspective of script development, the production book is a veritable palimpsest, in the literal sense of the term. As a technical term, "palimpsest" refers to a form of parchment recycling in which a text is scraped away with pumice stone and replaced with a second text inscribed on the clean surface. The original script, however, is not removed so effectively that it cannot be reconstituted and read through the filter of the later and more conspicuous one, so that the failure on the part of the technician entrusted with the erasure of the parchment turns out to be the condition of the philologist's success in recovering the original words. The textual part of a production book typically consists of pages of the original work, as represented in a given edition, pasted onto papers with wide margins, which are inscribed with alterations, including cuts, interpolations, word emendations, hundreds of interpretative stage directions, blocking diagrams, lighting and sound cues, and, at the beginning of each scene or act, with costumes and set diagrams. Viewed synchronically as one text, the production book represents a very complex structure, every part of which points to the same semantic field, from which it derives its sense. Viewed diachronically, the production book documents, sometimes with atomic precision, a succession of partial erasures and superimposed inscriptions, layered perhaps by different hands at different points of the script-preparation process, all in obedience to the same logic of interpretation and the same principle of aesthetic materialisation. Even physically, the workbook resembles an ancient palimpsest.

The examination of the layered production text is the special domain of dramaturgical philology, a discipline whose work begins when that of literary philology or textual criticism comes to an end. For the literary philologist, in his capacity as textual critic, studies the manuscript and editorial tradition, establishes the text, and consigns it to print in a reliable edition. The dramaturgical philologist begins with that published text and examines the manuscript emendations to which it is subjected by the interpretative and transformational process of staging. In a sense, the dramaturgical operation performed on a published play reverses the steps of its textual formation, since in the literary phase of textual development the work moves from the author's initial manuscript through a process of transmission and alteration to the multiplicity of print, whereas in the dramaturgical phase it is transformed again into a manuscript as unique as the autograph to which it was originally entrusted. Philologically, the chief difference lies in the fact that the authorship of the dramaturgical process is avowedly collaborative, since in addition to the playwright it includes all those who have taken part in the preparation of the script, each palimpsesting a separate layer of meaning into its semantic matrix.

These layers can serve a variety of functions but chiefly those of making the text culturally accessible to a given audience, that is to say making it meaningful for them, or enabling it to carry an independently conceived aesthetic or ideological message. The model of the palimpsest is a powerful tool for conceptualising these functions, especially in cases of trans-cultural productions, when a text is re-conceived for staging in a cultural location different from the one for which it was intended. In the simplest cases, only two cultures are involved, but it would not be difficult to cite examples in which several cultures are made to interact, as in, say, a Canadian production of *Julius Caesar* set in Fascist Italy, in which the cultures palimpsested in the text include at least the playwright's, the characters', the audience's, and the one of the production concept. Productions in which the culture of the largest part of the audience is to some extent defined by its relation to the culture of the ethnic minorities are based on dramaturgical palimpsests in which the cultural language of the minorities inevitably emerges to de-stabilise that of the majority. As far as cultural implications are concerned, the text of the play is of necessity determined by relations of tension and discontinuity, both aesthetic and ideological, between expressions of the minority and of the majority.

The model of the palimpsest enables us to see the structure of such relations with total clarity, for in such cases palimpsestic erasure is the textual correlative of cultural suppression, re-inscription is the analogue of imposed thought-forms, while partial re-emergence of old texture through the new writing corresponds to the affirmation of ethnicity as a primordial quality which cannot ever be suppressed or lost in its entirety. The production of Italian classics in English translation in Canada, for audiences aware of the link between the text and the Italian immigrant community, are beginning to make conscious use, both artistic and ideological, of the majority-minority relationship in terms of the dialectic of cultural and material dominance. The most significant recent example of the community's will to affirm its cultural uniqueness and to overcome its status as a minority is undoubtedly the Stratford festival's production of Eduardo De Filippo's *Filumena* in 1997 – translated by Vittorio Rossi, directed by Antoni Cimolino, and starring Richard Monette and Lally Cadeau – in which the experience of immigration was palimpsested into the text, chiefly by means of vocal gesture as a sign of primordial ethnicity in the character of Filumena. In this production, in which all the characters speak non-ethnic English, Filumena Marturano speaks English with an Italian accent, moving in Domenico Soriano's phonetic world in the distinct manner of an outsider.

In the normal life of a phonetic community, the language of daily activities is sufficiently homogenous to make possible the exchange of ideas without drawing attention to the acoustic substance of the utterances that carry them forth, from the lips of one member to the ears of the other. Community language is always, as it were, an invisible carrier of thought. But when it is used by an outsider, it becomes immediately opaque, drawing analytical attention to itself, to its phonetic materiality, to the way in which it is uttered and to the lips that utter it. The phonetic singularity of Filumena's speech serves to show that having taken control of Domenico's household has not enabled her, not even after twenty-five years, to overcome the profound sense of social alienation that identifies her to others and to herself as an outsider. In a more conventional staging of the play in English, one may imagine the director asking the actress playing Filumena to speak in a manner showing difference in class and education, but that this mark of distinction in a Canadian production should be the accent of the Italian-Canadian community means that there has been a dramaturgical effort to pull the world of the community into that of the story. The restriction of that accent to the character of Filumena incorporates into the text the fact that the community is understood as an ethnic minority. The fact that Filumena is a woman, a victim of abuse who must struggle for the social status to which she is entitled, makes the dramaturgical thrust of her identification with the community that much more poignant.

This layer of the palimpsest, which consists in inscribing the self-understanding of the ethnic group in its relation to the larger community that encompasses it, is chiefly of ideological significance. The self-understanding of a minority always includes awareness of majority oppression and a desire for vindication (Pavis P. 1992, 79)[1]. In the Stratford *Filumena* this ideological stance is communicated lin-

---

[1] Patrice Pavis observes that in discussions of minorities, "we notice both the echo of a complaint in the face of majority imperialism and the compensatory presupposition that the bullied minority is superior to its oppressor".

guistically: fearing that her acquired language might fail her in a crucial moment, Filumena claims that things must be said clearly and simply "alla napoletana". The reason why this Italian expression was palimpsested in the translated text is that it at once vindicates the superior nature of Neapolitan, as a language more direct and truthful than the one in which it is embedded and which Filumena has learned to use, though apparently without fully trusting it as a vehicle for the truth, and the fact that the English of the rest of the play is not merely a translation of the original text but the language of the quietly oppressive majority in the social world of the audience. Language is both the chief instrument of social alienation and the ultimate test of an immigrant's capacity for integration. In her accent and in her embedded Italian reference to Neapolitan, the Stratford Filumena adds onto De Filippo's character a semantic layer on which is written the immigrants' experience of marginality. For a moment, however, Filumena manages to bring the ethical focus of her social situation into a camp where she has no fear of defeat because there the direction of the outside- inside dialectic is reversed. To speak "alla napoletana", as only she can and as the other characters, themselves Neapolitan, are apparently incapable of doing, is to go straight to the point and to speak without deception. As an apophthegm of ethnicity this terse remark has to do more with loyalty to the truth and social justice than to actual language, and, in that sense, it is at once a justification of Filumena's attitude toward the community, in which the phonetic peculiarity of her speech is a constant reminder of her foreign origin, and a charge that the linguistic majority that it constitutes has a distorted view of right and wrong and is therefore deeply rooted in false consciousness. In the Stratford performance, the linguistic community of the majority is found both in the audience, mostly middle-aged representatives of the Canadian and American non-ethnic middle class, and on stage as a projection in the speech of Filumena's interlocutors. As indicators of community membership, idiomatic speech and phonetic neutrality are incorporated into the performance text and shown to signify a concept of community based on rootedness rather than commonality of interests and ideals, and the message for the spectators is that rootedness is, on the one hand, the most prohibitive condition that immigrants must face in their struggle for social inclusion and, on the other hand, the origin of the community's inability to see its own false consciousness. The dramatic structure of the story constitutes a narrative argument for the acceptance of ethical rectitude as the only criterion of community inclusion, while the final resolution of the action is a hopeful indication that, if a reversed view of the inside-outside dialectic is turned into a lived experience by the majority, rootedness will cease to be a way of restricting access to social status.

The dramaturgical inter-layering of this theme into the production script is accomplished without prejudice to the playwright, because the original text is about rootedness and inclusion as well, although there the social dialectic is between classes in post-war Naples rather than between an ethnic minority and its embedding majority in southern Ontario. That minority is generally known, to outsiders as well as to insiders, as the Italian-Canadian community, a name which is culturally correct only if we understand the first national adjective as a class noun rather than a culturally-specific label. For although they have much in common, including long chapters of political and economic history in Italy and membership in the same minority in Canada, Italian immigrants fall into as many culturally discrete groups as the regions from which they have come. Against the background of Italian regionalism, Filumena's suggestion that frank speech is speech "alla napoletana" rather than "all'italiana" is by no means an accident.

Sensitivity to the regional diversity of the Italian Canadian community, which is only hinted at in *Filumena*, is instead the chief distinguishing feature of my second example, which is Carlo Gozzi's *The King Stag*, directed by Alec Stockwell and dramaturged by Mark Ceolin at the Robert Gill Theatre in the graduate Centre for Study of Drama (University of Toronto) in March 1998. The base text is an English translation by Albert Bermel and Ted Emery in Carlo Gozzi's *Five Tales for the Theatre*, but in moments of emotional intensity, farcical or serious though the situations may be, the characters break into Italian or Venetian, speaking expressions that have been superimposed on the translation. There are four songs, three of which are in Italian, all three classical pieces, while the fourth is in Venetian and is taken from the popular repertoire. The mixture of languages and accents has a prominence which is in keeping with the linguistic heterogeneity of the commedia dell'arte tradition to which the play belongs, and which is presented in a manner that is relevant to the concerns of the spectators for whom it is performed. To begin with , the action is imagined to take place in the present, though set in eighteenth century dress and commedia dell'arte costumes. Cigolotti, the historian and storyteller who recites the prologue, gives the date of the stage action as the date of the performance, while Truffaldino, upon entering the stage for the first time, turns to the audience and addresses them as "paesani", that is to say "my fellow-countrymen", an appellation used by expatriates in a foreign land to remind themselves that at least they are not foreign to each other and that they therefore constitute a community. This establishes the fiction that the audience for whom the play is performed consists only of Italian immigrants, to whom the characters (not the performers) are linked by bonds of solidarity and analogous historical experiences. But because the majority of the audience could not possibly consist of Italian immigrants, though a number of them were probably present at every performance, the intended effect here is to reverse the direction of the outside-inside dialectic, in a strategy designed to influence the real majority's perception of the psychology of marginality. The audience members of non-Italian origin look at and into the ethnic world of the play but do not themselves cross the boundary; their world has not been palimpsested into the text. Only one character fleetingly represents them as listeners and onlookers. This is Cigolotti, the historian and storyteller who opens the play with the prologue. Cigolotti begins to speak the prologue with a Scottish accent, which he sustains throughout, except when he resorts to an exaggerated British intonation to quote Durandarte. At that point he comically explains that Durandarte speaks in this manner because he is "one of those northern Italians" who can be easily recognised by their accent. The significant inference is that Cigolotti speaks here as a person from the outside, as one looking in from the margin of the community. The cultural majority is projected on stage only in him, but this occurs in the prologue, which in the dramatic form of the play is the presentational frame of the action and not part of the action itself.

Moreover the characters of *The King Stag* are represented linguistically almost as if they were members of an immigrant community themselves: although they all speak English, at least one of them, Brighella speaks it with a heavy Italian accent. Since in the history of commedia dell'arte, Truffaldino (who is a variant of Arlecchino) and Brighella are the two characters who are immigrants themselves, having been forced by need to leave the depressed countryside of Bergamo to seek a better situation for themselves in the capital of the Republic of Venice, a city whose language they did not know and where they started out as porters, the humblest job in the Venetian labour hierarchy, but slowly managed to find more respectable occupations, it is entirely appropriate that they should be the ones through whom the world of the Italian-Canadian community is drawn into the text. Of the two, it is Brighella who is the real success story – it is hardly necessary to recall that by the time of Goldoni's *Servant of Two Masters* (1745), the play from which he is most familiar to audiences in the English speaking world, Brighella had become the owner of a respectable inn and best man at the wedding of the daughter of the wealthy local businessman Pantalone, whereas in the world of magic and fable that is *The King Stag* he is none other than the King's personal valet. That is the reason why in this dramaturgical arrangement of the text, Brighella is the character who speaks with the accent of an Italian immigrant. This is nowhere more effective than in the hunting scene, in which Brighella runs along the aisles of the theatre yelling "benga! benga!" as he fires in slapstick style his harquebus at the stag. In this rendition of the English "bang!" we note, not only the reduction of the aperture of the original vowel and the transformation of the velar "n" into a full "ng", which are typical traits of Italian-Canadian speech in general, but also the addition of a second syllable, which is more likely to be found in the speech of immigrants from the southern regions of Italy, for whom the pronunciation of consonants in final positions would require a conscious effort. By means of this dramaturgical device, Brighella, who is originally from northern Italy, becomes a corporate metaphor of the immigrants from the south, who, statistically at least, constitute a more visible presence in the community and yet, in the common perception, a minority within the minority.

In conclusion, we observe that, whereas metaphorical hybridity of one form or another is found in all transcultural productions and is for that reason the key aesthetic concept of multicultural dramaturgy, what makes it especially interesting in such productions as *Filumena* and *The King Stag* is that the message palimpsested between the base text and the audience is part of a minority discourse, motivated by ideological as well as by aesthetic reasons. It moves from the principle that, whether it is aggressively or quietly expressed, the attitude of the majority towards the minority is rooted in the capacity of culture to act as an agent of segregation rather than association and hence is hinged on the notion that descent has absolute priority over ascent in the pursuit of status. In the material substance of the performance, this is achieved by way of the superimposition, on the language and dialogue of the original of a multifarious linguistic layer which, like a set of images projected on a scrim, can block out, enrich, and colour the audience's perception of objects on the other side, engaging them throughout in a dialectical movement between background and foreground. The dramaturgical operation that makes this possible can be best modelled as a process, physically carried out in the production book, for the creation of a cultural palimpsest, consisting of partial erasures of the original and of the systematic addition of such new, or partly new, fragments as are sufficient to draw onto the text and to sustain by thematic analogy the phonetic presence of the ethnic community, which is thereby enabled to challenge the biases of the audience. So constituted, minority dramaturgy is never neutral; it is always dramaturgy on behalf of the minority.

Works Cited

GOZZI, Carlo, *Five Tales for the Theatre,* Chicago and London, The University of Chicago Press, 1995.

LANGER, Susanne, *Philosophy in a New Key,* New York, Mentor Books, 1951.

LANGHAM, Michael , "Foreword" to BALL, David, *Backwards and Forwards*, Carbondale and Edwardsville, Southern Illinois University Press, 1983.

PAVIS, Patrice, *Theatre at the Crossroads of Culture*, London and New York, Routledge, 1992.

Da Padre Bressani a Nino Ricci
L'apporto italiano al panorama culturale e letterario canadese

Monica Stellin

Se per letteratura italocanadese ci si riferisce comunemente alla produzione in lingua inglese o francese di autori di origine italiana, ricordiamo che vi sono anche testi in lingua italiana scritti da autori immigrati in Canada, o che vi hanno trascorso almeno un breve periodo della loro esistenza. La produzione narrativa in italiano contribuisce ad arricchire ulteriormente il carattere plurilingue della produzione letteraria degli italiani in Canada, anche se viene in genere posta doppiamente ai margini, da una lato quale parte minore dell'*ethnic minority writing* canadese, dall'altro quale contributo canadese alla letteratura italiana dell'emigrazione all'estero. Il titolo di questa comunicazione intende infatti sottolineare il carattere plurilingue del contributo italiano al panorama culturale e letterario canadese: il missionario gesuita Francesco Giuseppe Bressani viene infatti comunemente presentato come il primo autore di un testo sull'esperienza di un italiano in Canada. La figura e l'opera del Bressani, la *Breve Relatione d'alcune missioni de' PP. della Compagnia di Gesù nella Nuova Francia*, pubblicata a Macerata nel 1653, hanno assunto un certo rilievo simbolico nella coscienza collettiva italocanadese. L'opera di questo missionario viene ripetutamente citata quale primo importante apporto alla presenza culturale italiana in Canada, più tardi seguito, come sappiamo, da un'interessante serie di opere dapprima prevalentemente in lingua italiana, e poi in lingua inglese o francese, oltre che italiana. È comprensibile che autori appartenenti alla prima generazione d'immigrazione e di formazione italiana esprimano contenuti e motivi alquanto diversi da quelli presenti nelle opere degli autori della seconda generazione e che abbiano preferito la lingua italiana a quella inglese o francese, queste ultime più comunemente adottate dagli scrittori nati o cresciuti in Canada. Tra questi ultimi Nino Ricci col suo *Lives of the Saints* ha contribuito a dare alla produzione italocanadese più recente in lingua inglese un maggiore riconoscimento, superando quella marginalizzazione che ha contraddistinto la collocazione iniziale di questa letteratura nell'ambito della più ampia produzione letteraria canadese, e ha assunto anch'egli perciò una posizione di rilievo, quale uno degli autori che hanno contribuito ad attrarre una maggiore attenzione sull'intera letteratura italo-canadese. Padre Bressani e Ricci possono quindi rappresentare un momento iniziale e uno più recente di una attività letteraria che si presenta divisa dalla generazione di appartenenza degli autori; essa è quanto mai varia per generi, motivi d'ispirazione, atteggiamento nei confronti della propria origine etnica, e forme linguistiche adottate. In questo contesto la produzione in italiano è particolarmente significativa in quanto ci permette di poter comprendere come l'immigrato italiano fosse già in grado di esprimere una visione e una dimensione interiore dell'esperienza degli italiani in Canada che molto spesso si distanzia dall'immagine che di essi viene offerta dagli scrittori della seconda generazione.

Come si può osservare nel volume curato da Jean-Jacques Marchand (1991), la diaspora italiana ha prodotto molte letterature italiane dell'emigrazione in tutto il mondo. In questo ambito la letteratura italiana dell'emigrazione in Canada si distingue per la presenza di un numero ragguardevole di opere, di cui verranno qui menzionate solo alcune, che meglio riflettono il periodo culturale e la tipologia degli scritti, anche se molte altre meriterebbero di essere trattate. Ognuna di esse riflette infatti un momento particolare nella storia dell'immigrazione italiana in Canada, e di conseguenza della sua letteratura. Il carattere dell'emigrazione italiana in Nord America ha subito negli anni una costante trasformazione, come pure la figura dell'emigrante: se molto spesso la visione del povero immigrante con la valigia è divenuta quasi uno stereotipo, la realtà di oggi è ben diversa, contraddistinta da quella *emigrazione di lusso* come è stata definita dal Rubeo. Tale evoluzione si riflette nel passaggio da una letteratura scritta prevalentemente da *emigranti-scrittori*, ovvero persone che cominciano a scrivere per l'impatto che l'esperienza migratoria ha avuto su di loro, e che spesso scrivono soltanto un'opera di sapore fortemente autobiografico, ad altri testi scritti da *scrittori-emigranti*, ovvero quegli intellettuali o accademici che arrivano in America portando con sé un bagaglio culturale contemporaneo. Anche la letteratura italiana in Canada si distingue per il susseguirsi di opere quanto mai diverse, per la prospettiva adottata nella descrizione dell'esperienza migratoria, per il carattere non sempre autobiografico, e per l'eterogeneità della formazione sociale e culturale dei suoi autori, nonché per il periodo in cui questi ultimi vissero in Canada. Questa letteratura riconosce la propria validità e peculiarità nel motivo centrale dell'impatto che l'immigrazione ha avuto sull'autore, nel desiderio di trovare un modo in cui poter *bridge the ocean*, ovvero creare un ponte col quale superare l'oceano dell'inquietudine dell'immigrante, nella circolarità di una sua costante ricerca interiore, nel tentativo di equilibrare l'esperienza migratoria in un mondo nuovo con un reale o immaginario recupero di quello natio.

Per prevenire la marginalizzazione di questa letteratura, questa produzione italiana in Canada va considerata quale esempio letterario di quel "problema dell'altro" (*question de l'autre*) come è stata definita da Todorov (1992). Nella sua opera Todorov si rifà a Bachtin, e cerca di chiarire quale sia il ruolo dell'*altro* nella formazione della coscienza dell'individuo, presentando la storia della scoperta che l'*io* fa dell'*altro* e basando la sua analisi sulle relazioni risalenti al 16esimo secolo sulla scoperta dell'America centrale da parte di Colombo. Secondo Todorov, la scoperta dell'America fu l'incontro più straordinario della storia occidentale, l'incontro con l'*altro assoluto*, con il *diverso*. Com'era allora quest'*altro* percepito dall'immigrante, o missionario, o intellettuale italiano fin dall'inizio della sua presenza in Canada, quando cominciò a venire a contatto con questa nuova realtà? Fu in grado di stabilire un dialogo con l'*altro* in modo da raggiungere una migliore conoscenza di sé, oltre che dell'*altro*? Se adottiamo questo *principio dialogico* nell'analisi di opere scritte in italiano da immigranti in Canada, questa letteratura potrebbe essere intesa come la produzione letteraria di autori che hanno scoperto l'*altro* in Canada e hanno dovuto porsi in rapporto dialogico con esso, in quanto sono venuti a contatto con un diverso modo d'essere e di conseguenza hanno dovuto riconsiderare il proprio. È interessante ricordare a questo proposito che nel 1985 Costantino Dino Minni ha pubblicato una raccolta di poesie in inglese intitolata *Other Selves*. Tra gli scrittori comunemente annoverati nell'ambito di questa letteratura, alcuni sono stati in grado di stabilire un rapporto dialogico con l'altro espandendo la propria conoscenza di sé, mentre altri sono rimasti in uno stato di impasse, non riuscendo ad accettare completamente l'*altro* nel nuovo mondo. L'analisi dei testi scritti in italiano da parte di questi scrittori immigrati cerca quindi di comprendere se o in che modo gli autori siano stati in grado di confrontarsi con una diversa realtà, e quindi accettare l'interazione tra il *sé* e l'*altro*, o se semplicemente non sono stati in grado di farlo, rimanendo fortemente legati, e probabilmente in modo difensivo, al loro modo d'essere precedente l'esperienza migratoria. Molto spesso l'atteggiamento dell'autore si riflette anche nelle sue scelte linguistiche, con l'adozione di forme che possono presentare l'influsso della lingua straniera, come pure l'effetto della distanza o del tempo sul registro linguistico delle loro opere.

Come viene sostenuto dal Bernheimer, in genere la contestualizzazione della letteratura comporta l'adozione di parametri storici, sociologici e psicologici. In particolare, nell'ambito della letteratura dell'immigrazione italiana in Canada, molti fattori quali la storia dell'immigrazione, la cultura d'origine e la realtà socioculturale del paese d'adozione vanno considerati per poter comprendere adeguatamente il significato di un particolare testo letterario. Tuttavia, un lavoro letterario non può essere valutato semplicemente quale risultato di tali fattori; come viene anche sostenuto da Hillis Miller, il carattere letterario di un testo non può essere compreso soltanto "by historical, sociological or psychological methods of interpretation" (102). In quanto esso deve essere analizzato anche retoricamente, nella ricerca sia delle relazioni estrinseche ad esso che di quelle intrinseche, e riconoscendo un carattere intrinseco anche alle stesse relazioni estrinseche. Il mondo esterno e l'esperienza migratoria non sono semplicemente riflesse in questa letteratura, ma si manifestano anche nelle relazioni intrinseche di ciascuna opera letteraria.

Come è già stato sottolineato in diversi studi a carattere storico e sociologico (Sturino), il contributo culturale degli italiani in Canada si è sempre distinto per la molteplicità degli elementi che la compongono, con la compresenza dell'eredità culturale italiana ivi trapiantata e la formazione di espressioni originali italocanadesi, la trasmissione della cultura italiana classica e di quella più popolare e folkloristica. In ambito culturale e letterario possono essere distinte perciò quattro fasi principali, ognuna contraddistinta da tendenze particolari: la prima fase ebbe inizio proprio agli inizi della colonizzazione europea della Nuova Francia nel XVII secolo e si protrasse fino alla metà del XIX. La presenza di coloro che provenivano dalla penisola era piuttosto frammentaria e discontinua, riflettendo la natura del flusso migratorio dell'epoca, composto principalmente da individui che arrivavano in Canada per le ragioni più disparate (quali missionari, soldati o mercanti) e che di certo non esprimevano ancora un senso comune di nazionalità. Tra essi padre Bressani può essere considerato la testa di ponte della presenza culturale italiana in Canada, in quanto la sua *Breve Relatione* descrive l'opera di conversione del popolo nativo degli uroni da parte dei missionari gesuiti secondo i dettami tipici di questo genere di relazioni. L'opera del Bressani è molto apprezzata nell'ambito degli studi storici e antropologici, in quanto ha il grande pregio di presentare in dettaglio la vita dei missionari e dei popoli nativi, ma ha anche il fascino della relazione di un missionario che fu tra i primi a cimentarsi con una realtà radicalmente diversa da quella in cui era vissuto fino ad allora, aprendosi alla scoperta dell'*altro* e presentando gli uroni quali un esempio ante litteram del buon selvaggio.

La seconda fase della presenza culturale e letteraria italiana in Canada ha inizio intorno al 1880 e prosegue fino agli anni '20 ed è contrassegnata dalla prima grande ondata d'immigrazione e da forme socioculturali relative alla formazione dei primi nuclei familiari e dei primi insediamenti composti da immigrati provenienti dalle stesse località. L'unico testo attualmente disponibile scritto da un tipico immigrante dell'epoca è il breve diario di Samuele Turri, che descrive efficacemente il suo viaggio dalla Garfagnana verso il Nuovo Mondo e il suo inserimento nella Columbia Britannica nel 1912. Benché scritto in un italiano approssimativo nelle forme sintattiche e ortografiche, il testo del Turri è particolarmente interessante per la spontaneità e vivacità del racconto, che presenta con immagini efficaci, pittoresche e anche con un certo senso dell'umorismo il suo arrivo nella terra dei "tre dollari" (al giorno), come lui definisce il Canada. Descrivendo il suo viaggio in treno da Halifax a Kelowna, Turri racconta:

> siamo arivati a Toronto per Ontario il treno ferma 22 minuti <bisognava> fare provigione di cibarie io fui pregato di provedere, si capisce l'ostacolo della lingua, Coro alla bottega vicino, unamico al pane unaltro al formaggio, ecc, ecc, <il> pane <era> cinque diti una mano... 6 diti 6 pani un pacco circa un metro cubo... <ho> pagato senza sapere quanto porgio $ 10 albottegaio prese il suo avere mi tornò tanta moneta, infretta. ritorno al treno <che stava> già per partire... Giunto aicompagni ridendo <mi chiedono> cosa tianno dato, spugna? il pane strento allamano appena copriva il palmo. saranno anche idollari con quel difetto? (25).

Il terzo periodo della presenza culturale italiana in Canada viene contrassegnato dall'influsso che, a partire dal 1930 circa e fino all'entrata in guerra dell'Italia nel 1940, la cultura ufficiale e la propaganda fascista esercitarono sulla colonia italiana. Tra le centinaia di italiani che vennero internati durante la Seconda Guerra Mondiale, il giornalista e drammaturgo Mario Duliani è stato l'unico a lasciare un resoconto di tale esperienza, che lui definisce "un documentario romanzato" (13), che quindi assume un particolare interesse storico nonché letterario. *Città senza donne* venne pubblicato nel 1946 un anno dopo la sua versione francese, con l'aggiunta del sottotitolo *Il libro degli italiani d'America* e del capitolo *intitolato Gli italiani d'America* Se gli scritti menzionati fino a ora erano prevalentemente dei resoconti molto concreti di fatti e situazioni e di carattere autobiografico, Duliani può essere considerato il primo *scrittore-emigrante* che presenta la realtà dell'esperienza dell'internamento con minore aderenza ai fatti e maggiore licenza poetica. È certo che per il punto di vista con il quale gli eventi vengono descritti, Duliani può essere considerato un *internato-scrittore* che si apre alla comprensione della condizione degli altri immigrati internati, presentando immagini che validamente esprimono la loro coscienza e memoria collettiva: "Quando tutti siamo coricati e, nella baracca, non c'è più altra luce all'infuori del riflesso dei fari elettrici esterni, si ha vagamente l'impressione di trovarsi in un gigantesco vagone-letto o, meglio ancora, nella stiva di un bastimento di emigrati..." (44).

La quarta fase copre un periodo cha va dalla fine della Seconda guerra Mondiale fino agli anni '70 ed è contraddistinta dalla seconda grande ondata di immigrazione di italiani in Canada, che concepivano la loro italianità in modo diverso da coloro che vi erano immigrati prima dell'ultimo conflitto, ma che allo stesso tempo esprimono, specie nel caso degli *emigranti-scrittori*, una visuale che potremmo definire *pre-repubblicana*, in quanto non molto influenzata dagli importanti cambiamenti politici e socioeconomici avvenuti in Italia nel secondo dopoguerra. Si osserva in questo periodo un notevole aumento del numero delle opere, come pure la loro sempre maggiore diversificazione, con la produzione ancora di resoconti di carattere autobiografico, ma anche di romanzi e opere di carattere letterario. Nel suo evolversi la letteratura italiana degli immigranti in Canada è contraddistinta da una graduale affermazione della creatività dell'immigrante, che si distanzia sempre più dalla semplice registrazione della propria esperienza migratoria fino a esprimersi in forme letterarie proprie. Vanno qui ricordati i romanzi di Elena Randaccio e Maria Ardizzi, che dimostrano come le donne italocanadesi della prima generazione non fossero così *voiceless* (prive di una voce) come viene generalmente inteso, ma che erano già in grado di esprimere una loro visione della vita degli immigranti in Canada ognuna in forme originali. Sotto lo pseudonimo di Elena MacRan, la Randaccio pubblicò nel 1979 *Diario di una emigrante*, un racconto in prima persona che per la sua semplicità, naturalezza e linearità può essere considerata la rappresentazione dell'esperienza migratoria di una donna che più realisticamente si avvicina al suo atteggiamento, alla sua sensibilità e psicologia. I tre romanzi che compongono il "Ciclo degli emigranti" di Maria J. Ardizzi, accanto a *Tra le colline e al di là del mare* sono tra i risultati più riusciti di questa letteratura per tecnica narrativa e intensità. Ricordiamo ad esempio la descrizione che la Ardizzi dà della condizione dell'emigrante e della sua inquietudine in *Made in Italy*, pubblicato nell'82, attraverso la voce della protagonista Nora:

> Il significato della parola emigrante mi ha sgradevolmente colpita solo dopo aver emigrato: e mi ha colpita per le implicazioni che balzano alla superficie solo quando sei emigrante. [...] Quando l'idea dell'estero vagheggiata da John <il marito Vanni> venne ad interrompere il fluire delle nostre vite, accettai il mutamento con la sorpresa, e la curiosità, con cui lo avevano accettato altri. La convinzione che ogni parte del mondo potesse essere anche mia, e che altrove le persone non sarebbero migliori o peggiori di quelle conosciute, non mi die-

de l'idea della perdita o del distacco. Evidentemente concepivo un mondo che mi ero arbitrariamente costruita. Non avendo il sospetto di diseguaglianze e pregiudizi, supponevo un mondo che appartenesse a tutti. E anche quando ho scoperto che il mondo non appartiene affatto a tutti, e che le disuguaglianze non sono soltanto nel linguaggio, ho conservato la mia convinzione, la sola forza che mi permettesse di sentirmi ovunque a casa mia (Ardizzi M. J. 1982, 15-16).

In realtà Nora dimostrerà come la sua scoperta dell'*altro* abbia prodotto in lei un irrigidimento, nel desiderio di mantenere inalterato il suo modo d'essere al di là dei cambiamenti avvenuti nello spazio e nel tempo. Tra gli *emigranti-scrittori* vanno qui ricordati Giuseppe Ierfino, autore di ben due romanzi e un volume di ricordi, che testimoniano come l'impatto del nuovo mondo lo abbia portato a trovare nella creatività letteraria una sua originale espressione e diventare un cantastorie dell'immigrazione, e Aldo Gioseffini, immigrato friulano autore di una dettagliata autobiografia intitolata *L'amarezza della sconfitta*. Tra gli *scrittori-emigranti* merita di essere ricordato Giose Rimanelli, che col suo romanzo *Biglietto di terza* ha dato uno dei contributi più significativi a questa letteratura, che si distingue per la ricchezza di immagini e l'introspezione psicologica con cui rappresenta l'esperienza umana degli immigrati.

Da questa sintesi delle fasi principali della produzione in lingua italiana, si può comprendere come questa letteratura italiana dell'emigrazione in Canada il fattore generazionale e quello linguistico abbiano contribuito a distinguere e separare questa letteratura da quella dei più recenti autori, la cui opera potrebbe essere invece interpretata in modo comparato tenendo presente i motivi ispiratori di questa produzione in lingua italiana, e superando preconcetti di carattere socioculturale che talvolta condizionano la percezione della figura dell'immigrante. In realtà la letteratura italiana in Canada dimostra come anche lo scrittore della prima generazione potesse trarre ispirazione dalla propria esperienza migratoria ed esprimersi secondo il proprio bagaglio culturale, contribuendo significativamente sia all'espressione della memoria collettiva italocanadese, che alla conoscenza della dimensione umana ed esistenziale dell'emigrazione. Quindi, più che essere silenzioso o privo di una propria voce, egli (o ella) ha dimostrato di essere in realtà semplicemente poco ascoltato.

Bibliografia

ARDIZZI, Maria J., *Made in Italy*, Toronto, Toma, 1982.

ARDIZZI, Maria J., *Il Sapore Agro della Mia Terra*, Toronto, Toma, 1984.

ARDIZZI, Maria J., *La Buona America*, Toronto, Toma, 1987.

BERNHEIMER, Charles. Introduction: *The Anxieties of Comparison, Comparative Litera-ture in the Age of Multiculturalism*, a cura di BERNHEIMER, Charles, Baltimore and London, The John Hopkins University Press, 1995, pp. 1-17.

BRESSANI, Francesco Giuseppe, *Breve relatione d'alcune missioni dei Padri de la Com-pagnia di Gesù nella Nuova Francia*. Macerata, Heredi d'Agostino Grisei, 1653.

DULIANI, Mario, *Città senza Donne*, Montreal, D'Errico, 1946; *Ville sans Femmes*, Montréal, Pascal, 1945.

GIOSEFFINI, Aldo, *L'amarezza della sconfitta*, Montréal, Montfort & Villeroy, 1989.

IERFINO, Giuseppe, *L'orfana di Cassino*, Toronto, Il Laghetto, 1986.

IERFINO, Giuseppe, *La letteratura dell'emigrazione: gli scrittori di lingua Italiana nel mondo*, a cura di MARCHAND, Jean-Jacques, Torino, Fondazione Giovanni Agnelli, 1991.

IERFINO, Giuseppe, *Il cammino dell'emigrante*, Toronto, s. ed., 1992.

IERFINO, Giuseppe, *Vita mia est*, Toronto, s. ed., 1998.

IERFINO, Giuseppe, *L'eroico coraggio non si ferma*. Toronto, s. ed., s.d.

MACRAN, Elena (Elena Maccariti Randaccio), *Il diario di una emigrante*, Bologna, Ta-mari, 1979.

MILLER, J. Hillis, *The Function of Literary Theory at the Present Time, The Future of Li-terary Theory*, a cura di COHEN, Ralph, New York, Routledge, 1989.

MINNI, Costantino D., *Other Selves*, Montréal, Guernica, 1985.

RICCI, Nino, *Lives of the Saints*, Dunvegan, Cormorant, 1990.

RIMANELLI, Giose, *Tiro al Piccione*, Milano, Mondadori, 1948.

RUBEO, Ugo, *Mal d'America: da mito a realtà*, Roma, Editori Riuniti, 1987.

STURINO, Franc, *Italians, Encyclopedia of Canadian Peoples*, Toronto, University of To-ronto Press, in via di pubblicazione.

TODOROV, Tzvetan, *La conquista dell'America. Il problema dell'"altro"*, Torino, Einau-di, [1984], 1992.

TURRI, Samuele, *Io Samuele Turri, Partono i bastimenti*, a cura di CRESCI, Paolo e GUI-DOBALDI, Luciano, Milano, Mondadori, 1980, pp. 24-27.

Aspetti linguistici della scrittura degli Italocanadesi

Carla Marcato

Considerazioni preliminari

Dall'incontro tra l'"italianità linguistica", etichetta complessivamente riferita all'italiano e ai dialetti italiani, e l'anglofonia del Nordamerica (non ci occupiamo, qui, della francofonia per quanto riguarda il Canada) sono derivate molteplici situazioni che in parte si ritrovano sia negli Stati Uniti che in Canada in parte invece caratterizzano quest'ultimo paese. In terra canadese fattori quali il "multiculturalismo" e, nel contempo, la mancanza di una espressione culturale storicamente consolidata e delineata, nonché la presenza massiccia di emigrazione italiana recente (in Canada il flusso migratorio più consistente si è registrato nel periodo 1948-1970[1], con particolare intensità tra il 1950 e il 1960) agevolano la possibilità di spazi linguistici e culturali per voci ed esperienze che rinviano alla suddetta "italianità" le quali non si configurano come contrapposte alla cultura del paese ospitante ma si propongono come contributo alla stessa (Franceschetti A. 1991a).

La storia della presenza italiana in Nordamerica è ormai piuttosto lunga, anche volendo muovere dall'ultimo scorcio del secolo scorso. Il fenomeno migratorio ha interessato milioni di persone per un secolo ed ha cominciato a svilupparsi poco dopo l'Unità d'Italia quando gli italofoni sono il 2,5% della popolazione (De Mauro T. 1963, 41).

Una prima fase di consistente emigrazione transoceanica interessa il periodo compreso tra il 1891 ed il 1911. Coloro che partono sono in gran maggioranza analfabeti e quindi dialettofoni[2]; il linguaggio degli immigrati italiani in America viene

---

[1] Secondo i dati del censimento del 1986 sono 709.000 gli Italiani o i Canadesi di origine italiana (Marcato 1998, 91).

[2] L'emigrazione italiana ha tra le sue conseguenze linguistiche la sottrazione di milioni di analfabeti riducendo in tal modo il numero di quanti ignoravano e avrebbero continuato a ignorare l'italiano. Gli

173

descritto "come un compromesso tra lo slang degli indigeni e i vari dialetti della Penisola" (De Mauro T. 1963, 55-56).

Ma l'emigrante tipico italiano, seppure non più analfabeta, continua ad essere madrelingua dialettofono anche nel periodo 1950-1960 che rappresenta un ventennio ad alta densità di emigrazione transoceanica. È per lo più contadino o artigiano, proviene da aree economicamente depresse (in particolare da: Friuli, Veneto, Abruzzo, Calabria, Sicilia), ha in genere la licenza elementare.

Quanto alla dialettofonia, osserva Bettoni che se in linea di massima i ceti che maggiormente conservano il dialetto sono meno esposti alla lingua, è anche vero che chi decide di emigrare è "per ovvie ragioni psicologiche, più portato di chi rimane ad aprire gli orizzonti al di là della realtà locale", ovvero si realizza "quella sorta di socializzazione anticipatoria [...] per cui in fatto di lingua una predisposizione verso l'altro, verso l'esterno, non può che voler dire maggiore permeabilità all'italiano. Si può quindi concludere che anche tra gli emigranti diretti all'estero il bilinguismo dialetto-italiano fosse di gran lunga più diffuso di quanto non suggeriscano le cifre globali del monolinguismo dialettale dell'Italia degli anni Cinquanta e Sessanta" (Bettoni C. 1993, 415).

L'italofonia è non standard e la varietà più alta è l'italiano popolare, come si chiama quell'italiano appreso in modo scorretto e impreciso da chi ha come prima lingua il dialetto (Cortelazzo M. 1972). "D'altra parte l'italiano standard, praticamente assente nella realtà dell'emigrazione come bene d'uso, è pur sempre presente come ideale, con tutte le virtù – e tutti i difetti – di un modello che i pochi anni di scuola avevano imposto nei programmi ma non garantito in classe" (Bettoni C. 1993, 415). Gli emigrati più recenti se non presentano le medesime caratteristiche di quelli partiti nel ventennio '50-'60, muovono "da un contesto socioculturale e linguistico molto cambiato rispetto a qualche decennio fa" (*ibidem*, 412).

Facendo riferimento al quadro prospettato da Bettoni per delineare il repertorio linguistico degli italiani fuori d'Italia, se si lasciano da parte l'emigrazione più recente e quella più vecchia (qualche nipote o pronipote ancora conserva qualche traccia di italiano) e si considera quella degli anni Cinquanta-Sessanta, il repertorio

---

emigranti lontano dall'Italia scoprono l'importanza dell'alfabetizzazione, del poter scrivere a casa senza ricorrere a intermediari, sicché l'emigrazione risulta essere la causa principale dell'aumentata frequenza della scuola e con la diffusione dell'istruzione scolastica aumenta la conoscenza della lingua comune (De Mauro T. 1963).

risulta formato – generalizzando e fermo restando il fatto che il repertorio è nella realtà un continuo – di varietà basse e varietà alte. Le prime comprendono il dialetto (varietà più bassa) e l'italiano popolare (varietà più alta), le seconde invece il dialetto del nuovo paese (varietà più bassa) e la lingua del nuovo paese (varietà più alta). Queste varietà sono tra loro in rapporto di diglossia e l'italiano occupa una "posizione intermedia come lingua bassa rispetto alla lingua indigena e come lingua alta rispetto al dialetto" (*ibidem*, 416).

Se questo è il quadro generale, in realtà si ha una situazione instabile, come si può facilmente immaginare solo pensando all'avvicendamento generazionale, per cui gli ambiti d'uso e i rapporti funzionali tra le varietà del repertorio possono cambiare[3]. I figli cresciuti all'estero, seppure ricevono una socializzazione primaria nel dialetto usato in casa (che non di rado scambiano per italiano, specie quando si tratta di varietà centromeridionali), diventano ben presto dominanti nella nuova lingua attraverso la scolarizzazione monolingue; quanto ai genitori, mostrano comportamenti assai diversi perché nell'apprendimento della lingua seconda è determinante la qualità delle situazioni interattive in cui sono coinvolti. Per molti la lingua del nuovo paese resta sconosciuta come praticamente è per tutti gli emigrati al momento dell'arrivo nel nuovo paese; motivazioni come il desiderio di tornare prima o poi in patria (per rinunciarvi generalmente quando i figli sono ormai inseriti nel nuovo paese) sono forti deterrenti all'apprendimento della nuova lingua. Anche la possibilità (ma è nel contempo una necessità) di vivere e lavorare con conterranei continuando ad interagire in dialetto/italiano limita notevolmente, quando non completamente, il processo di avvicinamento e assimilazione al nuovo contesto socio-linguistico. Per molti emigrati si ripetono le condizioni di vita dell'emigrato Giustino, narrate da Silone ne *Il seme sotto la neve*[4], un marsicano tra marsicani

---

[3]   Si cfr. anche, per gli USA, Haller 1993.

[4]   "Durante la ventina d'anni passati in Pennsylvania, Giustino non vi ha praticato da vicino altri italiani che non fossero abruzzesi e non altri abruzzesi che non fossero marsicani; e pochi marsicani che non fossero della conca del Fucino. Paesane erano le varie famiglie presso le quali egli fu "abbordato"; paesani i "bossi" che ingaggiavano e comandavano al "giobba"; paesani i compagni di "giobba"; paesano il banchiere d'Ambrosio che teneva il locale all'angolo dell'ottava strada, dove i poveri cafoni, e Giustino tra quelli, portavano i loro risparmi ch'essi non rividero più; paesano l'onorevole Tito Macchia, della diciannovesima strada, che rivendeva i terreni speculativi, "real estate", a ottime condizioni e più che altro per filantropia, per aiutare la povera gente del suo paese, guadagno garantito del cento per cento: anche Giustino comprò il suo lotto, ma esso non era di questo mondo, non esisteva. Anche la religione era cattolica ma paesana; i soli santi coi quali si aveva a che fare, erano marsicani: i Santi Martiri di Celano, San Berardo di Pescina, San Cesidio di Trasacco, e simili. Nello scantinato della chiesa, nel posto dove da noi sono riposte le ossa dei martiri, il curato, in mancanza di

emigrati negli Stati Uniti che si sente davvero all'estero quando si ritrova tra italiani provenienti da altre regioni.

> Tra le poche cose che l'emigrante portava con sé – scrive Cortelazzo– una era la più preziosa e la più vana: il proprio dialetto. Preziosa perché costituiva un fortissimo legame con quanti condividevano la sua sorte, vana, se veniva isolato, a contatto soltanto con parlanti una lingua diversa, misteriosa, incomprensibile, che a fatica svelava lentamente i suoi segreti, limitati a un abbozzo di comunicazione essenziale (1995, 172).

L'italiano e/o dialetto si adoperano specialmente nell'ambito familiare, nei rapporti di amicizia, anche nel lavoro secondo l'attività e le persone. Si è rilevato (Bettoni C. 1993, 428) anche che vi è una maggiore italianizzazione dell'emigrazione rispetto alla dialettofonia iniziale quando ad esempio tra la prima generazione vi sono italiani di provenienza regionale diversa che si ritrovano a vivere insieme e "quando la mobilità sociale verso l'alto reprime il dialetto in casa per il 'bene' dei figli [...] nella seconda generazione, invece, parrebbe esserci generale accordo [tra gli studiosi] che si tratti più spesso di dialettizzazione, al punto a volte di ignorare del tutto l'italiano, quando per i figli nati all'estero i contatti con l'Italia sono minimi e quelli con compaesani si risolvono tutti entro i domini diglossici bassi delle mura domestiche e delle situazioni informali del vicinato. In questo caso, ogni funzione diglossica alta è assolta dalla nuova lingua, privando così l'italiano della sua funzione più naturale di varietà alta rispetto al dialetto" (*ibidem*, 428).

Ma anche nella famiglia entra la nuova lingua e con modalità diverse. Frequentemente i figli, la seconda generazione, tra loro adoperano l'inglese e si rivolgono

---

ossa di martiri, organizzava spaghettate, "spaghetti parties". Dopo la truffa dell'onorevole paesano Tito Macchia, il nostro Giustino si ritrovò senza un centesimo, come vent'anni prima, quando era sbarcato nella terra promessa; vent'anni di fatiche e di privazioni, col pane e il sonno misurati come un carcerato, non erano serviti ad altro. Egli si persuase allora che la sua sventura venisse da quel vivere rinchiuso tra parrocchiani, come formiche, come pecore; e senza dire niente a nessuno concepì e studiò il disegno temerario d'evadere, di tentare l'ignoto, d'abbandonare la conca del Fucino, e avventurarsi in Lombardia, in Sicilia, in Piemonte. Esperite caute e furbe ricerche, egli abbandonò Filadelfia di nottetempo e si trasferì a Kingsview, nella contea di Scottdale, pure nello stato di Pennsylvania. A Kingsview egli trovò piemontesi marchigiani calabresi; ma nessun abruzzese; per la prima volta in sua vita Giustino si trovò dunque all'estero. È facile immaginare la sua ansia. Si "abbordò" in una famiglia piemontese della cui lingua non capiva che qualche rara parola, e un calabrese gli procurò il "giobba" in un'impresa di demolizioni. Il lavoro non era pesante, "picco e sciabola" era sempre stata la sua specialità, ma di una sconosciuta tristezza, perché dopo il lavoro non aveva nessuno con cui parlare. Per disperazione, egli cominciò a prendere l'abitudine di parlare con se stesso. (Silone I., 1950, 506-507).

ai genitori in inglese o anche in italiano/dialetto, in tal modo nel parlato spontaneo sono rilevabili alternanze da una lingua a un'altra e la selezione dipende dalla situazione comunicativa[5]. Inoltre nel contatto tra due lingue elementi dell'una si trasferiscono all'altra motivati generalmente dal rapporto col nuovo contesto culturale, ed è piuttosto frequente l'inserzione di prestiti lessicali e forme sintattiche dall'inglese, nel parlato degli emigrati. Specificamente con riferimento al Nordamerica tali elementi concorrono alla formazione di quello che viene comunemente chiamato "italiese"[6] una sorta di italiano popolare con inserzioni dell'inglese che possono avere varianti adattate anche ai dialetti parlati nella comunità[7]. Perché nella realtà si tratta di un continuum dal dialetto più schietto al dialetto italianizzato all'italiano popolare e così via sul quale interferisce l'inglese[8].

Premesso che alla base degli aspetti linguistici che saranno delineati nel prosieguo dell'indagine vi sono scritture di tipo letterario, non già pubblicistico o altro, parlando di "scrittura" in una situazione come quella precedentemente delineata – ovviamente tanto più articolata a livello di "oralità" – si possono prevedere tre possibilità: uso del dialetto, italiano, inglese, alle quali si possono aggiungere situazioni che presentano un certo gradi di mistilinguismo, tracce di "italiese", o di alternanza di codici. La scelta di un codice o di un altro dipende dalle conoscenze linguistiche di chi scrive. Sarà più prevedibile l'uso di dialetto/italiano in soggetti di prima generazione. Tenendo conto del tipo di scrittura su cui ci si sofferma, la scel-

---

[5]   Per una descrizione di situazioni linguistiche presso comunità italocanadesi rinvio a Marcato 1998.

[6]   Il termine, che conosce anche la variante "italese", è stato proposto da G.P. Clivio (Clivio G.P. 1985).

[7]   Come osserva Clivio (1985, 483) "Il linguista che si trova ad elaborare il materiale mutuato ha pertanto di fronte a sé una situazione altamente complessa, resa ancor più tale dal fatto che entro l'ambito della collettività rimane vivissimo l'uso dei dialetti", così un prestito come l'inglese *truck* può essere adattato in *trocco,* ma anche *trocchë* in bocca ad un dialettofono di area meridionale (per es. un abruzzese).

[8]   Come nei due seguenti frammenti tratti da una registrazione che ho effettuato nel 1997 con un'informatrice italoamericana (proveniente dalla Calabria meridionale ed emigrata negli anni '50 quando aveva intorno ai vent'anni) "Io non me lo sono insegnato [l'inglese] mia sorella più piccola di me iu nòu [you know] era la piccola della famiglia e lei portava u carro [the car], a tutte le parti andava quella, troppo intelligente ...sapeva... leggere e scrivere americano [...] io non facevo niente, adesso mi sono insegnata se devo pagare u billo [the bill]".   [al telefono] "aloo [hello] ...no, non c'è male e voi come state? ..ia [yea], da molto tempo che non chiamate ... avete fatto bene, avete bisogno di andare con vostro figlio ... quella vi può portare... chilla porta u carro ia ia... povera donna, povera donna, e ha lavorato come una cavalla, mangiare e sparagnare, ia ...e niente ...non c'è niente, è una piccola iarda [yard]...avete ragione, ia, avete molta ragione, ia ia ...i no [you know] ma io vi penso sempre...".

ta del codice linguistico e dei suoi registri è certo sorvegliata e l'italiano non sarà, verosimilmente, di tipo popolare (come si potrebbe reperire in un altro tipo di testo, per esempio una lettera, – il cui stile Capuana ha ripreso ne *Gli "americani" di Ràbbato* [9] – o anche da un diario[10] o altro[11]), quindi ci si aspetta un italiano quantomeno dell'"uso medio"; situazioni di mistilinguismo saranno verosimilmente da attribuire a consapevoli scelte dell'autore con finalità stilistiche ed espressive.

Lungi dal voler presentare qui un repertorio di nomi e temi (per inciso si dirà che le "scritture" degli Italocanadesi meriterebbero quantomeno una ricognizione sistematica), anzi limitandoci solo a talune fonti (fondamentale l'antologia curata da

---

[9]   Luigi Capuana, 1912, 112-114: "E con un certo sorriso di sufficienza Menu aperse la busta e spiegò il foglio. La lettura dice precisamente così in un italiano-siciliano di equivoca ortografia:
"Caro Nonno, cara Mamma, caro fratello. Semo arivati qui in una città che si chiama Nuova iorca ed è più grande di tutta la Siggilia che fa spavento tanta è la popolazioni nelle strate. Uno si perde. Ma cci sono molti nostri paesani che pare di essere a Rabato e si fa tanto di cuore sentendo il nostro linguaggio. Abiamo ncontrato Nascarella con la moglie e la figlia che suonano lorganetto. Hanno li cappelli come le signore che si riconoscono a stento: la figlia canta le canzonette napoletane: la madre raccoglie i soldi col piattino che ci mangiano e ci bevono pagano la casa, e ci ne restano. Non avemo visto ancora il salone di Coda pelata che è chiuso, dice, per farlo meglio; ma Nascarella dice che non è vero e sta a picciotto in un altro salone. Noi ci colloghiamo in una masseria per lavori di campagna; poi, dice, avremo li terreni. La paga è bona. Non stati inpensiero per noi. Faremo fortuna. In questi paesi ognuno fa persè, abiamo la testa ntronata dalla grangente che va e viene; pare che tutti corrono come savessero gli sbirri alle calcagne e noi dobbiamo fare pure così. Le masserie le chiamano ferme come se potessero scappare; e se non vi fossero i nostri paesani non ci capirebbe nessuno perché parlano una lingua ingresa che pare se la masticano coi denti mentre il linguaggio siggiliano è tanto spiccio che sarebbi meglio parlassino siggiliano. Figurativi che per dire: bona sera dicono: cuttinaitte.
Noi stiamo bene e così speriamo sentire di voi. Bacciamo la mano alla mamma, al nonno e salutammo a Menu: la risposta mandatela come è scritto qui. Salutate li vicini e tutti gli amici che domandano di noi. Vostri cari nipoti
Stefano Lamanna
Santo Lamanna""
Per il commento linguistico del racconto di Capuana si veda Salvatore Claudio Sgroi 1995, 286-315.

[10]   Come può essere, tra gli altri il diario *La spartenza* di Tommaso Bordonaro (di origine siciliana, emigrato negli USA).

[11]   Trascrivo qui di seguito, rispettandone la grafia, un annuncio per una vendita apposto presso l'ingresso di un supermercato a Toronto verso la fine degli anni '70 (ringrazio il prof. Francesco Guardiani dell'Università di Toronto che me ne ha fornito copia):
FOR . SALE BANGALO' STACCATO, DOPPIO GARACE,
3 Bagnie, indercomo, vacchium,
allarmi, BALCONO, LOTTO GRANTE,
VICINO chiesa scuole negozie e
subbuè e iorchidele [segue il numero di telefono]
Testo nel complesso comprensibile, è tipico dell'italiano popolare (cfr. le forme *grante, bagnie, negozie*) ma contiene forme di italiese quali *subbuè* per *subway*, *indercomo* per *intercom*, *iorchidele* per *Yorkdale* (zona di Toronto), e la resa grafica, che si adegua alla pronuncia, *vacchium* per *vacuum*.

Morgan Di Giovanni C. 1984), ci soffermiano su alcune soluzioni linguistiche (rappresentative di situazioni generalizzabili al di là di quelle che sono le esperienze culturali, le motivazioni e, ovviamente, le competenze linguistiche dei singoli autori) non volendo entrare nel merito dei risultati sul piano letterario. Scontata è anche l'osservazione relativa al potenziale lettore a cui ci si rivolge in dialetto piuttosto che in inglese o in italiano. Temi dominanti (ma non esclusivi), non senza richiami anche a certi stereotipi dell'emigrante italiano, sono quelli legati alla memoria della terra d'origine, all'emigrazione, al rapporto con la nuova realtà in cui si vive, alla difficoltà di individuare dei motivi culturali di riferimento mentre diventa sempre più difficile ritrovarsi e confrontarsi con la vita lasciata al paese, familiare nella memoria ma estranea nella realtà.

Come scrive Antonio Franceschetti, nel "panorama letterario del Canada di oggi [fine anni '80] ha acquistato poi una certa dimensione la presenza non irrilevante di vari scrittori di origine italiana, operanti sia in quest'ultima lingua, sia, più spesso, in quelle ufficiali del paese, il francese e soprattutto l'inglese" (Franceschetti A. 1991, 113). Accanto a tali lingue ci pare notevole la presenza dei dialetti dei paesi d'origine, nonché di altre forme ibride (si veda più sotto relativamente all'"italiese"). Al di là delle esperienze personali, sembra si possa dire che l'impiego del dialetto da un lato pare accentuare quel senso di straniamento, di isolamento che pervade le scritture degli Italocanadesi; in tali situazioni il dialetto può diventare un elemento di intimità tra chi scrive e il mondo delle piccole cose, le sicurezze di un tempo in un'altra terra. "Dovunque vada e dovunque si trovi – osserva ancora Franceschetti – lo scrittore italo-canadese rintraccia interi ed intatti davanti e dentro di sè la solitudine, la delusione e l'isolamento che caratterizzano la sensibilità e la condizione esistenziale dell'umanità del nostro tempo" (*ibidem*, 118). Il disorientamento, che viene anche dagli sconfinati spazi canadesi, il contrasto con le piccole cose, forse anche questo significa l'impasto linguistico che figura in una breve poesia di Joseph Pivato (vicentino di nascita, professore di letteratura comparata nell'Alberta) significativamente intitolata *Cultura canadese* (in Morgan Di Giovanni C. 1984, 59-60):

> pick and shovel
>> in a ditch
>> calloused hands
>> hard hats
> boots planted in sewage
> is that clay mud of Ontario fertile?
>> la bella vita in America
> pasta lancia
> primo unico

mamma bravo
chin radio
telejournale
"doferin e san cler"
    where are we now?
    the snow falls
    the wind is cold
where is our history in this land?
do the indian spirits understand italian?
have they heard of da Vinci or Verdi
or even Columbus?

    speak english only
not italian not even french
in this a paese
or a geographical hypothesis?

al di là della tematica contenuta in questi versi, spiccano le parole: *pick* e *shovel* desi-
gnano due strumenti simbolo del lavoro dell'emigrante impegnato nelle costruzioni,
sono il "picco e la sciabola" dell'emigrante Giustino (vedi nota 4) e del lessico italocanadese; altri elementi linguistici che in maniera inequivocabile e altrettanto simbolica
(elementi fermi negli spazi sconfinati) richiamano l'italianità: la *pasta* (Lancia, Primo,
Unico, sono marche di pasta all'italiana prodotte in Canada), *mamma, bravo, chin radio* (la radio italocanadese di Toronto), il *telejournale, doferin* e *san cler,* toponimi di
Toronto (Dufferin e Saint Clair), zone abitate da molti Italocanadesi.

Scrittura in inglese

Della scrittura in inglese che può comparire accanto a quella in italiano e/o dialetto in una stessa raccolta di poesie, per esempio, risultano interessanti per l'aspetto
linguistico quelle in cui filtrano elementi dell' "italianità" linguistica.

Ricorrente, l'italianità, nei titoli di testi nei quali spesso compaiono altri elementi italiani. Ne fa uso ad esempio Mary Di Michele (in Canada dal 1953) in varie poesie tra cui *Enigmatico* che contiene altri riferimenti all'Italia: "in a village in the
Abruzzi", "for Carnevale" (Morgan Di Giovanni C. 1984, 51).

Anche Len Gasparini (nato a Windsor, Ont. nel 1941) intitola una sua poesia *Il
sangue* "Our people work in the Tuscan fields, / where the rain walks barefoot..."
"Let us strum our mandolins and sing / O Sole Mio every night. // The joy is ours.
/ Strangled by a spaghetti stereotype, / an Italian supposed to lay bricks..." (Morgan Di Giovanni C. 1984, 53).

Antonino Mazza (in Canada dal 1961) titola in italiano suoi componimenti come *Canadese* "Because life for him / has been labour and struggle, / Canadese, remember your father. Don't try to stifle your mother tongue / in our cage, it is wrong; / do canaries smother their private song?..." (*ibidem*, 55), e altre quali *Viaggio* oppure *Ossobuco* (*ibidem*, 173-174).

Titola in italiano, ad esempio *Errore* (*ibidem*, 154), anche Pier Giorgio Di Cicco (nato in Italia, ad Arezzo, nel 1949).

Nei testi in inglese la cui tematica è legata all'Italia talvolta sono inseriti elementi dell'italiano o anche del dialetto; tali inserzioni (spesso marcate tipograficamente, anche con diverso carattere) mostrano, certo, una maggiore efficacia sul piano stilistico-espressivo e sono, o possono essere, connotati da una potenzialità rievocativa: Antonio D'Alfonso, *Life of Cross* (*ibidem*, 148-150).

> [...]
> Emigrants' son,
> an emigrants' son's son in quest
> of strong brave flesh for this blood of
> *contadino.*
> [...]

Mary Di Michele, *Marta's Monologue* (*ibidem*, 159-160):

> [...]
> I listen very carefully to all their bull shit
> as they split *lupini* and throw the shells
> into the bowl I don't fail to provide for them.
> [...]
> Lucia is *putane* because she doesn't live at home
> and because she won't say hello
> or pretend to like uncle Joe
> whom she calls a macho pig.
> [...]

Alexandre Amprimoz, *Preludes* (*ibidem*, 75):

> [...] They told him that Nonno was the father. He didn't know what to think of that, but he knew that Nonno was nice to him, yes, much nicer than the women of the house. Nonna, the mother of his mother, wasn't so nice. She forced him to eat rice and *bacala* every Friday. *Bacala* was dried, salted fish that Nonna would put into the bowl every Thursday night. Once he asked, "When you put

bacala in water does it become alive again?" [...]

In altri casi prevale la necessità di riempire un vuoto semantico (come accade di frequente in certi settori lessicali come quello della gastronomia):

Tony Pignataro, *The Immigrant* (*ibidem*, 57), cosentino di origine, in Canada dal 1953 dall'età di quattro anni

> On holidays the men would spend their time
> at the cantina (where he was known as "il caporale")
> playing cards or pitching pennies against the walls
> [...]

L'una e l'altra di queste due situazioni sono ben presenti nella poesia *Friuli 1976: the broken wall* di Joseph Pivato (*ibidem*, 184):

Julian Alps on the horizon
   celesté and dark green-blue
   river valley yellow field of corn
   Udiné like Oz
   rises with stone towers moss green
   grey yellow pietra travertino
   tower topped by a falling angel
   campanilé from castello
   trowels from blue Venetian blades
   red earth red tile roofs
   shuttered windows
   echoes and shadows
   chidren and nonni
   in the red evening sun
cool March air is broken with dragon breath
angry earth heaves satanic dances
cut through the Tagliamento valley
   grey stone walls roar fall
         towers green with caper
             smash
terremoto terror screams
silence and darkness

Cro-magnon bones and mediaeval mummies
lie uncovered near the baptistry of Venzoné
cries lie buried carnage in Carnia
   life time history rubble
       Gemona sprawled on the hillside
where is Colloredo fogolar furlan

Italians in Canada collect dollars
to rebuild the towns
the broken wall the burning roof
and tower

Al di là di specifici elementi linguistici, vi sono poi dati culturali che rinviano all' "italianità" anche attraverso la lingua inglese come, per esempio, nella poesia *In My Backyard* (*ibidem*, 151) di Celestino De Iuliis (di origine abruzzese, in Canada dall'età di sei anni) di cui si riproducono i versi iniziali:

I own a house now.
My Father sowed his seeds
in his backyard,
and reaped the lettuce and tomatoes
[...]

Scrittura in italiano

Per lo più accompagnato da traduzione in inglese, il testo scritto in italiano almeno per quel che riguarda la poesia spesso è una lingua di maniera, piuttosto antiquata e ripetitiva della poesia tradizionale alla quale si adegua anche nella rima.

Sul tema dell'emigrazione così scrive Silvano Tancredi (abruzzese di origine) in una poesia dal titolo *Emigrato* (Tancredi S. 1992, 31-32[12]):

La mente più non pensa
e il cuore palpita monotamente.
Sono in terra straniera,
emigrato,
il luogo m'è strano
la gente sconosciuta
[..]
Tornerò mai, Patria mia?
È l'atroce domanda
cui non posso rispondere.

cui fa da pendant il disagio dell'emigrante quando fa ritorno nel paese d'origine (*Miano 1966, ibidem*, 41):

[12] La raccolta è parte in italiano (senza traduzione), parte in inglese, con un testo in dialetto abruzzese *Lu cacciatore abruzzase* (v. più avanti).

> Quando tornai al mio paese,
> che non vedevo da quattordici anni,
> uno strappo forte al cuor mi prese:
> non c'era vita sana ma malanni.
>
> E se oggi più che mai ne sono fiero,
> se amo la gente e la sua natura,
> tra nuove cose sono un forestiero,
> come mai sono stato tra le vecchie mura.
> [...]

ancora motivata dal ricordo una poesia (*Grano, ibidem*, 33) di maniera, con soluzioni lessicali che vanno verso registri alti della lingua:

> Tra le zolle umide un dì cadesti
> soletto chicco biondo: e quasi eremo
> era il loco fresco che ti scegliesti.
> I contadini dissero: torneremo.
>
> E tornarono il dì della mondatura
> quando eri verde e marzo ti cullava;
> tornaron poi alla mietitura
> quando il sol di giugno t'indorava
> [..]

toni aulici anche in altre poesie di autori diversi, ad esempio *A Bruno* di Gianni Grohovaz (in Morgan Di Giovanni C. 1984, 31) autore di origine istriana (nato nel 1926, in Canada dal 1950):

> Non posso smorzare il sole
> per far sapere al mondo
> cosa mi dice
> il tristo verdetto
> che ti vede ormai prono
> davanti all'uscio
> dell'ultimo casolare,
> là, in fondo al villaggio
> di questo breve mondo...
> [...]

Tratti più colloquiali sono presenti invece nella raccolta *Poesie per Giulia* di Carmine Coppola (nativo di Pompei, vive a Winnipeg), come nel testo che segue (*L'osteria del Gino,* Coppola C. 1996, 22):

> C'è sempre un vociare intorno!

L'Arnaldo racconta storie di guerra,
ogni sera una nuova, l'ascolto!
Il Picchio dall'aspetto cupo, torvo,
sembra dilaniato da chissà che guai.
L'Umberto vive d'amore e di donne,
le sue avventure non hanno mai fine.
Spugna tracanna rosso da brivido:
barcolla, si tiene, ma non cade mai!
Fuoco per ore ed ore a parlare
di storie di caccia e strani agguati.
La Maria convinta che la polenta
sia un'arte: serve sempre e solo quella!
Il Grillo che salta da un discorso
all'altro e chiude sempre con: logico!
[...]

Nella traduzione in inglese i tratti che connotano la varietà di registro dell'italiano così come elementi lessicali riferiti a tratti propri della cultura italiana non sempre possono essere resi adeguatamente, così nella versione del testo precedente "L'Armando" è reso con "Armando", "Il Picchio" è "Fighter" mettendo in rilievo il soprannome tra apici. Ovviamente "polenta" rimane invariata, non ha bisogno di traduzione, ulteriore conferma della popolarità della parola anche in Nordamerica. Aspetti connessi alla traduzione insieme con l'utilizzo di elementi del lessico inglese nel testo in italiano sono esemplificabili con il testo *Gente mia* di Filippo Salvatore (molisano nato nel 1947, in Canada dal 1964) di cui si riporta la parte iniziale e la traduzione in inglese (*My people*) dello stesso autore (da Morgan Di Giovanni C. 1984, 190-191):

Gente, gente mia,
gente a me più cara
dell'anima stessa mia.

Gente che avete il viso rozzo,
donne grassotte che vestite sempre di scuro,
uomini che avete i pantaloni sporchi
e rattoppati ed i calli alle mani,
giovani inconsci, carne da macello negli immensi
sweat-shops cittadini,
giovani che v'accontentate della stretta
di un altro corpo giovane e di baci il sabato
giovani dai facili piaceri e volubili emozioni,
vecchi che vi riunite in gruppetti nei giorni
di sole nel parco e giocate a scopa bisticciandovi
in dialetto come vecchi monelli aspettando

rassegnati la morte:
donne, uomini, giovani e vecchi
voi siete tutti gente
tutta gente mia.
[...]

People, my people,
people as dear to me
as the early morning sun.

Rough-faced people,
dark-dressed plumpy women,
men with patched-up trousers
and corn-like hard hands,
mixed up youths, livestock
ready for slaughter in the huge
city sweat-shops, you who long to kiss
and grasp another young body on Saturday
nights and are content by easy
pleasures and volatile emotions;
elders, you who gather by small groups
in the park during the warm, sunny
days to play scopa squabbling in dialect
like old urchins, waiting patiently
for death,
women, men, youths, elders,
you are all people, all my people.
[...]

Scrittura in dialetto

Solitamente chi impiega il dialetto appartiene alla prima generazione, è dialettofono come prima lingua e considera il dialetto il codice che gli consente di esprimere in modo più spontaneo i sentimenti che affida al testo poetico, perché è la poesia il luogo pressoché esclusivo degli usi dialettali. Vi sono anche scelte connesse ad altri motivi, per esempio considerare il proprio dialetto come consapevole modo per andare alle radici e ritrovare il filo che lega l'Italocanadese al paese, alla regione di origine. O anche una scelta alternativa all'italiano a sottolineare il fatto che anche i dialetti italiani, o le lingue minori come pure si usa dire, hanno "dignità". Insomma, sono atteggiamenti che in fondo motivano anche lo scrivere in "dialetto" in Italia con la differenza che è molto minore quello spirito di antagonismo nei confronti

dell'italiano che anima la scrittura dialettale in Italia. E un altro aspetto da sottolineare è dato dal fatto che l'uso del dialetto da parte di Italocanadesi non è impa-
stoiato, come in Italia, da questioni sempre dibattute quali la grafia o il tipo dialettale (koiné dialettale vs. varietà locale).

L'uso occasionale del dialetto si rileva in una poesia di Silvano Tancredi, *Lu cac-
ciatare abruzzase* (in Tancredi S. 1992, 26-29) scritta per festeggiare un incontro,
unico testo dialettale tra altri in italiano o in inglese:

> Massare a lu clab Abruzze
> ci sta la feste di li cacciatire.
> Du misce fa ne partò
> na frotte de cacciatire:
> [...]
> Vanne lundane
> pecché qua 'ntorne
> nen ci sta manghe le crape.
> Vanne ammezze li busche
> dove sta li cirve
> [...]

Dedicate al paese di origine, Amaroni, in Calabria, sul filo del ricordo (sempre
vivo, popolato di piccoli ricordi e semplici sentimenti), ma anche alla propria esperienza di emigrante le poesie di Franco Preianò in Canada dal 1963, che alterna testi in italiano ad altri, più numerosi in dialetto, si veda *A huntana vecchia* (Preianò F. 1995, 14)

> Attìa huntana vecchia
> solitaria,
> ca tutti quanti quasi
> ti scordaru,
> ti dassamma tutta sula,
> separata,
> cuamu ca no'husti
> mai esistita.
> [...]

o *U tamarru* (*ibidem*, 23):

> Sentiti mu vi dicu, o brava gente,
> vorria mu parru, de lu scostumatu
> no'parrau e tutti quanti, ma sapiti,
> ma parru do tamarru schunchiudutu.
> [...]

In dialetto, stavolta friulano, la raccolta di poesie di un sacerdote Ermanno Bulfon (1942-1985) di origine friulana. La raccolta intitolata *Un Friûl vivût in Canada* è del 1977 ed è stata pubblicata sotto lo pseudonimo di Bepo Frangel[13]. I temi che pervadono questa poesia sono la forte religiosità e la comunione con Dio "tu ientris / senze ch'o disi nuie / 'o ti sint / e / senze quasi volê / o rispuint"), il ricordo dell'infanzia vissuta nella terra di origine e quindi l'emigrazione, ma soprattutto la gioia di vivere sostenuta da una fede intensa:

Di bessôl
mi cjati
a pensâ, a pensâ.
E il fûc, ros
al scjalde, al fâs lûs,
al tire
in su,
al invide a alzâ il spirt,
a pensâ robis bielis.

Tra le altre esperienze dialettali va menzionata quella in molisano di Giose Rimanelli che, dopo un periodo trascorso in Canada (durante il quale è stato per un breve periodo direttore del "Corriere Canadese"), si è trasferito negli Stati Uniti. Il dialetto, certo, è il suo nativo dialetto e questo significa ritorno alle origini culturali e linguistiche, ma in Rimanelli è anche sperimentazione linguistica e letteraria, si veda *Mister Frank* (Rimanelli G. 1991, 128):

Tiénghe nè pèssijóne de tant'anne
de farme nè gèrate pù pèjése.
Se me chènósce o no nèn me ne fréche:
m'haje lèvà nè cose che sta 'n ganne.
A sére, se m'èssètte sott'u puórce,
me facce u pédetílle e pènz'a te.

U córe tije u sà.
U Tiempe po' pèssà.
J' so' vive e pènze:
te viengh'a retrèvà.

Pe' qua, ne l'Arkanzò,
j" nat'u Criste so.

---

[13] A dieci anni dalla scomparsa di padre Bulfon, è stato pubblicato il volume commemorativo *Pre Ermanno* curato da Rino Pellegrina, Alberto Picotti e Rita Zanatta, patrocinato dalla Federazione dei Fogolârs Furlans del Canada e dalla parrocchia di San Pietro in Woodbridge (Toronto).

Uórk e sembe uórke
pi' tasse e pi' kiwi.

Me chiamèn'èquèscì:
"Frank, is my phon's okay?
I need to fix a light..."
Vònne u cinghe e u sei.

Nèn me so' squèrdate
a facce che tu tiè.
Rise e mazzijate
mi port'èppriéss'èmmé.

Qua nèn so' chèfóne,
manche nu signóre:
è cu dentr'e fóre
che va"nnanz'u stóre.

Me recèrch'u munne:
(*"I need help, Mister Frank!"*)
(*"Yessir! What's your problem?"*)
fècènnème chèmpà.
[...]

Tratti di "italiese"

Dell'italiese, varietà che, come si è detto all'inizio, nasce dall'incontro di elementi inglesi con la fonologia e la morfosintassi dei dialetti e dell'italiano, vi è qualche traccia in certi testi ed ha funzione espressiva, delineando, per l'appunto, l'emigrante tipo, come si faceva in passato con le cosiddette "Macchiette Coloniali" (Livingston A. 1918, 215). Ne sono esempi nel precedente testo di Rimanelli *puórce* il 'portico' (inglese *porch*), *uórk(e)* il 'lavoro' (*work*), *stóre* il 'negozio' (*store*). Lo stesso Rimanelli già in altre occasioni (Rimanelli G. 1958, 130-134), da quell'attento osservatore che è della situazione, anche linguistica, che lo circonda, è ritornato su questo italiese, fornendone varie esemplificazioni e in particolare su quelle che generano degli equivoci per l'omofonia con parole dell'italiano, per esempio *Sto in una casa senza stima e senza genitore* (*steam* 'acqua calda', *janitor* 'portinaio'), *Faccio lo sciabolatore di Re Erode* (*shabler* 'badilante', *rail road* 'ferrovia'), *Non spogliare la grassa*, adattamento di *Don't spoil the grass* 'non guastare l'erba':

> [...] Ma nessuna frase slang mi ha fatto effetto di fucilata come quella che una sera mentre stavo con Mary-Jo sull'erbetta di un giardino pubblico, mi lanciò addosso un immigrato che conoscevo. Gridò egli, come se mi sparasse:
> "Non spogliare la grassa!"
> Non stavo spogliando la ragazza, che tra l'altro era magra. Ma poi, ripensando a quella frase, non potetti tenermi dal ridere. Il conoscente voleva avvertirmi soltanto, facendo vanto del suo senso civico, di "non guastare l'erba". E in inglese si dice appunto:
> "Don't spoil the grass!"
> [...]

L'inserzione di segmenti "italiesi" a fini espressivi, per delineare taluni caratteri ed anche per sortire un certo effetto comico, specie insistendo su elementi più ricorrenti in bocca agli emigranti e quindi più facilmente riconoscibili da parte del pubblico, si rileva in taluni scritti teatrali. Ne fa uso, ad esempio, Guido Pugliese[14] in testi teatrali come *Un marito di scorta* nella quale alcune battute di un personaggio italocanadese di nome Ottobello contengono elementi italiesi evidenziate nel testo col corsivo (Pugliese G. 1988, 18):

> [...] Ci siamo sempre divisi tutti i frutti e vegetali delle nostre *iarde:* i primi pomodori, le ciliege, pesche, pere, anche le *cucuzze* siciliane [...]
> [...] Si sposa e nemmeno mi invita al *weddingo*. Che modo di trattare è questo? Quando lo rivedo mi farò ridare tutti gli attrezzi che ha voluto in prestito e che non ha mai restituito: una *sciabola* quasi quasi nuova [...]
> [...] Se dovesse nascere *nu baby,* come farebbe Pasqualino ad alzarsi durante la notte? E anche lui durante il giorno, quando deve riposare lui. No. Posso ammettere che a 75 anni è bene avere una *ghella frende,* ma niente matrimonio [...]

mentre nella commedia *Uova sbattute ...e mogli blave* oltre a elementi di italiese o l'adattamento di un anglofono all'italiano si sfruttano altre situazioni tipiche del parlato come il cambio di codice. Tra i personaggi vi è Pasquale immigrato di recente a Toronto, tra le sue battute (*ibidem,* 60-65):

> [...] Allora, giochiamo. Who have 25 cents? Il signore mi ha dato un penny. Dev'essere un parente dei Rockefello! Grazie. But we still need twenti-fi cents. Ecco il venticinque, the twenty-fi cents [...]
> [...] All right. Dunque si è stabilito che se esce Regiaina, we speak english; se invece esce muse, parliamo italiano. Chiaro? [...]

---

[14]   Di origine calabrese, è docente di lingua e letteratura italiana presso la University of Toronto (Erindale College) ed utilizza molto il teatro nel quadro della metodologia didattica.

dovendo parlare italiano, ecco una scambio di battute tra personaggi anglofoni:

> (Edwin) Thanks, son. Sì, avere ramo di Canadiana Legione. Pure uno ristorante italiano. Loro make very good pasta. Isn't that right, Edna?
> (Edna) Oh yes dear. Io piacio molto spaghetti. Ma piacio molto spaghetti cooked not *al dinti,* as the Italians eat them. Piacio spaghetti soft.

infine, una battuta di Mafalda moglie di Pasquale, seguita da una di Edna, anglofona, nella quale l'autore richiama *checca* per *cake:*

> (Mafalda) Le mele sono molto buone per fare *checche,* come dicono a Toronto.
> (Edna) Oh, yes. I cook molto *checche.*

altra voce molto frequente del lessico italiese (che dà dei *mangiachecchi* ai Canadesi di origine inglese) che richiama, dunque, il tipico ambiente italocanadese i cui usi linguistici si dispongono lungo un continuum di varietà che offrono soluzioni diverse anche a livello di scrittura ma che sono destinate a ridursi, e con esse le varie esperienze pluri e mistilingui, col diminuire progressivo della funzionalità comunicativa, se non sono sostenute da motivazioni socioculturali le quali, però, richiedono un certo impegno.

Bibliografia

BETTONI, Camilla, *Italiano fuori d'Italia,* in *Introduzione all'italiano contemporaneo,* a cura di SOBRERO, Alberto, Bari, Laterza, 1993, p. 411-460.

BORDONARO, Tommaso, *La spartenza,* Torino, Einaudi, 1991.

CAPUANA, Luigi, *Gli Americani di Ràbbato,* Milano-Palermo-Napoli, 1912.

CLIVIO, Gianrenzo P., *Su alcune caratteristiche dell'italiese di Toronto,* "Il Veltro", 29 (1985) p. 483-491.

COPPOLA, Carmine, *Poesie per Giulia. Poems for Julia.* Translated by TORQUATO, Saveria M., s.l., Manitoba Italian Heritage Committee, 1996.

CORTELAZZO, Manlio, *Avviamento critico allo studio della dialettologia italiana. III. Lineamenti di italiano popolare,* Pisa, Pacini, 1972.

CORTELAZZO, Manlio, *Dialetto e letteratura d'oltremare,* in *La cultura popolare nel Bellunese,* a cura di PERCO, Daniela, Verona, Cariverona, 1995, p. 172-195.

DE MAURO, Tullio, *Storia linguistica dell'Italia Unita,* Bari, Laterza, 1963.

FRANCESCHETTI, Antonio, *Presenze culturali italiane in Canada,* in *Lingua e letteratura italiana nel mondo oggi.* A cura di BALDELLI, Ignazio e DA RIF, Bianca Maria, Firenze, Olschki, 1991, pp. 105-126.

FRANCESCHETTI, Antonio, *Aspetti e motivi degli scrittori italiani in Canada,* in *La letteratura dell'emigrazione: gli scrittori di lingua italiana nel mondo,* a cura di MARCHAND, Jean-Jacques, Torino, Fondazione Agnelli, 1991a, pp. 141-156.

FRANGEL, Bepo (Ermanno Bulfon), *Un Friûl vivût in Canada,* Udine, Ente Friuli nel Mondo, 1977.

HALLER, Hermann, *Una lingua perduta e ritrovata. L'italiano degli italo-americani,* Firenze, La Nuova Italia, 1993.

LIVINGSTON, Arthur, *La Merica Sanemagogna,* "The Romanic Review" 1918, pp. 206-226.

MARCATO, Carla, *Lingua e cultura di comunità italo-canadesi,* in *Dialetti, cultura e società.* A cura di MIONI, Alberto M., VIGOLO, M. Teresa e CROATTO, Enzo, Padova, Consiglio nazionale delle Ricerche, 1998, pp. 91-103.

MORGAN DI GIOVANNI, Caroline (a cura di), *Italian Canadian Voices. An Anthology of poetry and prose (1946-1983),* Oakville, Mosaic Press, 1984.

PREIANÒ, Franco, *Amaroni dolce Amaroni,* Toronto, s.e., 1995.

PUGLIESE, Guido, *Un marito di scorta,* Welland (Ont.), Soleil, 1988.

PUGLIESE, Guido, *Uova sbattute...e mogli blave,* Welland (Ont.), Soleil, 1998.

RIMANELLI, Giose, *Biglietto di terza,* Verona, Mondadori, 1958 (ristampato: Welland (Ont.), Soleil, 1998).

RIMANELLI, Giose, *Moliseide: Songs and Ballads in the Molisan Dialect.* Translated by BONAFFINI, Luigi, New York, San Francisco, Bern, Frankfurt-am-Main, Paris, London, Peter Lang, 1992.

SGROI, Salvatore Claudio, *Dal dialetto alla lingua nazionale. Testimonianze di italiano popolare (regionale ed altro) agli inizi del Novecento: "Gli 'Americani' di Rabbato" (1909-1912) di Luigi Capuana,* in ROMANELLO, Maria Teresa, TEMPESTA, Immacolata, *Dialetti e lingua nazionale.* Atti del XXVII Congresso della Società di Linguistica italiana (Lecce, 28-30 ottobre 1993), Roma, Bulzoni, 1995, p. 286-315.

SILONE, Ignazio, *Il seme sotto la neve,* Milano, Mondadori, 1950.

TANCREDI, Silvano, *Quando strappi il fiore.* Introduzione di GUARDIANI, Francesco, Toronto, Alcyone Publishers, 1992.

Le palimpseste de la Shoah dans *L'avalée des avalés* de R. Ducharme

Jean-Paul Dufiet

Bérénice Einberg, le personnage principal de *L'Avalée des avalés* (Ducharme R. 1966), qui déteste le monde entier, sauf son frère Christian et une amie Constance Chlore, est juive; son père est juif, elle fréquente la synagogue, elle est accueillie pendant cinq ans chez un oncle juif à New-York et son parcours romanesque s'achève en Israël, sans doute vers 1965, alors que se prépare ce qui sera, hors du roman, très probablement la guerre des Six jours.

Cette narration peut être divisée en trois parties qui ont chacune un rapport spécifique avec le monde juif: la première partie concerne l'autorité parentale et l'identité de la famille; la deuxième partie repose sur l'autorité religieuse comme ordre social; et la troisième représente la confrontation de Bérénice avec l'identié juive et l'entrée d'Israël dans l'Histoire.

Certes la mère de Bérénice est catholique, mais Ducharme a pris soin de lui donner une famille catholique antisémite.

Le fait juif est donc essentiel à l'intérieur du roman et il ne peut être limité à une vérité et à une signification uniquement métaphoriques: il définit les personnages, motive certaines de leurs actions et de leurs pensées et structure la diégèse.

Il ne s'agit pas bien sûr d'une représentation réaliste d'un milieu juif orthodoxe de l'Amérique du Nord, ni même d'un roman historique qui exposerait les vicissitudes du peuple juif depuis la seconde guerre mondiale. Mais *L'Avalée des avalés* est parcouru en permanence de références au réel et à l'Histoire qui construisent un espace symbolique touchant à la représentation des Juifs et au destin collectif des Juifs au vingtième siècle. Ce roman est traversé, nous semble t-il, même si c'est de manière souterraine et indirecte, par l'enjeu et la signification du projet d'extermination du peuple juif qui s'est presque accompli au coeur de l'Europe entre 1941 et 1945.

C'est en fonction de cet axe que sera analysé le monde juif de *L'Avalée des avalés*. En ce sens nous ne ferons pas ici une étude exhaustive du monde juif dans le roman.

Il va de soi que nous ne considérons pas qu'un roman qui parle des Juifs doive obligatoirement se référer à la Shoah, ou doive prendre nécessairement en considération l'histoire des persécutions. Il n'y a pas à d'impératif catégorique de cet ordre[1]. Dans le cas présent, c'est le roman lui-même qui évoque la Shoah, et celle-ci est comme un palimpseste qui intervient dans la signification générale du texte.

Le monde anti-Juif de Bérénice

De l'antisémitisme à l'extermination
Bérénice se définit elle-même comme une "juive erronée" (*ibidem*, 59). Elle est incroyante, s'oppose à la pratique religieuse et refuse d'appartenir au judaïsme. Plus encore, elle est fascinée par ce qui est destructeur du monde juif: elle "salue à la Hitler" (*ibidem*, 182).

Lorsqu'elle arrive en Israël, Bérénice manifeste de l'enthousiasme; elle répète plusieurs fois "je suis juive" (*ibidem*, 328), avec un semblant de conviction nationaliste. Cependant la guerre et la nation sont ici adorées dans un vocabulaire qui évoque les exaltations fascisantes de l'Europe des années Trente, à travers l'union du sang, de la terre et du passé. On note alors une logique qui n'est pas sans évoquer la pensée nihiliste: c'est la possibilité de participer à la guerre et à la mort qui provoque le sentiment d'identification, passager, avec le pays d'Israël. Cet enthousiasme est très temporaire et Bérénice deviendra ensuite une antipatriote radicale.

Bérénice va ainsi du nationalisme provocant au nihilisme, en somme d'une négation à l'autre du monde juif, et affirme son goût de la destruction pour la destruction.

Mais Bérénice ne fait pas que *nier* Israël. Elle a également un usage désinvolte des stéréotypes antisémites. L'expression le "nez crochu" (*ibidem*, 74), stéréotype depuis de nombreuses décennies de toute la littérature antisémite, se retrouve plusieurs fois. Il est même utilisé avec une référence directe à la Shoah au moment du départ de Juifs pour la guerre Israëlo-Arabe: "Ils sont tous entrés dans ma chambre. Le nez crochu, les mains tatouées de numéros de camps de concentration..." (*ibidem*, 129). De sorte qu'au stéréotype antisémite s'ajoute une attitude que l'on va retrouver à plusieurs reprises et sous diverses formes: le rejet équivoque des survi-

---

[1]   On se reportera à l'auteur américain Ph. Roth qui traite cette question avec humour en particulier dans *Zuckerman enchaîné,* Folio, 1987.

vants du Génocide. Ajoutons que c'est dans le contexte d'une référence à la guerre Israëlo-Arabe qu'apparaissent les tatouages des camps de concentration.

Si la communauté juive présentée par Ducharme est sans aucun doute imaginaire, les stéréotypes antisémites et le désir de destruction du monde juif et de ses symboles sont bien authentiques. Il serait par ailleurs très aisé d'ajouter à ces sentiments anti-juifs de Bérénice de nombreux autres stéréotypes antisémites du texte tel que le Juif riche et tyrannique.

Religion-guerre

Le père de Bérénice, pour empêcher les attirances incestueuses de sa fille envers son frère, lui confie une mission historique: défendre Israël.

Bérénice trouve en Israël une situation de guerre larvée. Il n'y a pas de date, ni d'explications précises sur la situation belliqueuse. On sait seulement que les ennemis sont les Arabes, les Syriens en particulier. L'absence d'explication historique circonstanciée n'est cependant pas surprenante étant donné les termes dans lesquels Bérénice associe la religion et la guerre dès le début du roman, avant que l'on apprenne l'existence du conflit: les guerres sont engendrées pas les religions, pense Bérénice: "Ça sent le sang et la cendre[2] [sic] dans les synagogues" (*ibidem*, 15); et le texte sacré est cité: "Tous les arrogants, tous les impies ne seront que paille. Le feu qui vient les flambera, dit Yahveh des Armées." (*ibidem*, 22). En Israël Bérénice retrouvera le Rabbi Schneider de sa synagogue qui était parti combattre: "Il vient d'éclater une guerre entre Israël et les Arabes. Le rabbi Schneider en parle avec des sanglots dans la voix. Yahveh fait sonner des clairons et battre des tambours dans tous les coeurs: Sa terre et Son peuple sont menacés" (*ibidem*, 108). La situation politique pourrait expliquer que la guerre est phagocytée par le discours anti-religieux. Et même si Bérénice englobe dans un sentiment identique les religions juive et catholique, ce n'est qu'en Israël qu'on retrouve la guerre. D'ailleurs le père (Juif) et la mère (Catholique) ne se font-ils pas, selon Bérénice, une "guerre de Trente ans"? (*ibidem*, 39). Le religieux est à la source des conflits.

Dans la vision de Bérénice l'Histoire et le monde juifs sont comme enveloppés dans les guerres: Yaveh est le Dieu de la guerre, la famille vit un état de guerre permanent, les Juifs sont en guerre avec la Syrie et les pays Arabes, et, comme on va le voir maintenant, la Seconde guerre mondiale est à l'origine de la famille Einberg.

---

[2] On note la référence peu supportable de la "cendre" dans une synagogue.

Origine des parents de Bérénice

La famille Einberg est spécifique par son histoire et sa composition. La rencontre du Père et de la Mère, l'histoire familiale dont Bérénice hérite, est liée au Génocide des Juifs dans le roman lui-même. La rencontre entre le Père et la Mère est révélée à partir d'une dispute entre les parents dont Bérénice est le témoin et qui se présente ainsi. À la fin, semble-t-il, de la seconde guerre mondiale, la Mère était réfugiée dans les égouts de Varsovie, pour "résister", dit-elle (*ibidem*, 104). Le lecteur déduit *résister aux nazis,* car la Mère ne le précise pas. Elle a treize ans [sic] et c'est là que le Père la découvre. Ses "frères, MM. les Polonais venaient de [la] violer [sic]" (*ibidem*, 104). Le Père l'épouse un mois plus tard.

Mais les frères de cette très jeune Polonaise "collaboraient" avec le gouvernement d'occupation et les nazis (*ibidem*, 104 et 131). Ils collaboraient donc forcément, sans que cela soit dit explicitement en toutes lettres, à *l'extermination des juifs*. D'ailleurs dans le feu de la dispute la Mère lance au Père: "Et j'aurais dû collaborer avec eux. À quatre nous aurions tué plus de Juifs" (*ibidem*, 104). De plus le Père se voit reproché d'avoir profité de la situation puisque la Mère lui dit: "Vous avez abusé d'une petite fille de treize ans qui, en plus avait perdu la raison!" (*ibidem*, 105). Il restera ainsi un épais contentieux entre le Père et la famille polonaise qui se manifeste par des mises en garde que Bérénice rapporte: "les gentils, l'histoire, la propagande et la jalousie les porteraient d'une façon irrésistible à vouloir du mal à *ma race*[3] et à ma personne" (*ibidem*, 76).

Toute cette rencontre est hallucinante, très difficile à comprendre, et proche de l'invraisemblable. Qu'est-ce qu'Einberg, le Père, fait dans l'égout de Varsovie[4]? À quelle date précise rencontre-t-il la Mère? Et combien de temps la Mère serait-elle restée dans les égouts? Einberg est-il un soldat canadien, membre d'une délégation influente comme cela sera évoqué plus tard dans le texte, puisqu'il échange la grâce des Frères contre le consentement de la Mère au mariage (*ibidem*, 132)! Si oui, quand une telle délégation a-t-elle pu se retrouver à Varsovie?

Sens de l'origine familiale

a) Peut-être est-ce le seul stratagème narratif que Ducharme ait trouvé pour provoquer un mariage incongru entre un Juif et une catholique bienveillante et accomodante à l'égard de la Shoah.

---

[3] C'est nous qui soulignons.

[4] Rappelons que c'est l'armée soviétique qui libère puis occupe Varsovie; la présence d'un Canadien ne va donc pas de soi.

b) Plus profondément, la confusion historique qui est au coeur de cette rencontre provoque un effet de réel qu'on peut ainsi définir: c'est un mariage mixte (juif-catholique) aux circonstances obscures, dans lequel chacun des parents semble coupable, à égalité pourrait-on dire; si l'une est antisémite, l'autre profite de la guerre pour se trouver une jeune épouse! Dans le moment même de la révélation partielle de la Shoah, le texte produit un couple aux torts partagés, où la dimension privée et religieuse domine la question politique et ontologique. Car faut-il rappeler que les Juifs avaient pour seul tort d'être nés? La Shoah dans sa nature, c'est-à-dire la tentative d'anéantissement complet des Juifs par les nazis, est réduite, absorbée (faut-il dire *avalée*?), par les vicissitudes souvent incompréhensibles de la guerre et par le conflit traditionnel entre catholicisme et judaïsme.

Le Génocide est rapporté à une situation historique connue et la révélation de la Shoah est donc tout à la fois partielle et gauchie.

Mais, pourrait-on objecter, tous ces éléments de la diégèse qui font brutalement appel à la Shoah, ne doivent-ils pas leur confusion si contestable au fait que Bérénice, jeune enfant-adolescente révoltée, est la narratrice exclusive du récit, qu'elle est mal informée et dégoutée du monde juif? Il n'y aurait là que des lambeaux épars de réaction caractérielle, un détachement par rapport à l'Histoire qui ne relève au bout du compte que des circonstances alléatoires d'une éducation douloureuse et ratée, le simple désintérêt d'un regard singulier; en tout état de cause pas véritablement une ligne de discours qu'on pourrait attribuer à *L'Avalée des avalés* et à son auteur. Tout ne serait dû qu'à la *parole* de Bérénice.

Pour que l'on puisse parler d'un *palimpseste* et d'une position souterraine du texte vis-à-vis de la Shoah, c'est donc l'énonciation même du roman, le rapport du personnage de Bérénice avec cette énonciation qu'il faut envisager.

Bérénice narratrice

Dans un premier temps il semblerait que l'on puisse confirmer cette objection en constatant que l'énonciation de Bérénice domine le texte.

Je: personnage et narratrice

Bérénice est la narratrice, à la première personne; c'est donc son point de vue qui apparemment détermine les événements. L'intérêt de Bérénice est entièrement absorbé par l'amour qu'elle voue à son frère; c'est ce qui explique qu'elle n'ait pour le reste du monde que rejet ou indifférence.

Ce sujet fictionnel autonome repose sur une construction temporelle qui va de neuf à quinze ans. Cette évolution explique les ruptures d'opinion de la narratrice. Bérénice exprime tout un kaléidoscope de positions et d'idées; en fait la haine du monde juif et "du monde immonde" est constante, mais elle varie dans ses objets et dans ses formes. Bérénice a des adhésions passagères et des répulsions momentanées: les stéréotypes antisémites grossiers sont plutôt concentrés au début du texte, pendant sa première jeunesse. C'est d'une manière plus profonde qu'est ensuite dénié ou contesté le passé qui remonte par bribes.

Le Je et le passé
Bérénice veut se créer elle-même, elle refuse les héritages et le passé à tous ses niveaux.

a) *L'histoire* est ressentie, comme un processus qui détermine l'action des hommes en les niant. Bérénice tourne le dos à l'Histoire qui se prétend destin et qui mène les hommes; elle agit pour se faire un autre destin.

b) *La tradition* qui se confond avec la pratique religieuse est rejetée. Bérénice revendique une émancipation de la tradition. Mais son émancipation qui tente de s'imposer sans le fondement de l'universel est une émancipation de régression.

c) *Le souvenir* individuel laisse Bérénice totalement indifférente. Elle n'interroge jamais la nature du passé. La conscience de Bérénice n'est pas ouverte à la totalité du monde; elle cherche à s'y imposer et non à le comprendre.

d) *La langue* qui est l'héritage par lequel se constitue l'identité n'est pas acceptée par Bérénice. Elle invente le "bérénicien", cette langue individuelle qui s'oppose à la langue collective, au lien du sang et à l'Histoire. Le langage de la narratrice cherche à rompre tout lien avec le temps et avec autrui. En quelque sorte Bérénice constitue le parcours d'une identité en moins.

L'analyse de l'énonciation indique donc que le rapport de la narratrice-Bérénice au passé, et en particulier au passé de la communauté juive, déterminerait le silence sur le Génocide ou son rejet. Si tel était bien le cas, on aurait alors uniquement le regard d'un caractère exceptionnel sur la Shoah.

Pourtant ce n'est pas seulement l'énonciation de Bérénice qui est en jeu dans le rapport du roman au Génocide.

Narration/Shoah
Il convient en effet d'examiner plus attentivement l'énonciation des passages qui évoquent la Shoah.

Au début de la dispute des parents, déjà évoquée, Bérénice dit "Ça les reprend. Ils se repenchent sur leur passé" (*ibidem*, 105). Nul doute que le désagrément qu'éprouve la narratrice devant ces scènes conjugales explique leur nombre réduit dans tout le roman, puisqu'il n'y en a que deux.

Mais le plus important est que la dispute où les parents expliquent leur première rencontre à Varsovie est au style direct, sans aucune intervention directe de la narratrice. Il s'agit d'un pur dialogue, sans aucun introducteur de discours! La scène est donnée comme un fait authentique et vrai! Bérénice n'intervient pas et l'obscurité du dialogue est entièrement à la charge des deux parents. Et ceci est également vrai lors de la seconde dispute des parents qui complète les informations sur la Shoah (*ibidem*, 131).

Donc face au Génocide, et aux liens de différentes natures qu'ils peuvent avoir avec cet événement, les parents sont eux-mêmes confus et incomplets. Bérénice quant à elle ne manifeste aucune réaction d'aucune sorte sur le contenu effectif: pas de prise de parti, pas de demande d'explication, pas de pensées. Elle est muette.

C'est donc essentiellement le monde lui-même représenté par Ducharme qui est opaque. Et c'est moins le problème du point de vue de la narratrice, que le choix d'écriture de Ducharme qui décide que le Père ne répond pas à la phrase de la Mère: "à quatre nous aurions tué plus de juifs" (*ibidem*, 104).

À partir de l'analyse de l'énonciation on constate que Bérénice rejette le passé et la mémoire de la Shoah quand elle est en position de narratrice, et que les parents ne s'éclaircissent pas à eux-mêmes leur origine commune liée au Génocide lorsqu'ils sont maîtres de leur discours.

Et le sens de ce dispositif s'affirme lorsqu'à la fin du roman l'énonciation de Bérénice est absorbée par un discours de l'Histoire officielle qui a pour conséquence logique de mettre en cause la mémoire des survivants du Génocide.

L'énonciation et la vérité de la Shoah

Dans la dernière partie du roman, en Israël, Bérénice connaît une nouvelle amie: Gloria.

Bérénice se demande s'il faut "prêter une oreille sérieuse aux propos de Gloria" lorsque celle-ci condamne les faibles: "Aux apothèques les infirmes! Au cimetière les cadavres! À la potence, les pauvres, les vieillards, les hommes qui ont cinq enfants et qui sont sans emploi!" (*ibidem*, 363). Ce doute de Bérénice est lié à l'origine de Gloria que Bérénice nous présente: elle "dont le père, la mère les frères et les soeurs furent incinérés vivants par la Gestapo" (*ibidem*, 363). Gloria est donc une survivante, ou la rescapée d'une famille exterminée. Quelle que soit la manière dont il faudrait appliquer le doute de Bérénice à Gloria celle-ci est porteuse de la mémoire de la Shoah.

Or lors d'une escarmouche avec les soldats syriens Bérénice se protège des balles, et sauve sa propre vie, avec le corps de Gloria: "Seule Gloria peut me sauver. Je laisse tomber la mitraillette, happe Gloria par-derrière et l'étreins de toute mes forces pour la maintenir entre les balles et moi. Elle se débat et crie comme une possédée. Je réussis à la maintenir. [...] Je sens, en contrecoup, chaque balle la pénétrer, la secouer, la fouetter" (*ibidem*, 378).

Il y a sans aucun doute dans la mort de Gloria une provocation symbolique directe: une liquidation du passé incarné par les survivants, comme on l'a déjà vu précédemment. Mais un jeu de significations plus complexe est à l'oeuvre, car ce geste a une destinée très précise dans les toutes dernières lignes du roman. En effet Bérénice transforme sa propre lâcheté en un acte d'héroïsme de Gloria à l'intérieur de l'Histoire officielle. Bérénice dit: "Je leur ai raconté que Gloria s'était d'elle-même constituée mon bouclier vivant" (*ibidem*, 379). Et le mensonge de Bérénice trouve des oreilles complaisantes car elle ajoute: "Ils m'ont crue. Justement, ils avaient besoin d'héroïnes" (*ibidem*, 379).

C'est donc l'histoire officielle qui se sert des exemples, qui transforme les victimes involontaires et impuissantes en héroïnes et comme par hasard une telle imposture bénéficie au personnage rescapé du Génocide ou qui en porte la mémoire. Et puisque le lecteur et narrataire est informé de tout par Bérénice, il lui est possible d'évaluer que *les héros ne sont héros qu'au nom d'une histoire officielle*, et que cela vaut aussi pour les victimes ou survivants du Génocide. Et c'est justement sur la question du fondement de la vérité historique que se boucle l'énonciation du roman: en effet le lecteur est appelé à vérifier ce que dit Bérénice et par conséquent à quitter la fiction pour entrer dans l'Histoire , ou encore à prendre cette fin de la fiction pour l'Histoire: "Si *vous* ne me croyez pas demandez à tous quelle paire d'amies nous étions" (*ibidem*, 379). Par cet unique "*vous*" du texte, Bérénice, ou Ducharme, invite son lecteur à opposer l'authenticité de sa parole à la pseudo-vérité de l'Histoire officielle. Et un tel abîme dans la vérité historique vaut sans aucun doute pour l'Histoire dans son ensemble: pour la guerre Israël-Syrie, mais aussi pour la mémoire que pouvait transmettre Gloria, et pour les événements de la seconde guerre mondiale que les parents de Bérénice présentent comme incompréhensibles. En ce sens on saisit mieux pourquoi la situation à Varsovie est inextricable. L'His-

---

[5]   C'est nous qui soulignons

toire n'est claire et édifiante que dans les discours officiels, et il convient de déjouer les mensonges officiels qui forment le contenu de l'Histoire! Nous savons que les victimes ne sont pas des héros et que les survivants, à l'exemple de Bérénice sont des lâches qui s'adonnent à l'hagiographie.

Ainsi nous pouvons faire le bilan de l'énonciation romanesque et de son rapport à la vérité de l'Histoire et de la Shoah. Premièrement c'est bien l'énonciation de Bérénice qui domine massivement le texte, exprimant aisnsi son antisémitisme; deuxièmement, des éléments décisifs du Génocide sont exposés hors de la vision de la narratrice; troisièmement, l'énonciation se clôt quand Bérénice et le "vous" (lecteur-narrataire) entrent ensemble dans l'Histoire au présent, dans le cadre d'une mise en cause de la vérité historique, au centre de laquelle se trouve une juive dont la famille a été incinérée vivante par la Gestapo.

Histoire et Shoah

Bérénice sujet de l'Histoire
Bérénice refuse le passé, mais *L'Avalée des avalés* et l'Histoire ne vivent pas dans un rapport d'indifférence.

Le roman a un sens si l'on prend Bérénice en tant que sujet de *son* histoire, mais il a un autre sens si l'on considère Bérénice en tant que sujet de l'Histoire.

Le projet de Bérénice vise a constituer une identité du sujet dans l'abandon et la destruction d'une identité collective. Ainsi l'Histoire entre-t-elle dans le roman malgré Bérénice, entraînant avec elle un doute sur la vérité de la Shoah. Cette situation équivoque relève dans le roman de deux appréhensions du temps; le temps bref et fermé de Bérénice qui est un présent instantané, et le temps long et ouvert qu'exigent la compréhension de l'origine des parents, et la signification de l'Histoire juive, de la Shoah et d'Israël. D'un strict point de vue thématique, les délires exaltés de la jeune Juive Bérénice admirant la destruction pour la destruction (histoire du sujet) impliquaient qu'elle fût confrontée avec le projet d'anéantissement pour l'anéantissement du peuple juif (Histoire collective).

Qu'en est-il de la Shoah?
De fait le roman rapporte la Shoah à un discours de l'Histoire et non pas, comme on pourrait le croire dans un premier temps, à la passion du personnage de Bérénice. Certes quantitativement les références directes à la Shoah sont peu nombreuses; mais leur position et leur signification sont indispensables à l'intelligence du ro-

man qui s'établit sur différentes lignes de dénégation par rapport à la Shoah:

a) la Shoah est un univers de référence implicite que le lecteur doit réinsérer comme espace de compréhension du texte;

b) la rebellion adolescente, produit un effet général de banalisation de la Shoah: soit elle est intégrée à la logique traditionnelle du conflit catholique-juif, soit les fautes historiques deviennent inextricables quand il s'agit de la persécution des Juifs;

c) l'audace, la violence, la haine qu'à Bérénice du "monde immonde" se mesure à la manière dont elle considère la Shoah (ses parents, Gloria, les numéros des camps...), comme si elle souillait une question sacrée. Certes le refus d'être Juive répond à un mouvement intérieur du personnage mais il s'articule sur une trilogie Juif, Histoire et Génocide qui refuse manifestement de représenter les Juifs comme *victimes* de l'Histoire;

d) plus encore, les Juifs semblent être de *fausses victimes*; Ducharme est au bord du confusionisme historique quand il suggère d'opposer la vérité de l'Histoire officielle à la parole des survivants du Génocide.

Roman d'une époque
Se demander si *L'Avalée des avalés* est un roman antisémite ou pas nous semble une alternative inutile. A contrario, il ne semble pas non plus possible de croire à une dénonciation ironique des stéréotypes antisémites.

Il y a un accommodement du roman avec l'antisémitisme. La ruse littéraire consiste à ce que cet accommodement avec l'antisémitisme soit porté par une Juive. Il devient ainsi supportable.

Par ailleurs la valeur métaphorique de la situation juive pour évoquer celle des Québécois francophones n'est sans doute pas niable. Mais il convient tout autant de remarquer que ce roman reflète une sensibilité des années soixante qui n'est pas propre au Québec. La conscience de la Shoah a considérablement changé depuis les années soixante qui sont le tournant de cette transformation avec le procès de Francfort et le procès d'A. Eichmann. Et c'est à partir des années soixante-dix que la Shoah retrouvera sa définition spécifique, hors de la logique de la guerre et des conflits religieux.

La dénégation souterraine mais non moins réelle de l'Histoire de la Shoah est donc à comprendre comme un effet du moment de l'écriture. Celui-ci exprime un rejet du sionisme à travers un discours sur la Shoah. Si l'on disposait de possibilités de vérification, on pourrait oser caractériser Ducharme comme un libertaire pacifiste et antisioniste. Car c'est bien le sionisme qui recherche des héros comme cela est implicitement dit à la clôture du roman. L'armée juive a besoin de héros car elle veut entrer dans l'Histoire avec sa nation Israël; comme le faisait remarquer J.-P. Sartre, jusqu'alors le plus ancien des peuples n'avait jamais été historique de cette manière. Et à cette époque la politique israélienne elle-même privilégie la logique du développement national par rapport à la recherche de la vérité de la Shoah. Il suffit de se référer aux virulentes critiques de H. Arendt sur la manière dont fut organisé le procès Eichmann, à des fins de politique intérieure plus qu'à des fins de justice.

La difficulté que rencontre Ducharme, et qui est une des difficultés fondamentales de l'antisionisme, réside dans l'articulation logique de la mémoire et de l'Histoire: comme si les désaccords de l'Histoire présente devaient se justifier en entachant la mémoire.

Bibliographie

"ÉTUDES FRANÇAISES" (*Avez-vous relu Ducharme?*), 11, 3/4, octobre 1975.

"ÉTUDES FRANÇAISES" (*L'Amérique entre les langues*), 28, 2/3, Automne 1992-Hiver 1993.

"ÉTUDES LITTÉRAIRES" (*L'ethnicité fictive*), 29, 3-4, hiver 1997.

ARENDT, Hannah, *La banalità del male*, Milano, Feltrinelli, 1995, 316p.

DUCHARME, Réjean, *L'Avalée des avalés*, Paris, Gallimard (Folio), 1966, 379p.

DUCHARME, Réjean, *Le nez qui voque*, Paris, Gallimard (Folio), 1967, 334p.

DUCHARME, Réjean, *Dévadé*, Paris, Gallimard (Folio), 1990, 279p.

FRATTA, Carla, *L'altérité juive dans quatre romans québécois*, in *L'altérité dans la littérature québécoise*, Bologna, Clueb, 1987.

KWATERKO, Jòsef, *Le roman québécois de 1960 à 1975*, Montréal, Le Préambule, 1989, 268p.

LINTEAU, Paul-André, DUROCHER, René, ROBERT, Jean-Claude, RICARD, François, *Histoire du Québec contemporain*, t. II, Montréal, Boréal, 1989, 834p.

MARCATO-FALZONI, Franca, *Du mythe au roman*, Montréal, VLB, 1992, 264p.

MELANÇON, Benoît, *La littérature montréalaise des communautés culturelles*, Groupe de recherche Montréal imaginaire – Département d'études françaises – Université de Montréal, Mars 1990, 31p.

Montréal: l'invention juive, Actes du Colloque tenu le 2 mars 1990, Université de Montréal, 1991, 109p.

SEGEV, Tom, *Le septième million*, Paris, éd. Liana Levi, 1993, 686p.

Récits d'exil
Fictions d'identité[1]

Silvie Bernier

La recherche que je présente ici portait au départ sur les oeuvres de quatre écrivains d'origine italienne: Nino Ricci, Marco Micone, Antonio d'Alfonso et Carole David. Toutefois, pour les fins de ce colloque, j'ai choisi d'élargir le propos et d'inclure deux jeunes écrivains d'origine asiatique: Ying Chen (originaire de Chine) et Ook Chung (Japonais de descendance coréenne) qui, dans des textes récents, ont eux aussi exploré le récit d'exil.

Tout d'abord, attardons-nous à un premier parcours qui mène de l'Italie à l'Amérique, ou plutôt du petit *paese* de la campagne molisane au quartier italien de l'Est de Montréal. Dans les quatre récits retenus soit, *Les Yeux bleus et le serpent* (1992)[2] de Nino Ricci, *Le Figuier enchanté* (1992) de Marco Micone, *Avril ou l'anti-passion* (1990) d'Antonio D'Alfonso et *Impala* (1994) de Carole David, les auteurs, en abordant le thème de l'exil, ont dépeint les différentes étapes du processus d'immigration, à commencer par le départ, l'intégration au pays d'accueil, la double identification et finalement, le retour aux sources.

Ces quatre écrivains ont tous des racines italiennes, mais seul Marco Micone est né et a vécu en Italie. Nino Ricci et Antonio D'Alfonso sont nés, l'un à Leamington (Ontario), l'autre à Montréal, de parents récemment immigrés. Quant à Carole David, elle est native de Montréal, fille d'un père québécois et d'une mère d'origine italienne. Puisant tantôt dans leurs vies ou celles de leurs parents, tantôt dans leurs fantaisies, chacun nous montre un certain visage de l'exil.

Nino Ricci: l'état d'innocence

Dans le roman de Nino Ricci, c'est par les yeux de Vittorio Innocente que le lecteur découvre le village de Valle del Sole "perché à mille mètres d'altitude, sur la face

---

[1] Version revue et augmentée d'un article paru dans "Rivista di studi canadesi", 10, 1997, p.15-25.
[2] Version française de *Lives of the Saints*, Cormorant, 1990.

nord de Colle di Papa" (Ricci N. 1992, 9). Un village fictif que l'auteur a situé dans la région des Molises, vers l'intérieur du pays, là où les Monts Appenins la traversent, en s'inspirant du patelin d'origine de sa mère, Villa Canale, qu'il visita pour la première fois à l'âge de douze ans, et surnommé par son frère, "Valle del Sole" (Ricci, N. 1993, p. 155-162).

Décrit avec une précision de géographe, Valle del Sole envahit l'univers du récit et l'enferme dans un espace clos d'où seul le rêve permet d'échapper. Délimitée d'un côté par la grand-route, sa rue principale se termine sur le vide, au bord d'une falaise. Lorsque l'histoire commence, cet après-midi de juillet 1960, Valle del Sole est désert, endormi sous un soleil de plomb, presque fossilisé: "les femmes et les enfants enfermés derrière les volets clos à cause des mouches et de la chaleur, les hommes, aux champs depuis l'aube" (*ibidem*). Mais, si défini soit-il, le village semble irréel, hors du temps et de l'espace, à l'image d'une vie archaïque, primitive qui dépasse la réalité du sud de l'Italie et évoque un état originel à mi-chemin entre le jardin d'Eden et l'enveloppe chaude et humide de la matrice féminine.

Toutefois – et c'est ce qui donne lieu à l'histoire – dans ce monde lisse et intact se dessine une faille que Vittorio tentera jusqu'à la fin du récit de dissimuler ou de colmater. Cet incident qui "suffit à briser la surface des événements, tel un galet décrivant d'innombrables ricochets sur la mer" (*ibidem*), et que le jeune narrateur présente dans sa fausse naïveté comme la morsure du serpent, n'est autre que la représentation symbolique de l'adultère commis par sa mère, Christina, et son défi de la morale religieuse. Ce point tournant correspond dans la réalité immédiate de Vittorio à la première atteinte à la toute-puissance maternelle et au début d'une conscience de la proximité de la mort: "une pensée venait de me traverser l'esprit [...] même des personnages importants comme ma mère pouvaient mourir" (*ibidem*, 34).

Les Yeux bleus et le serpent reprend à sa façon le modèle du récit initiatique où le héros, au départ innocent, subit une série d'épreuves qui le transforment et le font accéder à la connaissance. Dès l'incident de la morsure, la vision de Vittorio sur le monde qui l'entoure se modifie. Ce qui lui était autrefois familier et proche, devient tout à coup inquiétant. Le marché de Rocca Secca où l'amène sa mère le jour de son septième anniversaire, alors qu'il atteint l'âge de raison, lui paraît subitement "plus oppressant que d'habitude, la rue trop étroite, la foule trop dense" (*ibidem*, 74). Le mal semble avoir infiltré son univers et le menace de l'intérieur. À partir de là, la progression de l'histoire creusera toujours un peu plus la solitude de Vittorio et l'amènera à se réfugier dans le monde fabuleux de la vie des saints où les héros, à l'image de son prénom, sortent à chaque fois victorieux.

Le récit s'achève sur la traversée, point culminant où le drame se dénoue. De l'expérience de l'exil, Nino Ricci a privilégié le moment du départ, cet intervalle où l'on quitte un lieu sans avoir encore découvert le territoire à atteindre. C'est l'instant le plus intense, celui où se conjuguent la perte de la patrie au rêve du pays à venir. Bien plus qu'une migration réelle, l'exil dont nous parle le romancier illustre un mouvement de l'âme, celui qui nous force à quitter le connu pour l'inconnu, le familier pour l'étranger. La traversée devient la métaphore du passage d'un état à un autre, de la mort qui donne lieu à une naissance. L'histoire qui couvre précisément neuf mois, suit la grossesse de Christina, de la conception à l'accouchement. Sa mort dans les dernières pages du roman marque à la fois la fin d'un monde et le début de la nostalgie. Vittorio a laissé derrière lui son innocence et connaît maintenant la fin des choses qu'aucun miracle ne peut modifier. Le livre se termine sur les paroles d'une chanson populaire qui évoquent les jours heureux du temps passé: "Vorrei far ritornare un' ora sola/Il tempo bello della contentezza" (*ibidem*, 284).

Dans ce roman de facture très classique, Nino Ricci traite de l'exil avec toute la force et la puissance du mythe. Pouvant difficilement témoigner d'une réalité qu'il n'a pas lui-même vécu, le romancier la transforme en allégorie. *Les Yeux bleus et le serpent* est inspiré des grandes tragédies classiques dont il adopte l'intensité lyrique et la logique inéluctable. Le personnage de Christina, dessiné plus grand que nature, apparaît comme une Antigone moderne qui lutte jusqu'à la fin pour préserver sa liberté. Mais si Christina possède sans conteste l'envergure d'un personnage de tragédie, le petit Vittorio circule plutôt dans l'univers merveilleux du conte. Selon sa vision fantaisiste, les êtres et les choses sont dotés de pouvoirs surnaturels qui leur permettent d'échapper aux limites du réel. À la façon des contes de fées, les personnages qui gravitent autour du petit Vitto' exercent sur lui leur influence et l'orientent dans sa destinée. Certains comme son ami Fabrizio, l'informent des mystères de la vie, d'autres comme la *maestra* le maintiennent sous l'emprise des croyances et de la magie. Le jour de son septième anniversaire, Vittorio reçoit une lire porte-bonheur qu'il perd peu après la mort de sa mère. Cet événement clôt le récit et met un terme au temps des illusions. Ce n'est qu'à la toute fin alors que Vittorio est confronté à la vérité de la mort que son monde bascule irrémédiablement et rejoint le registre de la tragédie.

Marco Micone: le désenchantement

Le Figuier enchanté de Marco Micone retrace à son tour le cheminement d'un jeune garçon, Nino, de la naissance au début de l'âge adulte. Au contraire du roman de Ricci qui se présente comme une fiction, le texte de Marco Micone signale d'entrée de jeu ses liens avec l'autobiographie. Tout comme son personnage, Micone a grandi en Italie jusqu'à l'âge de treize ans avant d'émigrer avec sa mère à Montréal où son père s'était installé sept ans plus tôt. Le narrateur du récit est sans équivoque un homme adulte qui se remémore et interprète avec l'expérience des années passées les événements de sa jeunesse. À partir d'une série d'anecdotes à l'humour caustique, il reconstitue l'histoire de son exil, du petit village de Lofondo au sud de l'Italie au quartier populaire de l'Est de Montréal.

L'Italie du *Figuier enchanté* n'a rien de l'abondance du paradis terrestre. La terre y est aride, maigre et dispersée; les paysans, victimes de la réforme agraire, en cultivent une parcelle toujours plus réduite. Dans ce monde où la pauvreté commande la mesquinerie, les parents souhaitent secrètement la mort de leurs enfants et redoutent "la naissance d'une fille autant que la grêle sur les jeunes grappes" (Micone M. 1992, 17). Selon une logique marchande où les êtres et les choses valent pour ce qu'ils rapportent, un porcelet bien gras vaut mieux qu'un enfant malade.

C'est dans ce décor de sécheresse, de la nature et des sentiments, que naît le petit Nino aux pires chaleurs du sirocco de juillet. Dès ses premiers jours, l'existence de Nino est marquée par la survie. Même le toit familial n'inspire pas le confort d'un nid protecteur; la mère n'a à offrir au nouveau-né qu'un sein aussi stérile que la terre qu'elle cultive. Si la naissance de Nino est sous le signe d'une première victoire contre la mort, la suite de son apprentissage le voit constamment en butte à la dépossession. Avec le départ du père, Nino se met à rêver de l'Amérique qui prend pour lui le visage de New-York avec ses gratte-ciels, son Empire State Building et ses billets de deux dollars. Vue de l'Italie, elle apparaît comme l'antithèse de Lofondo; au dénuement et à la médiocrité, elle oppose la richesse et l'opulence. Mais ce fantasme de l'Amérique s'effrite rapidement au contact de la réalité étriquée du quartier italien de Montréal où Nino émigre six ans après son père. Là, il découvre le froid, l'artifice et la solitude. Il retrouve le même sentiment d'humiliation dans un pays où il ne maîtrise ni les coutumes ni la langue. Tout comme son père qui s'éveille à l'écriture par la correspondance, Nino s'approprie la parole perdue à travers l'exil pour témoigner de son expérience d'immigrant.

L'importance du politique et de l'idéologique fait en sorte que le texte de Micone, même dans ses parties les plus narratives, se rapproche du discours. La construction en trois temps du récit proprement dit, séparé chacun par une traversée de l'Atlantique – l'enfance en Italie, les années d'exil et les vacances au pays natal –

prend la forme d'une argumentation dialectique. L'Amérique qui au départ se présente comme la figure inverse de l'Italie, une fois réduite aux dimensions du quartier latin, se superpose à l'image du village natal. Par cette assimilation qui abolit les frontières et les différences, c'est la difficile réalité de l'exil qui s'estompe et devient ainsi plus supportable. Dans l'épisode du retour à Lofondo, Nino accomplit la réconciliation entre son passé et son présent en dévorant avec un égal plaisir les grandes oeuvres de la littérature québécoise et les fruits du figuier enchanté de son grand-père.

Le récit des aventures de Nino relate à travers l'expérience de l'exil le désir d'affirmation du jeune héros. La recherche du territoire implique une quête de pouvoir alors qu'immigrer devient synonyme de "prendre sa place". La section narrative de l'ouvrage qui s'achève avec la décision de Nino d'imprimer socialement sa marque par la voie de l'écriture est suivie de trois chapitres construits en boucle qui, à prime abord, semblent former un tout détaché du récit principal. Ceux-ci peuvent se lire comme les trois actes d'une même pièce se terminant comme elle avait commencé par les paroles de l'auteur devenu personnage: "Comme tant d'autres, j'ai été obligé d'émigrer" (*ibidem*, 117). Dans ce triptyque final, l'auteur prend la parole et réalise sur le mode performatif la mission de son héros.

Antonio D'Alfonso: l'identité diffractée

Dans *Avril ou l'anti-passion*, Antonio D'Alfonso se plaît à créer une semblable ambiguïté mêlant réel et fiction dans un récit pourtant sous-titré "roman", mais qui s'apparente dans les faits à des confessions. La réflexion du narrateur, double de l'écrivain, est entrecoupée de documents, journaux intimes, photographies, correspondance, qui viennent attester la véracité de l'histoire et, en dernière instance, prouver l'existence de Fabrizio. Contrairement aux deux héros précédents, le protagoniste d'*Avril ou l'anti-passion* est né à Montréal et n'a donc pas lui-même connu l'exil. Il répond à la définition bien sociologique d'immigrant de deuxième génération, écartelé entre l'Ancien et le Nouveau Monde.

La quête d'identité ramène Fabrizio à ses origines, au moment de la rencontre amoureuse dont il est le produit. Le récit s'ouvre sur le journal de la mère au mois d'avril 1943, qui décrit l'occupation du village de Guglionesi par les nazis. C'est le portrait d'une Italie dévastée par la guerre, étonnamment froide malgré le soleil d'avril. "Sur plus de dix kilomètres, du haut de Guglionesi aux plages de Termoli, les champs ne sont plus qu'un vaste cimetière" (D'Alfonso A. 1990, 19). Le journal est suivi des lettres du père à sa fiancée écrites lors de son service militaire, cinq ans plus tard, jour pour jour. De ce premier exil naît le projet de quitter l'Italie pour l'Amérique avec l'intention de se faire une nouvelle vie, *"una vita nuova"*.

Ce n'est qu'au quatrième chapitre, après la relation par la mère de la traversée de l'Atlantique, que Fabrizio fait véritablement son entrée dans l'histoire dans la position du héros-narrateur. La suite du récit, situé principalement à Montréal, raconte l'évolution et les déchirements de ce Québécois trilingue d'origine italienne et emprunte un parcours non linéaire où l'anecdote sert d'ancrage à la réflexion. Fabrizio n'a pas vécu la réalité de l'exil, mais en subit quotidiennement les conséquences. Élevé d'abord en dialecte molisan, puis éduqué en anglais à l'école et en français dans la rue, il est forcé de voyager constamment d'un univers culturel à l'autre, sans qu'aucun n'arrive à représenter la totalité de son expérience. Ville bicéphale, Montréal est à l'image du personnage constamment en proie à la division, lui qui se définit par ses cicatrices. "Montréal au reflet éclaté dans le miroir social brisé" (*ibidem*, 180). Pour Fabrizio, la difficulté n'est pas tant la perte que la profusion. Des langues, des images, des identités. La dualité gouverne son rapport au monde qui l'oblige constamment à choisir entre deux pôles: Québécois/Italien, Français/Anglais, dialecte/italien, latin/américain. Au plurilinguisme correspond un morcellement du corps et de l'âme, "une géographie de soi" où chaque langage n'exprime qu'un certain territoire de l'être.

Le miroir déforme et l'image trompe. La réalité révèle des êtres qui ne correspondent pas à leur définition: un Québécois qui ne parle plus français, une Italienne qui ne maîtrise pas l'italien. À la multiplicité des reflets s'ajoute leur confusion. Porté par l'espoir inconscient que "l'amour vrai" conduise à la vérité de soi et que l'union amoureuse réconcilie les contraires, Fabrizio reprend, dans la quête amoureuse, la poursuite de la synthèse impossible. La femme dont les multiples visages se confondent en un seul prénom, Léah, dépasse les particularismes. "l'amour absolu, on le devine, n'a pas de nom" (*ibidem*, 72). La Femme, toutefois, comme l'identité, échappe au personnage et n'arrive qu'à refléter les éclats trompeurs de la passion. Il rêve alors d'une existence sans nom et sans limite où, comme son grand-père, il n'aurait pour signature que l'anonymat d'un X.

Avec l'expérience charnelle, Fabrizio manifeste sa libido dans le geste d'écrire. La salle de bain de la maison familiale donne lieu à la fois aux épanchements de son journal intime et à ses premières jouissances. Le verbe sauve ainsi Fabrizio de l'image, lui qui pourrait ajouter à la formule de Descartes: j'écris donc je suis.

L'écriture, par son dynamisme, lui permet d'exprimer une identité non pas fixe mais en devenir. Au contraire du corps, l'écriture est sans limite et rapproche de l'absolu: "j'écris pour disparaître, pour ne plus posséder de corps" (*ibidem*, 176). Le long soliloque que constitue cet essai sur soi, montre un être qui se construit au fil des pages par l'expression de sa propre parole. Le lecteur suit pas à pas le processus d'écriture, une pensée à l'oeuvre qui prend fin avec le récit lui-même.

La quête d'identité se heurte à la surface des images et trouve sa solution dans l'invention de soi. L'autobiographie ne peut être que factice, puisque sa valeur réside non pas dans sa correspondance à une réalité extérieure à elle, mais dans l'acte qui la compose et qui permet à l'auteur-narrateur d'exister. À l'instar du film de Fabrizio qu'il qualifie d'anti-documentaire, le roman autobiographique d'Antonio D'Alfonso pourrait se lire comme une "anti-biographie" ou encore un roman de "désapprentissage" dans lequel le héros, comme le narrateur, abandonne les modèles et revendique une forme qui ne répond à aucun genre ni à aucune étiquette.

Carole David: le procès des origines

Bien qu'il traite de la perte et de l'errance, *Impala* de Carole David n'est pas à proprement parler un roman sur l'exil. L'Italie ne s'y trouve qu'à l'état de traces comme les signes d'une existence antérieure enfouie dans la mémoire. L'exil a pourtant eu lieu, mais bien avant la naissance de l'héroïne, au moment où sa grand-mère et sa soeur cadette, furent forcées de quitter leur village et d'aller faire leur vie en Amérique. De cette époque ne subsistent qu'une vieille photo, les odeurs du potager de la rue Drolet et le souvenir "des collines de son village brûlées par le soleil, des oliviers et du pain rassis trempé dans l'huile" (David C. 1994, 27). Louisa, fille d'enfants d'immigrants, élevée par sa mère et sa grand-tante, a grandi dans la Petite Italie, au coeur de cette culture d'exilés qui mêle au rêve américain l'image d'une Italie désuète et pétrifiée.

Impala commence comme se termine *Les Yeux bleus et le serpent* avec la mort de la mère. Le roman s'ouvre sur une image de cauchemar déclenché par la sonnerie du téléphone au milieu de la nuit. La narratrice se remémore des événements survenus dix ans plus tôt et qui, maintenant, échappent partiellement à la mémoire: "Je ne sais plus où commence et où se termine cette histoire. Était-ce au milieu de la nuit ou au petit matin? Comment m'étais-je endormie? À l'alcool ou aux somnifères?" (*ibidem*, 11). À la manière d'un puzzle, la vérité ne se laisse découvrir que par morceaux au fil d'une enquête qui amène les principaux acteurs à témoigner. Contrairement au roman de Ricci où la menace du malheur ne s'accomplit qu'à la fin du récit, lorsque l'histoire de Louisa débute, le drame a déjà eu lieu et la narration n'est alors qu'une tentative d'y donner forme afin de le maîtriser.

Si le narrateur d'*Avril ou l'anti-passion* tente de répondre à la question "qui suis-je?", Louisa, de son côté, se demande d'où elle vient. Hantée par l'illégitimité de son existence, elle met en doute ses origines. Depuis son enfance, Louisa évolue dans un monde où le vrai et le faux se confondent, un monde de secrets et d'identités usurpées. Ses parents cachent leurs propres origines comme une tare, un passé honteux fait de misère et d'abandon, dont ils ont oublié jusqu'aux mots qui le nomment. Sa mère Connie, de son vrai nom Costentina Ferragamo, copie les vedettes américaines et rêve de chanter au Ed Sullivan Show. Comme bien des immigrants, son fantasme de l'Amérique transporte toutes les illusions du cinéma d'Hollywood combinées au romantisme des photos-romans à l'italienne. La réalité la confine, bien malgré elle, aux clubs de nuit de la rue Sainte-Catherine, aux motels de province et aux bars miteux de la côte est américaine. Le décor de toc dont elle s'entoure, formica, sandwichs colorés et vêtements synthétiques, est à l'image de ses aspirations déçues et de sa vie qui n'a de la richesse que l'apparence.

Le père Roberto, orphelin de mère, immigré à Montréal en bas âge, tente lui aussi d'oublier son passé. Ancien boxeur, devenu mafioso, il vit "en état permanent de mensonge" (*ibidem*, 115), accumule professions et nationalités jusqu'au point de changer de nom et d'identité. Marqué par le sort, il est comme Connie un éternel nomade, incapable de se restreindre aux quatre murs d'une maison, toujours en quête d'un ailleurs à la grandeur de l'Amérique.

Dès l'enfance, Louisa ressent avec angoisse l'étau du silence qui la maintient "dans [l'] incompréhension des choses et du monde" (*ibidem*, 19). Les adultes autour d'elle utilisent des mots qui lui échappent, parlent entre eux une langue aux sonorités étrangères. Sa mère, qu'elle cherche par dessus tout à rejoindre, lui demeure jusqu'à sa mort inaccessible, sans cesse isolée par l'adversité du monde. Ce n'est qu'après le suicide de Connie et le départ d'Angelina, que Louisa peut enfin découvrir les indices d'une histoire restée jusque-là interdite.

La recherche de la vérité que Louisa entreprend a l'allure d'une fouille dans les profondeurs du temps et de la mémoire. À l'aide de photos, de lettres, de témoignages de la mère et du père, elle tente de recomposer la trame d'un passé sordide où, telle une fatalité, l'abandon se loge à l'origine du mal. Comme la mère autrefois, la vérité résiste à se laisser atteindre. Les témoignages se contredisent, les photos paraissent artificielles ou encore inexistantes. Parfois, seule la fiction permet d'ouvrir la voie à un passé dont il ne reste aucune trace: "J'en étais arrivée à reconstituer ma famille à l'aide de ces films. Ils m'aidaient à remonter le cours de leur vie, à les voir, eux, comme je n'en avais pas eu l'occasion dans mon enfance" (*ibidem*, 57).

C'est à une véritable descente aux enfers que se prête la narratrice dans cette quête des origines qui l'amène à entrer de plain-pied dans l'histoire, à camper le décor pour se mettre elle-même en scène. Peu à peu, Louisa prend la peau des personnages et vit à nouveau le récit qu'elle cherche à oublier en même temps qu'elle le découvre. À la manière d'un feu purificateur, la catharsis à laquelle elle s'adonne, efface les images du passé aussitôt qu'elle les actualise. Tour à tour, Louisa devient Angelina, sa mère et son père; allume des lampions, se passionne pour les histoires d'amour, succombe au charme de Roberto, commet un meurtre et se retrouve finalement en prison. Ce n'est toutefois pas sans danger que se fait la recherche de la vérité. Nul ne ressort indemne de l'univers des ombres. Louisa en sort perdue et abîmée, dans un état incertain entre la vie et la mort. L'épilogue laisse entrevoir pourtant une zone de lumière. Louisa émerge du silence et, grâce au chant libérateur qui donne lieu au récit, triomphe finalement de la mort.

Impala se conclut comme il avait commencé par l'aveu d'un doute: "Je ne sais pas qui a voulu me faire plaisir" (*ibidem*, 127). La narratrice, qui interpelle directement le lecteur et le convie à la suivre dans les allées et venues de la mémoire, accumule les hésitations et le maintient dans l'incertitude. Une première version de l'histoire est démentie par une seconde, l'incohérence des faits ébranle sans cesse l'édifice de la vérité. Dans ce jeu de cache-cache, la narratrice conserve et fait partager au lecteur un sentiment d'étrangeté face à sa propre histoire. L'univers qu'elle décrit se compose d'objets, plus que de lieux, artificiels et dépourvus d'affect qui contribuent à tenir la distance. Le roman posait au départ la question de la vérité des origines; il laisse le lecteur avec une nouvelle interrogation qui met en doute l'existence même de la vérité. Pourtant entre l'ignorance du début et celle des dernières pages, un déplacement a eu lieu. Le "je ne sais pas" de la fin ne possède plus la même teneur d'angoisse. Vraie ou fausse, l'histoire de Louisa dorénavant existe, toute contenue sur le ruban d'une machine enregistreuse.

La mise en parallèle de ces quatre récits permet de comparer des portraits différents du pays d'origine. L'Italie chaude et féconde de Nino Ricci a peu à voir avec celle, pauvre et décimée, de Marco Micone ou Antonio D'Alfonso. L'ampleur de la description du village natal dans *Les Yeux bleus et le serpent* contraste avec l'esquisse rapide de la terre ancestrale dans le roman de Carole David qui, par ailleurs,

213

campe son héroïne dans une Petite Italie mafieuse, étrangère à l'atmosphère banlieusarde d'*Avril ou l'anti-passion*. La diversité de ces mises en situation indique que celles-ci répondent aux impératifs de la création bien plus qu'à la nécessité de représenter une réalité parfois peu ou mal connue des écrivains eux-mêmes. Ceuxci, bien qu'avec une inégale distance, ont cherché à se détacher de la particularité de l'anecdote pour exprimer une condition qui dépasse celle de l'immigré. Pour chacun d'eux, l'exil est un moyen de fuir l'intolérable, qu'il s'agisse d'une condamnation morale, de la misère, de la mort ou de l'abandon.

Les récits de Ying Chen et Ook Chung, bien qu'ils s'inspirent d'une autre trajectoire reliant cette fois l'Orient à l'Occident, font appel à une même dimension mythique et reprennent à leur compte les grandes obsessions de la littérature universelle. Ces deux écrivains nés, l'une en Chine, l'autre au Japon, ont développé, en plus de leur culture d'origine, une connaissance importante des littératures française et occidentale et s'inscrivent d'eux-mêmes dans cette tradition.

Ying Chen: s'exiler de soi

Les Lettres chinoises de Ying Chen prend en quelque sorte le contre-pied des narrations précédentes et fait le récit d'un exil avorté. Sassa, jeune traductrice autour de qui l'histoire gravite, renonce finalement, au terme d'une longue hésitation à quitter Shanghai. Ce refus de partir survient en réponse à un premier exil, celui de Yuan, son fiancé, qui abandonne la Chine pour Montréal. Entre Sassa et Yuan s'engage une correspondance des deux côtés du Pacifique, à laquelle s'ajoutent les lettres de l'amie Da Li et du père du Yuan, où se réfléchissent l'Orient et l'Occident.

L'action du roman se partage ainsi entre Shanghai et Montréal dans un mouvement d'écho et de va-et-vient entre deux pôles. C'est de Vancouver, cette ville d'Amérique aux couleurs de l'Asie, que Yuan signe sa première lettre. En route vers Montréal, Vancouver n'est pour lui qu'un lieu de passage, une frontière entre deux mondes d'où s'opère le transit d'une vie à une autre, le début d'une métamorphose qui estompe les signes de l'Orient en y superposant ceux du Nouveau Monde. Dans la deuxième lettre qui décrit l'arrivée, Montréal, aux yeux de Yuan, fait l'effet d'une apparition: "C'était à cause des lumières. De splendides lumières de l'Amérique du Nord. Des lumières qu'on ne trouve pas chez nous. Je me croyais tombé dans un monde irréel. J'avais les yeux éblouis et le souffle oppressé" (Chen Y. 1993, 11). Ce jour-là, même la neige du mois de janvier n'arrive pas à chasser l'impression de chaleur et d'éclat.

De l'autre côté du monde, telles les deux faces de la terre, au même moment, Shanghai se couvre d'ombre. Ses rues sont sales, peu salubres, ses autobus bondés. Même la lune y paraît terne et inquiétante, le plus souvent voilée et "assombrie par les nuages". Avec le départ de Yuan vers le versant du soleil, Sassa s'enfonce doucement dans les ténèbres. À l'image de la lune, elle pâlit et perd du poids, son corps se glace, s'affaiblit. Tels des vases communicants, à mesure que Yuan s'épanouit sous le soleil d'Amérique, Sassa s'étiole et semble se vider de son sang. Inversement, la souffrance de Yuan, à l'heure du départ, se heurte au sourire moqueur de Sassa.

Dans ce jeu de miroir, l'héroïne possède un autre double, Da Li, qui s'exile à Montréal peu de temps après Yuan et accomplit, par procuration, l'exil de Sassa. Da Li est l'âme-soeur, la version gaie et insouciante de la sombre Sassa. Avec Yuan, les deux jeunes filles forment un triangle amoureux où chacun est à la fois le reflet de l'autre et son envers. Comme dans les récits de rêves où tous les personnages ne sont qu'une représentation du même, les trois héros de cette fable épistolaire ne font qu'un et forment la figure de l'exilé. Si Yuan et Da Li incarnent le renouveau, l'attrait de la vie à inventer, Sassa symbolise la part de soi à laquelle celui qui immigre doit renoncer. Tout se passe comme si l'existence de l'un commandait la disparition de l'autre. En Amérique, le poids de Da Li augmente au même rythme que, de l'autre côté du globe, celui de Sassa diminue. Parallèlement, Yuan renaît en l'absence de celle qu'il aime.

Ces effets de correspondance ramènent invariablement la question de l'identité. L'obsession du passeport, expiré, perdu, retrouvé, qui revient sans cesse et hante les rêves des personnages en est la figure la plus explicite. Ici, les héros ne se demandent plus qui ils sont ni d'où ils viennent mais plutôt comment faire pour ne plus être ce qu'ils sont. L'exil devient une réponse à cette nécessité de fuir les contraintes de l'identité. Chacun de leur côté, Yuan et Sassa rêvent de s'effacer, de devenir invisible au regard des autres. "Je vais souvent me promener sur la rue Nanjing [écrit Sassa]. J'aime ces vagues de têtes qui, avec un mélange de chaleur et de froideur, s'élancent vers moi. J'aime cette sensation d'être noyée parmi les têtes qui me ressemblent un peu. J'ai un moment l'illusion de disparaître complètement. Rien ne vaut plus que le bonheur d'une disparition complète de soi" (*ibidem*, 51).

Sassa dont le visage, au fil des lettres, pâlit et s'efface, aspire à la page blanche, au degré zéro de l'identité par quoi tout devient possible. L'immigrant, qui comme le traducteur, circule d'un lieu à l'autre, rejoint ce point de neutralité, ce centre vide, libre de toute définition. Citoyen sans identité fixe, éternel locataire des territoires qu'il habite, il a l'identité confuse des transsexuels de la culture. Il est celui qui met en doute l'authenticité des êtres et des choses. Ni Américain ni Chinois, fatalement condamné à décevoir, il bouleverse l'ordre des apparences. Un nez américain sur un visage de Chinois.

Ying Chen aime jouer sur les apparences. Sous couvert de simplicité, son texte demeure difficilement saisissable puisqu'il reproduit dans l'écriture une semblable duplicité. Déjà, l'usage de la lettre permet d'inclure l'autre dans son discours; le je est dirigé vers un tu qu'il englobe. Dans ce récit construit presque uniquement sur l'argumentation, le paradoxe est constant et chaque phrase signifie à la fois son contraire. Un énoncé est aussitôt contredit par le suivant de telle sorte que les lettres qui se font écho laissent le lecteur dans un entre-deux, sceptique, sans autre direction que celle de sa propre pensée. Devant ce concert de voix, le narrateur fait silence et s'efface. L'image qui nous vient est celle de la photographie de l'auteure qui regarde le lecteur de biais, aux lèvres le sourire de son héroïne, "muet", "intelligent" et "moqueur".

Ook Chung: la confusion des identités

Dans sa courte nouvelle, *La prison de cristal*, tirée du recueil *Nouvelles orientales et désorientées*, Ook Chung prend pour sujet le retour au pays d'origine, celui d'une femme âgée, Fumiko, épouse et mère de grands enfants, qui revient au Japon après trente ans d'un dur exil au Canada. Tout comme dans *Les Lettres chinoises*, l'histoire débute à l'aéroport, cette fois celui de Sapporo, lieu de transition attendu entre le Canada et le Japon, qui devient la source d'interférences imprévues entre le présent et le passé, le réel et l'imaginaire.

Dès les premières descriptions, une confusion s'installe entre l'image du Japon, froid, sombre et enneigé, et celle du Canada, comme si Fumiko transportait avec elle sa terre d'accueil et en recouvrait la surface de son pays d'enfance. La boule de verre qu'elle emporte dans ses valises, bibelot kitsch d'une scène canadienne, agit sur le paysage de Sapporo et, pareil à un objet magique, le transforme à sa ressemblance: "Elle contempla longuement la neige de riz et le cabanon de bois emprisonné à l'intérieur de la coque de verre, devant lequel se tenait une petite figurine solitaire. Des larmes embuaient ses yeux. Lorsqu'elle releva la tête, il neigeait sur Sapporo" (Chung O. 1994, 144). À chaque regard de l'héroïne, le temps se télescope, des images du passé viennent trafiquer le présent. Fumiko évolue dans un monde privé de repères, en proie à des mirages successifs, angoissée à l'idée d'être devenue méconnaissable aux yeux des autres, étrangère à elle-même. L'espace d'un instant, elle croit apercevoir, à travers son propre reflet dans les portes vitrées de l'aéroport, sa soeur cadette, Etsouko, telle qu'elle était il y a trente ans dans toute la splendeur de sa jeunesse. Plus loin, c'est l'image de sa nièce qui se superpose à la sienne et la ramène à sa vie d'avant l'exil.

Le désir de retourner au pays d'origine cache celui de faire marche arrière, de projeter le passé pour retrouver le temps des illusions, "la nostalgie tenant lieu désormais d'avenir" (*ibidem*, 142). Le récit se termine par une sorte de rêve éveillé de Fumiko, échappée fantastique où l'héroïne découvre, à l'intérieur d'un temple, une boule de cristal semblable au premier bibelot de verre. Plutôt que d'y lire l'avenir, Fumiko pénètre la boule et se réveille trente ans plus tôt, dans une voiture de taxi, aux côtés d'un homme jeune qui, comme elle, rêve du Canada.

Dans *La prison de cristal*, Ook Chung reprend le récit tant de fois raconté du rendez-vous avec la mort. C'est ce qui explique l'obsession de Fumiko pour sa soeur décédée qui lui apparait à tout moment et se confond même à sa propre image. La solitude du personnage, sa difficulté à communiquer, ses coups de téléphone sans réponse, les lieux vides qu'elle occupe, les cloisons vitrées qui la coupe du monde et enfin la figure du temple juché au sommet de la colline, tous ces éléments servent de mise en scène à ce passage obligé vers la mort. Une traversée qui se conclut pourtant sur une image de bonheur dans un monde où le rêve a finalement retrouvé toute sa place. Mais ce récit qui prend comme motif l'exil, ou plutôt le retour d'exil, donne au genre une coloration particulière en liant l'angoisse identitaire, cette confusion des repères et des signes, à l'angoisse du vide et de la mort.

Les oeuvres de Ying Chen et Ook Chung, à la limite presque symétriques, dialoguent aisément avec celles des écrivains d'origine italienne. Ici comme là, le récit d'exil est indissociable du questionnement sur l'identité, dont il exprime la richesse mais aussi la fragilité. Si les personnages des *Lettres chinoises* rêvent de se traduire dans un nouveau langage, l'héroïne de Ook Chung, de retour au pays d'origine, vit l'angoisse de ne plus être, d'avoir perdu les signes qui permettent sa reconnaissance. Le récit d'exil devient ainsi métaphore de la condition humaine, qu'il relate un parcours douloureux vers la liberté, une quête de soi, ou un dernier consentement au réel. Malgré la diversité de ces histoires et les trajectoires différentes de chacun des auteurs, un fil conducteur se dessine qui souligne l'importance de l'imaginaire et de la fiction dans la construction de l'identité, qu'elle soit immigrante ou non, individuelle ou collective.

Bibliographie

CHEN, Ying, *Les Lettres chinoises*, Montréal, Leméac, 1993, 171 p.

CHUNG, Ook, *Nouvelles orientales et désorientées*, Montréal, L'Hexagone, 1994, 152 p.

D'ALFONSO, Antonio, *Avril ou l'anti-passion*, Montréal, VLB, 1990, 198 p.

DAVID, Carole, *Impala*, Montréal, Les Herbes rouges, 1994, 126 p.

LENNOX, John, *Unity and Diversity in: Nino Ricci's "Lives of the Saints"*, in *The Canadian Vision/La vision canadienne 1*, ANASTASI Alessandro et BONANNO Giovanni (dir.), Centro studi sul Canada, Università di Messina, 1993, p. 147-153.

MICONE, Marco, *Le Figuier enchanté*, Montréal, Boréal, 1992, 116 p.

RICCI, Nino, *Les Yeux bleus et le serpent*, traduit de l'anglais par RABINOVITCH Anne, Paris, Denoël, 1992 [1ʳᵉ éd.: 1990], 285 p.

RICCI, Nino, *A Sense of the Past: the Genesis of "Lives of the Saints"*, in *The Canadian Vision/La vision canadienne 1*, cit., p. 155-162.

Luogo e non luogo
Spazio ed identità nell'opera di Marco Micone

PAOLA PUCCINI

Recentemente nuovi oggetti di studio si propongono allo sguardo degli etnologi; tra questi uno dei più fecondi è sicuramente l'indagine sul rapporto fra spazio ed alterità. Secondo l'antropologo Marc Augé è possibile, partendo da due realtà spaziali in opposizione tra loro ma complementari, far luce sulla questione dello spazio e dell'alterità, sul rapporto tra lo stesso e l'altro. Egli distingue così il luogo antropologico da un lato, ed il non-luogo dall'altro. Nel primo si iscrivono l'identità, le relazioni tra gli individui e la storia di coloro che lo abitano. Questi elementi non trovano invece una collocazione nel non-luogo che è essenzialmente costituito dagli spazi della circolazione e della distribuzione. Luogo e non-luogo sono nozioni limite, giacché esiste contaminazione tra i due: il non-luogo può apparire in ogni luogo e viceversa. Pur corrispondendo a spazi concreti, essi si riferiscono anche a comportamenti e ad attitudini che evidenziano il rapporto che viene a stabilirsi tra gli individui e gli spazi dove vivono e quelli che attraversano.

Partendo da questa distinzione, il presente lavoro si pone come obiettivo lo studio dello spazio nell'opera dello scrittore quebecchese di origine italiana, Marco Micone. Essa si presta particolarmente all'analisi, da un lato, del luogo antropologico, il luogo del *chez soi* (Augé M. 1994, 155), dell'identità condivisa, il luogo che coincide con l'immagine dell'Italia e del villaggio natale dei personaggi; dall'altro all'analisi del non-luogo canadese e montrealese. Al fine di una costruzione identitaria si assisterà ad uno scivolamento del luogo antropologico nel non-luogo, evidenziando così quella continua ricerca di appropriazione dello spazio prima e di conquista di una coscienza di sè poi, che caratterizza tutta l'opera di Marco Micone.

Il luogo antropologico

L'immagine dell'Italia, quella del villaggio natale e della sua abitazione appaiono realtà spaziali che bene definiscono quello che Marc Augé ha chiamato luogo antropologico poichè risultano all'analisi come spazi identitari marcati. Il paesaggio italiano, evocato da Micone, appare come un luogo armonico; nel racconto *Le Figuier enchanté* l'autore sottolinea il profilo dolce delle colline: "Maintenant va sur le balcon, celui sur lequel ta mère fait sécher les figues. Si c'est brumeux, attends que ce soit clair et que tu puisses voir Santa Croce, Rotello et Bonefro. Tu vois cette immense vallée avec ses centaines de champs de blé?" (Micone M. 1992, 51*)*. Una serie di *repères* sono messi a disposizione dell'osservatore, remota è la possibilità di smarrimento. La nominazione dei villagi disegna una sorta di mappa geografica di riferimento nella quale l'individuo trova una facile collocazione spaziale ed identitaria insieme. La figura della madre nel suo ruolo di nutrice, assicura la relazione familiare fondamentale nel luogo antropologico. Nella definizione di Augé coloro che abitano questo luogo ne conoscono i dettagli e le caratteristiche (Augé M. 1994, 163) proprio come avviene per il protagonista della pièce teatrale *Déjà l'agonie* in cui il personaggio di Luigi recita: "LUIGI: – Regarde Nino, on voit toute la vallée et au moins une dizaine de villages. Je les connais tous. On avait de la parenté dans chacun d'eux. Dans chaque village habitait une tante.[...] Zia Anna, Zia Rosa, Zia Pasqualina, Zia Concetta" (Micone M. 1988, 66*)*. La rete di parentela così tratteggiata diventa un forte riferimento identitario che presenta l'immagine del paesaggio italiano come un *monde univoque* (Micone M. 1992, 88) capace di conferire identità a coloro che lo abitano. Il villaggio stesso ha una sua identità come conferma Pierre Sansot: "Le village a une certaine image de lui-même, mais il se tient solidement à elle, sous peine d'éclater et de disparaître" (Sansot P. 1988, 18)*.* Anche in *Gens du silence*, l'autore ci da un'immagine armonica del luogo, metafora dell'armonia che regna fra coloro che condividono questo spazio. Per far questo ricorre allo stratagemma della proiezione in scena di una diapositiva: "Pendant ce temps, l'image de Collina est projetée au fond de la scène: Collina, un village tout en pierres blanchies par le soleil est juché sur une colline de l'Italie méridionale" (Micone M. 1982, 19-20).

Il buio della sala delimita lo spazio di luce che racchiude l'immagine dando del villaggio una visione globale. Se é vero che il luogo antropologico assume le caratteristiche di un centro in cui convergano gli universi di riconoscimento dai quali deriva il sapere (Augé M. 1994, 163), è interessante vedere come la casa del villaggio che Micone descrive in *Errances*, si situi al centro di due assi, l'uno verticale e l'altro orizzontale. Divenuta così luogo di incontro essa favorisce la relazione tra l'uomo e il divino e l'uomo ed il suo simile. Essa si connota come un luogo aperto; la falla nel tetto permette all'abitazione di comunicare con il cielo. Questo varco instaura una verticalità che permette la fuga dello sguardo verso l'alto e favorisce il contatto con il divino, rendendo questa abitazione, come direbbe Bachelard, a immagine del cosmo (Bachelard G. 1961, 41). Questa casa è inoltre un luogo aperto orizzontalmente; dall'esterno accoglie i parenti, assicurando così la relazione familiare: "Aussitôt habillé, il <padre del narratore> s'empressa d' aller ouvrir pour laisser entrer les voisins et la parenté" (Micone M. 1988, 196). Nel luogo antropologico poi, la trasmissione del sapere passa attraverso la valorizzazione della storia e la trasmissione dei miti della comunità. In *Errances* il giovane protagonista evoca l'istruzione ricevuta al villaggio: "À l'école élémentaire, l'histoire était la matière la plus importante. J'apprenais par coeur de longs chapitres sur les exploits des martyres de la patrie et des héros de guerre" (*ibidem*, 193). É soprattutto il nonno del narratore a trasmettere il sapere al giovane nipote. tra i due si instaura un dialogo improntato sul riconoscimento e la condivisione di uno stesso spazio culturale e linguistico. Marc Augé sottolinea: "Se reconnaître, du point de vue des relations entre les hommes, c'est aussi parler le même langage, s'entendre ou se comprendre à demi-mot, connaître les mots de passe" (Augé M. 1994, 163).

Il villaggio descritto da Micone appare dunque come un luogo marcato e significativo: come il luogo antropologico di Augé, è uno spazio di pienezza identitaria in cui l'individuo si sente in armonia con sé e gli altri. Quando l'uomo abbandona questo luogo, perchè forzato ad emigrare per esempio, non gli resta che cercarlo in un altrove, che può diventare meta finale di una *quête* che coinvolge l'uomo in prima persona e il suo rapporto con l'altro. In *Le Figuier enchanté*, l'intero villaggio si volatilizza, condannando così i suoi abitanti all'erranza: "Une nuit, pendant que tous dormaient, le village, n'en pouvant plus de croupir dans tant d'indigence, s'arracha à la colline et se volatilisa. Depuis lors, les villageois font le tour du monde à la recherche de leur village" (Micone M. 1992, 24). Si potrebbe dire, utilizzando un'immagine cara a Chagall, che l'emigrante, privato delle radici, assume un aspetto etereo e finisce per smarrire non solo la fisicità del luogo antropologico, ma anche la fisicità del luogo corporeo. I due sono in relazione in quanto lo spazio del villaggio è concepito sul modello del corpo umano e viceversa; in entrambi si giocano le relazioni di identità ed alterità (Augé M. 1994, 162).

Il non-luogo

L'immagine dell'America, come quella di Montréal e dell'abitazione cittadina, ricalcano il modello del non-luogo di Augé. In queste mete finali del percorso migratorio, i personaggi miconiani non trovano i *repères* identitari e relazionali che avevano caratterizzato il luogo antropologico. Il non-luogo si definisce come lo spazio degli altri senza la presenza degli altri (*ibidem*, 167). Indicativo a riguardo è l'arrivo in America di Antonio, personaggio di *Gens du silence* che stupito recita: "Y A-T-IL QUELQU'UN DANS CE PAYS?" (Micone M. 1982, 17). Lo stesso procedimento utilizzato da Micone per descrivere il villaggio natale ritorna qui per rappresentare Montréal. Il drammaturgo ricorre nuovamente alla proiezione di diapositive, ma all'immagine globale del villaggio, si contrappongono una serie di immagini frammentarie di Montréal, descritta nella sua frantumazione spaziale. Ciò si evince dalle indicazioni sceniche: "On pourrait projeter des diapositives il-lustrant le travail d'Antonio sur le chantier de construction et la vie des immigrés dans les quartiers pauvres de Montréal" (*ibidem*, 25). Micone fornisce in *Le Figuier enchanté* la chiave di lettura di questo passaggio dall'univocità alla pluralità: "Émi-grer d'un village de l'Italie du sud à Montréal, c'était passer d'un monde univoque à la multiplicité des voix obligatoirement conflictuelles" (Micone M. 1992, 88). Pierre Sansot conferma lo stesso concetto: "Les jeux d'échos et de reflets sont plus nombreux dans une ville, comme si les villes étaient bavardes, volubiles par voca-tion" (Sansot P. 1988, 18). La Montréal di Micone pare perdere ogni fisicità; in *Gens du silence*, per esempio, non si assiste, benché la *pièce* narri l'emigrazione del personaggio, a nessun momento di transizione tra il luogo di partenza e quello d'ar-rivo, in sostanza nessuna soglia pare esser stata varcata. Alla diapositiva del villag-gio di Collina, subentrano le diapositive di Montréal. Ci si può domandare allora se, in un certo senso, l'autore non voglia con questa scelta particolare negare l'esi-stenza stessa, la fisicità del luogo Montréal. I momenti di entrata e di uscita da una città assumono, secondo Sansot, un valore capitale, senza di essi "la ville en quel-que sorte disparaît puisque nous n'avons jamais à franchir le seuil qui nous assure que nous venons de pénétrer en elle" (*ibidem*, 81). Montréal diventa dunque una non-Montréal, spazio fantasma per lo straniero per il quale diventa improbabile la possibilità di integrazione. La città, come ripiegata su sé stessa, si trasforma istan-taneamente nel quartiere italiano dal significativo nome di "Chiuso": "enfermé en-tre trois carrières de ciment et le Boulevard Métropolitain" (Micone M. 1982, 55). Se *Gens du silence* mette in scena una Montréal divisa in un susseguirsi sul piano orizzontale di quartieri etnici, *Addolorata* la verticalizza: "Giovanni et Addolorata ont immigré dans notre immeuble il y a vingt ans" (Micone M. 1984, 9); in questo palazzo-città ogni piano-quartiere è abitato da una comunità diversa: "Ici, le pre-mier étage est le plus haut, tandis que le 14e, là où habitent encore les premiers résidents, c'est le sous-sol. Aux autres étages, il y a les Grecs, les Portugais, les Espagnols, les Haïtiens. Moi, je demeure au 13° depuis quinze ans" (*ibidem*, 9). Montréal ci viene presentata qui come una serie di luoghi chiusi, diversi tra loro; poiché, come dice Julia Kristeva, "l'étranger occupe le lieu de la différence" (Kristeva J. 1988, 62) l'immobile-Montréal diventa il luogo della differenza per eccellenza. Augé, dal canto suo, sottolinea che "les migrations [...] condamnent les migrants à se refaire des lieux dans des espaces qui tendent à se refermer" (Augé M. 1994, 168); qui l'identità vacilla, e anche quando, come in *Déjà l'agonie* si cerca di rompere la chiusura cambiando di "piano" o di quartiere, tale movimento non si dimostra sufficiente per integrarsi all'"altro". Il protagonista si domanda infatti: "C'est peut-être lié à la géographie. Est-ce que j'étais moins québécois quand j'habitais Saint-Léonard. Est-ce que je le suis plus maintenant que j'ai élu domicile avec toi près du Plateau-Mont-Royal?" (Micone M. 1988, 29-30). I *repères* identitari legati al luogo antropologico sono smarriti e la segregazione di cui soffre l'individuo abitatore del non-luogo non può che avere come conseguenza una messa a distanza del dialogo e dell'incontro. Nella dimora cittadina, a differenza di quanto avveniva nella dimora del *chez soi,* regna il silenzio; Luigi Danielle in *Déjà l'agonie*, appaiono rinchiusi nel loro universo senza che questo possa interagire con quello dell'altro: "attablés dans la cuisine de leur appartement. Chacun consulte son agenda" (*ibidem*, 38). All'apertura verso l'esterno della dimora del villaggio si oppone una chiusura dell'abitazione cittadina; in *Gens du silence* i movimenti di entrata e uscita vengono negati. Al primo simboleggiato dal telefono tagliato: "Et à partir de demain y aura plus de téléphone ici" (Micone M. 1982, 42), si aggiunge il secondo esplicitato palesemente dal divieto di uscire "Mario sort. Anna fait quelques pas en sa direction, mais est arrêtée par un tonitruant Antonio qui lui dit: "Reste ici, toi"" (*ibidem*, 105). Alla centralità dell'abitazione del luogo antropologico e all'armonia del suo spazio circostante si contrappongono la negazione della parola e del movimento dell'abitazione del non-luogo, negazioni che finiscono per irrigidire l'immagine della città. In contrasto alle linee dolci delle colline italiane, la Montréal di *Le Figuier enchanté* assume un aspetto geometrico, e diventa una valle "parfaitement plate et sillonnée de rues asphaltées se croisant à angle droit avec des milliers de maisons carrées en brique rouges" (Micone M. 1992, 51). I riferimenti identitari sono saltati e la frantumazione dell'individuo pare inevitabile; essa si riflette in una città dal volto imprendibile oppure, come direbbe Antonio D'Alfonso, in una "Montréal au reflet éclaté dans le miroir social brisé" (D'Alfonso A. 1990, 180). Di fronte al volto anonimo con il quale la città di *Le Figuier enchanté* si presenta al protagonista, quest'ultimo non può che apparire disorientato nel labirinto scelto a immagine dello spazio urbano: "Le lendemain matin, des fenêtres givrées d'un autobus, la ville m'apparut tel un immense labyrinthe" (Micone M. 1992, 63). Il finestrino dell'autobus trasforma Montréal in uno spazio dato in spettacolo. Alla sua fruizione si interpone dunque uno schermo che mediatizza la città; essa diventa un non-luogo in cui l'individuo, nella sua solitudine, si trova di fronte ad immagini che si frappongono tra lui e il mondo esterno senza permettergliene l'accesso (Augé M. 1994, 168). Il senso di disorientamento che evoca l'immagine del labirinto provoca una vera e propria angoscia dello smarrimento, angoscia provata dal personaggio che fatica a orientarsi nello spazio circostante: "Gianni […] habite un coin de la ville où les maisons ainsi que les rues se ressemblent beaucoup. Devant chez lui, il y avait le seul arbre du quartier devenu le point de repère […] Au retour de l'usine, ne voyant plus l'arbre, son père a cru s'être trompé de rue. Il a erré un bon moment avant de rentrer" (Micone M. 1992, 58). L'emigrazione stessa impone uno sradicamento che contraddistingue anche l'epoca contemporanea. Secondo La Cecla: "Gli ultimi vent'anni sono caratterizzati da migrazioni volontarie ed involontarie di proporzioni gigantesche.[...] Questa condizione mondiale rende lo spazio sempre meno appartenente a chi lo abita. La mobilità volontaria o forzata dell'ultimo decennio porta un'impronta che non è quella del muoversi dei nomadi, ma del vagare di chi si è perduto" (La Cecla F. 1993, 38-39). Lo smarrirsi del personaggio miconiano, all'interno del territorio è metafora di uno smarrimento interiore dove il reale perde i suoi connotati spaziali ed i luoghi, come dice Calvino, finiscono per mescolarsi. Augé dal conto suo suggerisce: "Sur le terrain ethnologique, somme toute, le lieu de l'altérité s'est deplacé et en quelque sorte intériorisé" (Augé M. 1994, 43) La condizione dell'emigrato è metafora della condizione più universale dell'uomo; come lui il personaggio miconiano deve cercare ambientamento e radicamento. Ma ciò non è facile giacché "L'ambientamento è una costruzione culturale che non si inventa in una generazione" (La Cecla F. 1994, 43).

La costruzione del luogo nel non-luogo

Lo smarrimento nella realtà urbana non va letto solo in chiave negativa; "perdersi" è anche una fase di un percorso cognitivo (*ibidem*, 44). Occorre allora "*costruire uno spazio interno che faccia da mappa di riferimento*" (*ibidem*, 41). In questo consiste il "*processo di ambientamento e di presa di possessione dello spazio circo-*

stante" (*ibidem*, 41). Ci si può chiedere quali siano nell'universo narrativo studiato gli elementi che permettono al non-luogo di assumere caratteristiche del luogo antropologico. Fra gli elementi caratteristici di questo *chez soi* abbiamo visto l'incontro con l'altro, l'apertura verso l'esterno e l'accesso alla parola. Nella sua opera Micone crea luoghi ibridi, dei non-luoghi che acquistano, tuttavia, alcune caratteristiche del luogo antropologico. In *Le Figuier enchanté*, per esempio, Micone ci fa assistere alla costruzione di uno spazio positivo che permette la crescita del protagonista e la sua integrazione nello spazio dell'altro. Il giovane narratore osserva, dall'interno della sua abitazione di Montréal, il gioco di alcuni bambini ai quali vorrebbe unirsi: "Les têtes empennées et armées de tomahawks, trois d'entre eux en pourchassaient un autre non déguisé. L'ayant attrapé, ils le traînèrent jusqu'à un arbre, le ligotant et le bâillonant [...] Au milieu des arbres, dans leur rituel sauvage et primitif, j'avais oublié qu'ils parlaient une langue différente de la mienne" (Micone M. 1992, 66). Il boschetto, sorta di "brousse" nel quale si svolge la scena, assume qui le connotazioni di un luogo iniziatico. Nel luogo centrale, "au milieu des arbres" si svolge un gioco che altro non è che una lotta, la drammatizzazione di un mito. Il protagonista attua una serie di strategie che lo porteranno insieme ai nuovi compagni a costruire un nuovo luogo antropologico creato per una nuova comunità. La sua tattica é la seguente: "Le lendemain, au retour de l'école, je courus voler des planches de bois sur un chantier de construction situé à proximité. Après les avoir empilées dans le bosquet, j'en clouais sur deux arbres rapprochés pour en faire une échelle.[...] Au pied des deux arbres, il restait suffisament de bois pour le plancher d'une cabane" (*ibidem*, 68). La costruzione della capanna ribalta la situazione iniziale: ora sono i bambini che poco prima hanno ignorato il narratore, a fare da spettatori ed a volersi unire a lui: "Lorsque les indiens de la veille arrivèrent, l'échelle était déja terminée.[...] Je descendis chercher les planches une à une et, pendant qu'ils me regardaient, je les clouais. Ensuite l'un d'eux parla et aussitôt ils s'éloignèrent en courant.[...] À mon retour, deux des garçons munis d'égoïne, sciaient les planches qui dépassaient ainsi que les branches encombrantes" (*ibidem*, 68). L'incontro fra i diversi componenti di quella che potrebbe definirsi come una nuova comunità, è reso possibile dalla trasmissione di sapere di cui si fa carico un elemento del gruppo: "il me fit comprendre par les gestes plus que par les mots que le jeu consistait à se libérer lui-même et qu'il devait y arriver seul s'il ne voulait pas être ridiculisé par ses amis" (*ibidem*, 68). Ad integrazione avvenuta la narrazione passa al plurale "nous" e l'azione da individuale diventa collettiva: "nous terminâmes la première cabane juchée à plusièrs mètres du sol. À la fin de l'année scolaire, cinq refuges aériens, que nous appelâmes gratte-ciel, attiraient tous les jeunes du quartier Ahunstic" (*ibidem*, 68). Il rifugio così creato, nel quale neanche la differenza linguistica pare fare problema, è un luogo ibrido giacché pur trovandosi nel non-luogo Montréal ricrea il luogo antropologico ristabilendo quel legame sociale smarrito nello spazio urbano. Nell'opera di Micone l'incontro con l'altro avviene sempre nello spazio esterno in contrapposizione con lo spazio chiuso del non-luogo. In *Gens du silence*, la voce dell'autore si incarna in una forza centrifuga che parte dal centro del non-luogo "Chiuso" per guadagnare l'esterno. Questa forza dirompente mira alla conquista della libertà ed è rappresentata da Nancy, Gino e Zio. Quest'ultimo, parente di tutti e di nessuno allo stesso tempo, è simbolo della memoria collettiva della comunità italiana, e rappresenta il saggio, la guida dei giovani. Questi ultimi, che si incontrano negli spazi esterni dove hanno accesso alla parola, sono connotati dall'idea del movimento. Non è un caso che Zio sia un venditore ambulante senza fissa dimora. Nancy ha capito, grazie a Zio, che la libertà da ricercare è interiore e che lo spazio della coscienza di sè non coincide con il ghetto nel quale è rinchiusa, per questo, dichiara: "Je me libère de Chiuso pour mieux parler de liberté" (Micone M. 1982, 92). La costruzione del luogo ha come prima condizione l'uscita dal non-luogo: "Il faut franchir les portes de Chiuso pour pouvoir nous unir aux gens d'ici qui nous ressemblent" (*ibidem*, 135). Anche in *Déjà l'agonie* lo spazio esterno è lo spazio della parola, delle rivendicazioni collettive; Danielle propone a Luigi: "Si on allait manifester? Rien que nous deux, tout seuls, comme au début?" (Micone M. 1988, 49). Segue nel testo l'enumerazione di diversi luoghi di Montréal dalle connotazioni sociali e politiche molto diverse tra loro; la presa di parola in strada cancella le differenze confermando allo spazio urbano una nuova accessibilità. Lo spazio esterno, la strada in particolare, è un non-luogo che nell'universo miconiano acquista caratteristiche del luogo antropologico; in questo spazio ibrido di *Addolorata* le relazioni familiari vengono ristabilite: "Comme Addolorata il y en a des milliers [...] Elles sont la coin Saint Lambert et Chabanel ou Saint Urbain et Port-Royal. S'il y a une d'elles qui tombe aidez-la. C'est peut-être ma soeur, ma mère ou la vôtre" (Micone M. 1984, 10).

La strada assume poi le caratteristiche del luogo dell'elaborazione di sè; l'attraversamento dello spazio urbano, la deambulazione in esso altro non è che l'attuarsi di una *quête* che in Micone ha una dimensione collettiva e coinvolge l'altro da sé: "Comme Giovanni aussi il y en a des milliers [...]. Si l'un d'eux tombe aidez-le. Mais s'il se relève marchez avec lui" (Micone M. 1984, 10-11). In *Addolorata* Micone invita dunque al movimento, metafora di un'appropriazione della città e di

226

un'integrazione attiva. Già *Gens du silence* si concludeva con l'avanzare in scena di tutti i personaggi. Agli spettatori che non possono indietreggiare non resta che ascoltare attentamente l'ultima battuta degli attori considerando che forse quel loro procedere verso il proscenio altro non è che l'invito al movimento: "Tous les comédiens reviennent sur scène. Se tenant debout au fond de la scène il scandent: "Ce pays n'est pas le nôtre". Avançant d'un pas à chaque phrase et toujours plus fort: 'Notre pays [...] est à faire'" (Micone M. 1982, 140).

L'incontro con l'altro e l'appropriazione della parola sono le condizioni che sottendono ogni volontà di integrazione nello spazio dell'altro. Uscire dalla solitudine di cui è preda l'individuo abitatore del non-luogo, significa anche cercare di riunire quei principi ed elementi di origine diversa che sono costitutivi dell'uomo. Nell'universo miconiano il desiderio di relazione con l'altro e di condivisione del suo spazio, si affiancano al desiderio della conquista di una piena coscienza di sé. Attraverso la creazione di luoghi ibridi, in cui gli elementi positivi del luogo antropologico si affiancano ad elementi negativi del non-luogo, Micone indica il luogo di incontro con l'*alterité complète* (quella dell'altro da me) da un lato, e con l'*alterité intime* (quella dell'altro in me) dall'altro.

Bibliografia

AUGÉ, Marc, *La conquête de l'espace* in *Le sens des autres, Actualité de l'anthropologie*, Paris, Fayard, 1994, 199p.

BACHELARD, Gaston, *La Poétique de l'espace*, Paris, PUF, 1961.

D'ALFONSO, Antonio, *Avril ou l'anti-passion*, Montréal, VLB, 1990, 198p.

LA CECLA, Franco, *Mente locale*, Milano, Elèuthera, 1993, 127p.

KRISTEVA, Julia, *Étrangers à nous mêmes*, Paris, Fayard, 1988.

MICONE, Marco, *Gens du silence*, Montréal, Québec-Amérique, 1982, 140p.

MICONE, Marco, *Addolorata*, Montréal, Guernica, 1984, 94p.

MICONE, Marco, *Déja l'agonie*, Montréal, L'Hexagone, 1988, 81p.

MICONE, Marco, *Errances* in *Enfance et jeunesse*, Montréal, Les Entreprises de Radio Canada, 1988, pp.193-199.

MICONE, Marco, *Two Plays*, Montréal, Guernica, 1988.

MICONE, Marco, *Le Figuier enchanté*, Montréal, Boréal, 1992, 117p.

MICONE, Marco, *La locandiera,* traduction de l'italien par MICONE Marco, Montréal, Boréal, 1993.

MICONE, Marco, *Beyond the Ruines*, Toronto, Guernica, 1995.

MICONE, Marco, *Trilogia. Gens du silence, Addolorata, Déjà l'agonie*, Montréal, VLB, 1996, 224p.

SANSOT, Pierre, *Poétique de la ville*, Paris, Klincksieck (Meridiens), 1988, 422p.

Significante e significato
nell'opera di Michael Ondaatje

Nicoletta Scarpa

Negli anni sessanta, mentre gli spazi letterari vengono occupati da Margaret Atwood, Timothy Findley, George Bowering, Alice Munro, per citarne solo alcuni, arriva in Canada Michael Ondaatje. Il momento culturale è particolarmente vissuto anche in termini nazionalistici e l'espressione letteraria più sentita è la poesia.

Ondaatje pubblica il suo primo libro di poesie nel 1967 e le parole di Margaret Atwood indicano efficacemente l'impatto di Ondaatje con la nuova realtà culturale canadese: "M.Ondaatje evades categorizations, but his exotic imagery and violent mini-plots have gained him the reputation as one of the most vital and inventive of the younger poets" (Atwood M. XXXVIII).

Sebbene i suoi primi riconoscimenti siano nel campo della poesia, oggi la sua popolarità è come autore di romanzi, opere in cui la sensibilità del poeta si arricchisce e si intreccia a numerose tecniche innovative e decostruzioniste, che indicano la ricerca dell'autentico e dell'originario come una delle note deliberate nell'opera dell'artista. Il lettore si trova infatti inserito nella dinamica di sequenze cinetiche e cinematiche, come nei *Collected Works of Billy the Kid* (1970), sottoposto a una serie di prospettive e angolazioni "caleidoscopiche" focalizzanti l'essere di Billy, coinvolto chiaramente nella percezione dell'esistenza di Billy e del suo esistente. Il lettore si trova spesso a dover colmare il "gap" che egli sente esistente tra la parola e la realtà rappresentata, il significante e il significato, alla ricerca di quell'essenza del linguaggio che si manifesta nel momento in cui si sottrae e che può essere percepita solo nell' attimo in cui nel silenzio del deserto dell'anima, si riescono a far tacere tutte le voci e ci si mette in ascolto. La realtà esistente incombe su Billy come fatto persecutorio e i suoi incubi trascinano il lettore in una dinamica grottesca e deformante, come scarnificare una pietra: il corpo di un uomo si deforma e si priva del respiro e della vita, fatta eccezione per gli occhi, tanto che: "he seemed to be breathing out of his eyes"(Ondaatje M. 1970, 37). In un'altra occasione Billy vede l'osso sotto la carne e la morte dare forma al fluido vitale: "or my eyes magnifying the bones across a room shifting in a wrist" (TCW, 39). La stessa morte si avvicina a Billy come una pallottola in lento movimento:

(watch)   The eyes bright scales
           bullet claws coming
           at me like women fingers
           part my hair slow
           go in slow in slow
           leaving skin in a puff (TCW 73).

Sin dalle prime opere di poesia Ondaatje rivela la sua convinzione che: "the making and destroying come from the same source, the same lust, same surgery(the)brain(is)capable of", parole tratte dal romanzo *Coming Through Slaughter* (1976, 55), che per creare l'artista si deve sottoporre inevitabilmente a un processo distruttivo, deve gettarsi nell'abisso della morte per potersi così riappropriare della verità del linguaggio e della poesia. Quest'esperienza è simulata dal ragno nella poesia "Spider Blues" (Ondaatje M. 1973, 62), che pur muovendosi in "spazi vuoti" qualifica un accadere, che gli permette di cogliere ciò che non viene detto dalle parole e che lascia trasparire il senso originario che in esse si cela.

He thinks a path and travels
the emptiness that was there
leaves his bridge behind
looking back saying Jeez
did I do that?
and uses his ending
to swivel to new regions
where the raw of feeling exists.
(R.J. 62)

L'idea di "building up" e "deconstructing" è presente in tutte le opere di narrativa di Ondaatje e può essere estesa ai luoghi, alla storia, alle parole, ai ricordi. Come sottolinea Scobie la sensibilità di Ondaatje come scrittore è prima di tutto colpita da un'immagine, nel caso del Paziente inglese quella di: "A man falling, burning from the sky", attorno a cui si sviluppano successivamente trama e personaggi, tuttavia se si vuole cogliere l'essenza dei romanzi di Ondaatje, definiti da Scobie "poetic novels", si deve ritornare all'immagine creativa originaria (Scobie S. 1994, 101). Tutti i personaggi di Ondaatje sono di fatto "storie nelle storie", significato nel significante, che pur mantenendo uno stretto legame con la realtà, restano aperte a numerose altre realtà di rottura, custodiscono l'accadere storico della verità come dialogo fra le tradizioni. Finestre da cui guardare ciò che sta al di là. Si potrebbe quindi affermare che ogni personaggio di Ondaatje è un palimpsest, frutto di un lungo processo di "scraping" a livello sia di significante che di significato, che spinge il lettore a cercare di raschiare per cogliere ciò che non si lascia comprendere, né mai si è lasciato comprendere. In questo spiegare e ripiegare il lenzuolo del "self" dei personaggi, il lettore può abbandonarvisi sino a interiorizzare nel più profondo le storie vissute dai diversi personaggi, dando così a loro un volto, e facendo luce anche sulle ombre del suo stesso "self".

In *Running in the Family*, opera biografica apparsa nel 1982, Ondaatje ripercorre le tappe più significative del vissuto dei suoi avi e attraverso il pensiero rammemorante riesce a impadronirsi di ciò che i segni dell'alfabeto sinalese, le foto, le iscrizioni tombali, la stessa conturbante bellezza di Ceylon celano. Per ben due volte nel 1978 e nel 1980 Ondaatje sentì l'esigenza di ritornare a Ceylon per riappropriarsi dell'esistente di quel passato, già presente in lui a livello inconscio e sancire così la sua appartenenza al tessuto storico e culturale di una terra che aveva lasciato appena undicenne. Seguendo un processo dialettico di passaggio da un pensiero a un altro, Ondaatje rievocherà ciò che si cela nelle storie del passato della sua famiglia e, naufragando agli estremi del linguaggio, coglierà il senso delle storie dei suoi progenitori e di se stesso. Certo restano storie confinate nella mortalità insita di ogni storia, ma in *Running in the Family* Ondaatje non vuole offrire al lettore risposte o soluzioni al problema della storia, ma solo i termini, le tracce, per poter instaurare un dialogo con il Linguaggio, nota già presente in *Coming* con l'affermazione ontico-ontologica della verità riconosciuta nel processo creativo poetico-musicale.

Riappropriarsi della storia dei propri antenati significa risalire "in infinitum" nella scrittura originaria proprio in quanto differenza tra significante e significato, per cui il senso non è mai pienamente presente ma si dà come differimento continuo, come traccia. Infatti *Running in the Family* è definito "a potrait" "a gesture" e Ondaatje è cosciente che:

> During certain hours, at certain years in our lives, we see ourselves as remnants from the earlier generations that were destroyed. So our job becomes to keep with enemy camps, eliminate the caos at the end of Jacobean tragedies, and with the "mercy of distance" write the histories (R.F. 179).

La sinergia del palimpsest è particolarmente evidente nel romanzo più recente di Ondaatje, *The English Patient* (1992), dove tutti i personaggi respirano l'anima di storie diverse non legate cronologicamente fra loro, inserite in un panorama postcoloniale e multiculturale di ampio respiro e imperniate sull'identità misteriosa del paziente.

Il romanzo è ambientato in Toscana alla fine della seconda guerra mondiale. Narra le storie di quattro persone che si ritrovano per caso: una giovane infermiera canadese, un militante canadese, un soldato indiano arruolato nell'esercito inglese esperto nel disinnescare mine e il misterioso paziente inglese ridotto a torcia umana a seguito di un incidente aereo. Il romanzo vive in luoghi diversi: Inghilterra, Egitto, Italia, il deserto del Sahara e ci offre una visione di rottura della storia. Coglie nella complessità delle relazioni personali la traccia degli interrogativi che direttamente e mediatamente si manifestano. I personaggi dell'*English Patient* tendono a ricomporre le loro realtà, le loro ferite, il loro essere gettati in un presente che non hanno scelto, sia attraverso l'effetto rammemorante, sia intessendo una fitta rete di relazioni personali soggette a una dinamica di apertura e chiusura, soprattutto nelle storie d'amore (Wachtel E. 1993, 256)[1].

Le loro figure appaiono come negli affreschi antichi restaurati, dove emergono stacchi di colore, perché la luce e l'atmosfera li hanno aggrediti, e zone bianche per la devastazione del tempo. Chi guarda può cogliere gli affreschi solo come appaiono, cosicché nel concorso all'effetto estetico c'è la partecipazione, oltre che delle parti integre, anche di quelle dove il colore è disperso e delle zone bianche per il dipinto mancante. Con uno sforzo sensibile, idealmente, si può procurare un completamento di ciò che si cela, al fine di comporre il valore unitario dell'opera. In generale questo processo, questo scoprire la storia, non ha niente di cronologico. Il tempo, in questa prassi, perde il suo carattere quantitativo per assumere quello qualitativo (Wachtel E. 1993, 257)[2]. Le figure, con le loro zone bianche o scolorite, sono una realtà presente e il tutto appare come una "nuova versione" del dipinto. I personaggi, così come si mostrano, sono esaustivi di significato compiuto e chi li osserva si sente intimamente avvinto al loro vissuto.

Anche i libri sono una presenza importante nel romanzo, quasi dei personaggi attenti a cosa succede e allusivi di storie raccontate all'interno di storie, dove il senso di mistero, di rivelazione e di intimità dominano l'idea del tempo. Anche la let-

---

[1] A tal proposito Ondaatje stesso dichiara in un'intervista: "The English Patient is also two or three or four versions of a love story. There's the love of Caravaggio towards Hana, and Katharine towards the Patient, and Kip towards Hana. Even Kip towards the Patient. For me, it primarily concerns *situations*, as opposed to theme".

[2] Parlando della relazione che esiste tra scrittura e storia Ondaatje asserisce che: "Writing links up one's own life with the history of our time, which may go back to the fourth century. You place yourself against the cave wall, where hundreds of years of arts have been inscribed, then you link yourself to it in some way. For me, that's the relationship between history and writing, all contemporary writing".

tura di Hana al paziente non segue un ordine preciso, spesso perchè: "i libri reca-
vano vuoti nell'intreccio come tratti di una strada inondata da tempeste, casi di sparizione, come se locuste avessero rosicchiato un pezzo d'arazzo, come se l'intonaco
scrostato dai bombardamenti si fosse staccato nella notte da un muro" (Ondaatje
M. 1993, 17).

La stessa villa italiana in cui vivevano era in quelle condizioni. Parte del destino
dei singoli, è quanto di più espressionistico si possa cogliere nel romanzo: lo squar-
cio di una bomba sul muro lascia entrare la luna; paesaggi naturali al posto di pareti; porte che si aprono sul vuoto; pareti con paesaggi dipinti, che sono la conti-
nuità di quello esterno.

> Some rooms could not be entered because of the rubble. One bomb crater al-
> lowed moon and rain into the library downstairs-where there was in one corner
> a permanently soaked armchair (E.P. 7/8).

> Some rooms faced onto the valley with no walls at all. She would opera door and
> see just a sodden bed huddled against a corner, covered with leaves (E.P. 13).

> Some rooms are painted, each room has a different season. Outside the villa is a
> gorge. All this is about twenty miles from Florence, in the hills (E.P. 29).

> There seemed little demarcation between house and landscape, between dama-
> ged building and the burned and shelled remnants of the earth. To Hana the
> wild gardens were like further rooms (E.P. 43).

Nella villa, tuttavia, gli elementi conglobanti sono il silenzio e il buio, forti stimoli
di riflessione che invitano il significante a ricercarsi nella pergamena della memoria.
Ogni personaggio nell'*English Patient* è una pergamena. L'incrostazione di diverse
storie che si scrivono e si riscrivono per creare prospettive diverse e per evidenzia-
re quei processi di sovrapposizione e individualizzazione di diverse realtà: la britannica di dominio, la canadese aperta alla cultura europea, l'indiana strettamente
avvinta alla sua tradizione e ognuno recupera il significato della sua essenza e identità specchiandosi nel deserto dell'anima del paziente, che privo di identità riceve
l'identità che Hana, Kip e Caravaggio desiderano. Per Hana il paziente condensa i
caratteri più propri e originali della vita: la storicità e la fatticità ed ella sente che la
presenza di quell'uomo che ha ormai rinunciato alla vita, la guiderà alla sorgente
dell'esistenza dove potrà cogliere l'essere dell'esistenza umana.

Kip insiste sulla nazionalità inglese del paziente, perché vuole ritrovare in lui la
figura del suo maestro e istruttore Lord Suffolk morto tragicamente, mentre Caravaggio ladro e spia di guerra ambisce a strappargli una confessione e per questo lo

imbottisce di morfina e fa nascere il dubbio che egli possa essere il Conte Almàsy, di origini ungheresi. Ma non si sa chi egli sia, come se dopo la morte di Katharine egli avesse deciso di vivere solo la storia della memoria e non avere più un nome.

Solo attraverso questo processo di "scraping" della loro identità tramite il paziente, Hana e Kip riusciranno poi a contemplare ciò che sta oltre il muro rotto della villa per aprirsi alla speranza di un futuro. In entrambi, infatti, si coglie alla fine una nozione qualitativa del tempo che porta a unità il passato, il presente e il futuro. Gli affreschi, i libri polverosi della libreria fanno eco al passato, la finestra rotta è la realtà attimale presente e quel paesaggio che sta oltre il muro rotto è l'essere futuro di cui Hana e Kip percepiranno l'essenza prima di rientrare rispettivamente in Canada e in India. Non così il paziente che rimane "a despairing saint" e muore in quella villa che è l'immagine speculare della sua finitezza.

Il paziente inglese, anche se inchiodato su un letto, comunque trasmette all'aria la sua presenza e il suo spirito abbraccia la villa, o quanto vi resta, pergamena bruciata dove nel bruciato tutti vogliono leggere qualcosa. La stessa villa, però, avvolta da questo contesto, con la sua anima sconvolta dai bombardamenti si innalza a protagonista al pari degli altri personaggi. In lei si fa sentire con le sue parole anche il frugale silenzio del deserto, quel deserto dove tutto è scansione. La vita nel rispetto delle sue leggi essenziali. Il giorno e la notte non hanno la cadenza della pigrizia nel loro farsi e disfarsi. Un battito ed è luce, un battito ed è buio.

A man in a desert can hold absence in his cupped hands knowing it is something that feeds him more than water (E.P. 155).

Tutti i protagonisti sentono vivo il richiamo che quella villa desta nonostante le sue mutilazioni. La vita di ogni giorno sembra atemporale, perché formata da tanti segmenti di stati d'animo che si ripiegano nella memoria per poi ridestarsi nel contesto del quotidiano. Uno stato d'azione completamente aperto dove ognuno, a modo suo, è un paladino, un eroe, e dove la poesia di Ondaatje scivola fievole avvolgendosi alle forme dei periodi come l'acqua fa con i sassi in un fiume ed è subito a valle.

La sua condizione di pergamena bruciata è relativa al rogo patito con il suo aereo in fiamme precipitato nel deserto.

The burned pilot was one more enigma, with no identification, unrecognizable (E.P. 95).

Well, she's got her own ghost, a burned patient. There is a face, but it is unrecognizable. The nerves all gone. You can pass a match across his face and there is no expression. The face is asleep (E.P. 28).

> Now, months later in the Villa San Girolamo, in the hill town north of Florence, in the arbour room that is his bedroom, he reposes like the sculpture of the dead knight in Ravenna... All that is missing is his own name. There is still no clue to who he actually is, nameless, without rank or battalion or squadron (E.P. 96).

Per il paziente la verità deve essere proprietà dell'uomo e il vedere e rappresentare umano formano il contenuto della verità. L'uomo resta lontano così dalla possibilità di andare oltre e resta prigioniero di sé e dell'immagine che egli stesso ha del mondo, è così che il paziente l'ha sempre visto anche quando esplorava il deserto. Forse la realtà di essere un rogo lo porta a riflettere sulle storie del suo passato, soprattutto sulla storia d'amore vissuta con Katherine, costretto a errare tra le storie, i ricordi, le parole di chi gli vive accanto, perché incapace di cogliere la realtà di ciò che sta oltre la finestra, incapace di decostruire.

L'esistenza del paziente inglese è vissuta nella realtà delle cose stesse e la sua manifestazione non va oltre la fattualità, sente la necessità di riempire gli spazi vuoti delle pagine del libro di storia di Erodoto con altri accadimenti e note a dimostrare l'eterno ritorno dell'uguale e quel senso di strati diversi che formano la Storia e ogni storia (Wachtel E. 1993, 251)[3].

> I have lived in the desert for years and I have come to believe in such things. It is a place of pockets. The trompe l'oeil of time and water. The jackal with one eye that looks back and one that regards the path you consider taking. In his jaws are pieces of the past he delivers to you, and when all of that time is fully discovered it will prove to have been already known (E.P. 259).

Quando questo si fa negli spaccati della sua vita è parte di un affresco assieme a quei dipinti antichi sulle pareti della villa. Quando appare agli altri nel suo reale si liquefa e si disperde nel mistero. Non così Hana che anela ansiosamente a ritrovare le orme dell'originale raschiando tra le realtà attimali della sua vita.

Trascinata in una guerra che non ha voluto, Hana si rivela testimone scomoda e si riversa alla ricerca di ciò che giustifica una vita autentica. Hana ansima nel vissuto del quotidiano accanto al paziente e in modo diverso per Caravaggio e per Kip. Ella trepida soprattutto in quei momenti quando si pone in ascolto del buio e raccoglie il respiro ansioso di tutta l'umanità, in quelle notti che non hanno colori e il

---

[3] M. Ondaatje: "Originally, I thought *The English Patient* was going to be a contemporary book, set entirely in that one period of the Second World War. But once I got into the desert stuff, and through that, to Herodotus, I began picking up a sense of the layers of history. I was going back deeper and deeper in time".

buio è totalmente sordo. Oppure quando pone il suo sguardo sull'infinito della valle dalla stanza senza parete. Solo questo è il pensare autentico che porta all'essenza della verità.

Con le sue scelte Hana non è in grado di cogliere l'essenza dell'originario, ma si pone in ascolto e sente che svuotandosi lentamente e liberandosi dai vincoli che inevitabilmente la trascinano in una direzione obbligata, riuscirà a rischiarare di luce vera il buio e il silenzio di quelle notti sorde a ogni richiamo. Quando gli alleati evacuano, Hana non abbandona la villa, non si pone al sicuro. Decide che d'ora in poi fisserà ella stessa le regole per la sua vita e il suo operare, si prenderà cura del paziente ed egli diventerà la sua unica fonte di comunicazione.

A momenti di ricerca di quell'essere dimenticato che giace immobile arso sul letto nella stanza di sopra, alterna momenti dove raffronta la spettralità di una guerra fatta dall'uomo che crede di essere per propria virtù, ma che invece vive nella terra del tramonto, nel tempo della povertà estrema. Quando sente affiorare lo sconforto e la tentazione di abbandonarsi al nichilismo, cerca di reagire andando al di là del bene e del male, perché vive la disperazione di affidare a chicchessia il dovere di salvare la vita dal nulla.

> She would step outside whatever the weather. She wanted air that smelled of nothing human, wanted moonlight even if it came with a rain storm (E.P. 51).

Negli stati d'animo, affranti da tutto l'assurdo che la circonda, avverte la necessità di rintracciare qualcosa che la rassicuri in questo abbandono, anche la cosa più scarna, come mettere in bocca al paziente mezza susina. Nella realtà della villa tutti i suoi occupanti sono dei pazienti, però ognuno sente il dovere di curare l'altro.

I silenzi di Hana, a volte lunghi appena un istante, la attraversano in una trascendenza sempre più crescente. Infatti, quando l'uomo non può esprimere in modo autentico la sua soggettività, perché la storia con cruda realtà si impone, deve recuperare un orientamento veridico. Ognuno di noi è nel suo andare un palimpsest, perché nella sua vita si sono sedimentate tutte le componenti strutturali, logiche e assiologiche della tradizione, ma nel contempo la tensione del conoscere porta alla ricerca dello "scraping", di ciò che non si lascia comprendere, né mai si è lasciato comprendere cioè: l'uomo sta ancora cercando i perchè della vita. Secondo i postmoderni, neanche la metafisica vi è riuscita. In questo status tutte le facoltà sono sollevate, compresa l'intelligenza, tacciono e sono sospese all'ascolto, che è rivolto alla presenza di ciò che è presente. Nel cercare questi termini, Hana istintualmente recupera il gioco della campana, o settimana, o mondo. Accende una candela:

...She lights a match in the dark hall and moves it onto the wick of the candle...
She puts her hands on her thighs and breathes in the smell of the sulphur. She
imagines she also breathes in light (E.P. 14).

Quest'ansia di cogliere una dimensione fuori dalla portata dell'uomo non l'abbandonerà mai.

Quando le dissero che l'ospedale dove si occupava dei feriti non era più sicuro,
si rifiutò di partire. Si spogliò della sua uniforme di infermiera e si infilò un suo
grembiule di stoffa marrone stampata assieme alle scarpe da tennis. Suntuosità e
modestia nelle grandi pieghe di un non vestito. Caravaggio le dice:

"Why do you adore him so much?" "I love him" "You don't love him, you adore him...
You've tied yourself to a corpse for some reason". "He is a saint. I think. A despairing
saint. Are there such things? Our desire is to protect them" (E.P. 45).

Anche Kip interseca la vita di Hana con una sensibilità radiante e l'amore che li lega è un gioco di segreti, di silenzi e di sguardi, frutto di un'intimità che nel mentre cresce, libera sempre più l'individualità del singolo, intrecciandola a un'inebriante tenerezza nei confronti dell'amante, che coincide con la presa di coscienza della propria caducità (E.P. 225). Hana ha imparato a conoscere tutte le sfumature del mondo delle tenebre di Kip e ad amare soprattutto: "...the wet colours of his neck when he bathes..." (E.P. 127), mentre Kip ha imparato a essere parlato dalla tristezza che vela l'animo di lei: "He has mapped her sadness more than any other." (E.P. 270). Finita la guerra, Hana gli scriverà per un anno, ma Kip risponderà con il silenzio.

Il paziente inglese si rivela per Hana un'antica pergamena bruciata da raschiare delicatamente affinché l'accadere dell'essere possa oggettivarsi in lei, possa essere letto o riscritto. In questa apertura è chiara la sensibilità per l'intera umanità. Il paziente, comunque, esprime con il suo stato l'inautenticità di una vita coinvolta. La morte poi di Katharine ha scavato un vuoto riducendolo a un anonimo paziente su un letto di un ospedale inglese.

L'eco delle ultime parole scritte da Katharine nella versione cinematografica sul diario del paziente, quando ferita giace nella caverna dei nuotatori, evocano la rivelazione attimale del palimpsest che si manifesta nel misterioso farsi e disfarsi del significato nel significante: "Quando moriamo conteniamo una ricchezza di amanti e di tribù, di sapori che abbiamo inghiottito, di corpi in cui ci siamo immersi e abbiamo nuotato, come in fiumi di saggezza, di personaggi su cui ci siamo arrampicati come su alberi, di paure in cui ci siamo nascosti come dentro caverne. Spero che tutto ciò sia segnato sul mio corpo quando sarò morta. Credo in questa cartografia, nell'essere segnati dalla natura, non soltanto per darci un nome su una carta geografica, come i nomi dei ricchi scolpiti sugli edifici. Siamo storie comuni, libri comuni. Non siamo posseduti o monogami per nostro gusto o esperienza. Tutto ciò che desideravo era camminare su una terra che non aveva carte geografiche." (Ondaatje M. 1993, 280).

Bibliografia

DERRIDA, Jacques, *La scrittura e la differenza*, Torino, Einaudi, 1990.

ONDAATJE, Michael, *The Collected Works of Billy the Kid: Left Handed Poems*, Toronto, House of Anansi, 1970.

ONDAATJE, Michael, *Rat Jelly*, Toronto, Coach House, 1973.

ONDAATJE, Michael, *Coming Through Slaughter*, Toronto, House of Anansi, 1976.

ONDAATJE, Michael, *Running in the Family*, Toronto, McClelland and Steward, 1982.

ONDAATJE, Michael, *The English Patient*, Toronto, Vintage Books, 1992.

ONDAATJE, Michael, *Il paziente inglese*, trad. dall'inglese di PAPI Marco, Milano, Garzanti, 1993.   ·

SCOBIE, Stephen, *The Reading Lesson: Michael Ondaatje and the Patients of Desire*, "Essays on Canadian Writings", Summer 1994, 53, p. 92-106.

WACHTEL, Eleanor, *An Interview with Michael Ondaatje*, "Writers and Company by Eleanor Wachtel", CBC Radio Arts Copyright, 1993, p. 250-261.

Note sugli Autori

Silvie Bernier è responsabile delle borse agli scrittori al Conseil des Arts du Canada. Di madre italiana e di padre quebecchese, è titolare di un Ph.D. dell'Université de Sherbrooke in Francesistica. Ha pubblicato testi critici e articoli sul libro e l'editoria quebecchese; è autrice inoltre di una storia del libro illustrato *Du texte à l'image* (Presses de l'Université Laval, 1990). Recentemente si è occupata degli scrittori canadesi anglofoni e francofoni di origine italiana.

Valerio Bruni è professore ordinario di Lingua e Letteratura Inglese all'Università di Udine. Si è occupato dell'opera di Joseph Conrad su cui ha pubblicato due volumi, *L'iniziazione diabolica* (1980) e *La grande burla* (1984). Ha scritto un volume sui romanzi di Thomas Hardy, *Maschera malinconica* (1990). Contemporaneamente si è interessato di letterature emergenti ed in particolare di letteratura canadese nel volume *La notazione visionaria* (1984). Ha in corso di pubblicazione uno studio critico sul rapporto fra infatuazione e creazione artistica nella letteratura *fin de siècle*.

Marisa De Franceschi, scrittrice d'origine friulana, si è laureata presso l'Università di Windsor in Canada. Ha pubblicato racconti brevi (alcuni dei quali hanno ottenuto l'*Okanagan Short Story Award*), vari articoli sulla letteratura canadese e numerose recensioni in riviste canadesi. Autrice del romanzo *Surface Tension* (Guernica 1994) è anche curatrice del volume *Pillars of Lace: Italian Canadian Women Writers* (Guernica 1998).

Anna Pia De Luca è ricercatrice di Lingua e Letteratura Inglese all'Università di Udine. Dopo la laurea presso l'Università di Toronto è ritornata in Friuli dove attualmente insegna letteratura inglese e canadese. Si interessa principalmente della scrittura femminile moderna e della poesia romantica inglese. Nell'ambito della letteratura canadese ha pubblicato numerosi saggi su M. Atwood, M. Laurence, A. Munro, L. Rooke e T. Findley, nonché sulla scrittura etnica in Canada.

Anne de Vaucher è professore associato di Lingua Francese e Letterature Francofone presso la Facoltà di Lingue e Letterature Straniere dell'Università Cà Foscari di Venezia. Specialista del XVII secolo e del racconto breve, ha pubblicato un'edizione delle *Histoires tragiques* di François de Rosset (Livre de poche 1994). È autrice di numerosi articoli, pubblicati in Italia e all'estero, e di un volume su *L'Écriture féminine au Québec. Entretiens avec Marie-Claire Blais, Francine Noël, Yolande Villemaire* (Supernova 1995). Ultimamente si occupa dell'opera romanzesca di Marie-Claire Blais.

Jean-Paul Dufiet è ricercatore di Lingua e Letteratura Francese presso l'Università di Udine. Specialista di letteratura del XX secolo, studia attualmente il rapporto che teatro e romanzo intrattengono con storia ed ideologia e, in particolare, la rappresentazione della Shoà in questi due generi. Ha pubblicato articoli e saggi su R. Rolland, J. Giraudoux, P. Drieu La Rochelle, P. Claudel, Vercors. Nel campo della letteratura quebecchese si interessa della rappresentazione del mondo ebraico.

Caterina Edwards, di madre veneziana, è docente di letteratura canadese presso l'Università di Alberta e scrittrice di romanzi quali *The Lion's Mouth* (NeWest 1982), *Island of the Nightingales* (Guernica 1994), di due novelle, *Whiter Shade of Pale, Becoming Emma* (NeWest 1992), di un'opera teatrale, *Homeground* (Guernica 1990) e di molti racconti brevi pubblicati in *Alberta Bound* (1986) e *Alberta Rebound* (1990).

Alessandra Ferraro è ricercatrice in Lingua e Letteratura Francese presso l'Università di Udine dove insegna le Letterature Francofone. Dopo la tesi di dottorato *La retorica del bestseller. Analisi di cinque romanzi quebecchesi di successo* (Bologna 1992), si è occupata del rapporto tra storia e finzione, di analisi del discorso e delle modalità della rappresentazione spazio-temporale in articoli e saggi su R. Queneau, J.M.G. Le Clézio, A. Memmi, C. H. Kane, J. Godbout, A. Hébert apparsi in Italia e all'estero.

Dominique Garand è professore presso il Département d'Études Littéraires dell'Université du Québec à Montréal. Si occupa principalmente di semiotica narrativa, di teorie dell'enunciazione di retorica e di teoria della "polemica". In quest'ultimo settore ha pubblicato *La griffe du polémique* (L'Hexagone 1989) ed *États du polémique* (Nota Bene 1998, in collaborazione). Sta preparando un'opera sull'"agonistica" letteraria e un saggio sullo scrittore polacco Witold Gombrowicz.

Lise Gauvin, saggista, scrittrice di novelle e critico letterario, è docente all'Université de Montréal dove dirige la rivista "Études françaises". Tra le sue pubblicazioni recenti annovera: *L'écrivain francophone à la croisée des langues* (Karthala 1997), *À une enfant d'un autre siècle* (Leméac 1997) ed *Écrivains contemporains du Québec* (in collaborazione con Gaston Miron, Seghers 1989 e Typo 1998). La sua raccolta di novelle *Fugitives* è stata tradotta in italiano da Carla Fratta (*Figure*, Pendragon 1993).

Pierre L'Hérault è professore associato presso il Département d'Études Françaises dell'Université Concordia di Montréal. Specialista di Letteratura Quebecchese, di Francofonia americana e di Jacques Ferron, è autore del volume *Jacques Ferron cartographe de l'imaginaire* (Presses de l'Université de Montréal 1980) e di articoli e testi critici apparsi nelle più importanti riviste canadesi. Da una decina d'anni – in collaborazione con Sherry Simon – conduce ricerche nell'ambito del programma "Figures et formes de l'hybridité culturelle et littéraire" in particolare nel romanzo, nel racconto e nel teatro quebecchese. I risultati sono stati pubblicati in riviste scientifiche e opere collettive quali *Fictions de l'identitaire au Québec* (XYZ 1991), *L'étranger dans tous ses états* (XYZ 1992), *Pour un bilan prospectif de la recherche en littérature québécoise* (Nuit blanche 1993), *Multi-culture, multi-écriture. La voix migrante au féminin en France et au Québec* (L'Harmattan 1996) e *Nouveaux regards sur le théâtre québécois* (XYZ 1997).

Carla Marcato è docente di Dialettologia Italiana presso l'Università di Udine; si occupa di linguistica italiana e prevalentemente di dialettologia storica, etimologia, toponomastica, geografia linguistica, sociolinguistica. Ha pubblicato numerosi saggi e diversi volumi tra cui: *Di-*

zionario di toponomastica italiana (Utet 1990 con altri autori), *Parlare "giovane" in Friuli* (Edizioni dell'Orso 1994 con Fabiana Fusco), *I dialetti italiani. Dizionario etimologico* (Utet 1998 con Manlio Cortellazzo). Attualmente le sue ricerche vertono in particolare sul repertorio linguistico di comunità italo-canadesi; ha in preparazione un volume sull'influsso dell'"italianità linguistica" nella terminologia gastronomica americana.

Paola Puccini, allieva di Franca Marcato-Falzoni, è attualmente borsista post-dottorato all'Università di Bologna. Dopo una tesi di laurea sullo scrittore quebecchese Jacques Ferron, ha rivolto la sua attenzione alla letteratura di emigrazione in Québec, argomento che ha affrontato nella tesi di dottorato: *Dall'"ici" all'"ailleurs". Dallo spazio fisico a quello interiore nelle opere di tre autori quebecchesi di origine italiana: Fulvio Caccia, Antonio D'alfonso e Marco Micone* (Bologna 1993). Recentemente le sue riflessioni in questo campo si sono arricchite di apporti di altre discipline quali l'antropologia e la sociologia.

Domenico Pietropaolo è direttore dell'Istituto di Studi Teatrali dell'Università di Toronto, presidente dell'Istituto Canadese per gli Studi Mediterranei e professore ordinario di Teoria dello Spettacolo e di Letteratura Italiana. Ha pubblicato il volume *Dante Studies in the Age of Vico* (1989) e numerosi articoli di teoria della letteratura, di storia della critica e di storia del teatro in riviste quali *Belfour, Allegoria, Lingua e stile, Quaderni d'italianistica, New Vico Studies, Studies in Medievalism, Études Romanes* e *Dante Studies*. Ha curato i volumi *The Science of Bufoonery: Theory and History of the 'Commedia dell'Arte'* (1989) e *Goldoni and the Musical Theatre* (1995). Nel campo degli studi canadesi si è occupato piú volte di Frye, di McLuhan e di regia teatrale.

Joseph Pivato è professore ordinario di Letteratura Canadese comparata presso l'Università di Athabasca in Canada. Ha insegnato nell'ambito dell'*Ethnic and Immigration Studies Program* all'Università di Toronto, è stato titolare della *M.A. Elia Chair* in studi italo-canadesi presso l'Università di York ed ha tenuto dei corsi presso l'Università di Macquarie a Sidney in Australia. Ha organizzato convegni e pubblicato numerosi articoli e saggi sia sulla letteratura etnica che su quella italo-canadese. Le sue pubblicazioni includono *Contrasts: Comparative Essays on Italian-Canadian Writing* (1985 & 1990); *Literatures of Lesser Diffusion* (1990); *Echo: Essays on Other Literatures* (1994).

Nicoletta Scarpa si è laureata con una tesi sull'opera postmoderna di Ondaatje presso la Facoltà di Lingue dell'Università di Udine dove è attualmente cultore della materia di Lingua e Letteratura Inglese. Ha pubblicato nella Rivista di Studi Canadesi un saggio sulla poesia di Ondaatje; il volume *Il transito heideggeriano nell'opera di Michael Ondaatje* è in corso di stampa.

Monica Stellin, dopo essersi laureata all'Università di Udine, ha insegnato in corsi di studi italo-canadesi al Dipartimento di Studi di Italianistica presso l'Università di Toronto e alla York University. Si è dedicata a ricerche di carattere sociologico e demografico sui gruppi etnici in Canada, ha pubblicato vari articoli riguardanti l'esperienza migratoria degli italiani ed ha ultimato un Ph.D sulla letteratura italiana dell'emigrazione in Canada. È autrice del volume *Il mosaico dinamico. Il multiculturalismo in Canada* in corso di stampa.

Bianca Zagolin è insegnante, scrittrice, traduttrice ed autrice di novelle, articoli e saggi tra cui uno studio su Marie-Claire Blais, *La fureur sacrée de la parole*, in *Le roman contemporain au Québec, 1960-1985* (Fides 1992). Nata ad Ampezzo, in Friuli, è emigrata in Québec all'età di nove anni; dopo studi in francese e in inglese, ha conseguito un Ph.D. in Lingua e Letteratura Francese all'Université McGill di Montréal. Il suo primo romanzo *Une femme à la fenêtre* (Laffont 1988) è stato da lei tradotto in inglese e in italiano (*Una donna alla finestra*, Del Noce 1998). Il suo secondo romanzo, *Adalie rêvée*, riprende uno dei personaggi del primo testo e pone fine al "ciclo italiano".

Finito di stampare
nel mese di aprile 1999
presso la tipografia Tielle
di Sequals (PN)